Vorbemerkung

Mehr als sechzig Jahre im Leben eines Menschen bieten eine Vielzahl von Situationen und Lebensumständen, die für seine soziale Bildung prägend sind.

Die hier geschilderte Zeit zwischen 1943 und 2009 beinhalten alles an Bösem, was Deutschland aufzubieten hatte - einen Weltkrieg und dessen blutiges Ende, einen Neuaufbau in einen Staat, der sich demokratisch nannte, letztlich aber ebenfalls eine blutige Diktatur war, in der die Menschen sich einrichten mussten.

Ein Großteil von ihnen waren Mitläufer, die ohne die Partei keine Berufskarriere gemacht hätten. Andere versuchten, in einer Nischenwirtschaft zu überleben, so wie es der Autor praktiziert hat. Und wieder andere trugen „mit Feuer und Schwert" dazu bei, jede Art von Demokratie im Keim zu ersticken.

Das hier beschriebene Kuriosum hat einen bekannten Namen - „Künstlerkolonie" Ahrenshoop. Auf dem Millionenhügel Hohes Ufer bauten namhafte Kunstschaffende und Ärzte der DDR ihre Häuser. Aber auch hohe Amtsträger des Ministeriums für Staatssicherheit nisteten sich nach und nach hier ein. In Ahrenshoop lief das Leben dann auch ein ganz klein wenig anders als im Rest der Republik. Der Ort war in den Nachkriegs-Aufbaujahren wie eine Träne im Ozean.

Diese Publikation ist als autobiografische Erzählung angelegt. Alle beschriebenen Vorkommnisse und Lebensumstände beruhen auf Tatsachen und jede dieser Gruppen wird in diesen Erzählungen beleuchtet werden.

Aber auch die Zeit nach der Wiedervereinigung Deutschlands wirft eine Frage auf: **Was für eine verkommene Gesellschaft sind wir Deutschen geworden?**

Die Glücksritter zogen von West nach Ost, um ihre Gewinne zu maximieren. Und die endlich in Freiheit lebenden Menschen aus dem Osten können - zum Teil mit neu gegründeten Betrieben - nicht schnell genug zu Millionären werden und pressen ihre Angestellten und Arbeiter aus wie Zitronen, um sie dann wegzuwerfen, wenn sie ihre Arbeitskraft nicht mehr benötigen.

Gestatten Sie mir die Feststellung: **Wir leben in einer lumpigen Welt.**

Wolf Biermann nannte die Poliker „Das Politikerpack". Es blieb unwidersprochen, und ich habe dem nichts hinzuzufügen. Ist doch dieses Pack in weiten Teilen zu einer korrupten Bande verkommen, zu hoch bezahlten Lobbyisten, die sich einen Dreck um den eigentlichen Auftrag kümmern, den sie vom Wähler erhalten haben - Schaden vom deutschen Volk abzuwenden. Die braune Brut wird durch eben diese Politik wieder hoffähig gemacht und links außen ebenfalls.

In Deutschland hat sich nichts geändert. Es befindet sich - wie eh und je - in einer hoffnungslosen Lage.

Ein arabisches Sprichwort lautet: **„Hoffnung ist oft ein vergiftetes Geschenk!"**

Alles in Deutschland deutet auf dieses vergiftete Geschenk hin.

Dennoch habe ich die Hoffnung noch nicht ganz verloren, dass dieses Sprichwort in der weiteren Entwicklung Deutschlands seine Bedeutung verlieren wird.

Ich bete, dass der Allmächtige mich erhören möge.

George Tenner, im April 2009/2013

Inhalt

1

Meine erste Bekanntschaft mit der Ostsee

Swinemünde 1942/1943

Meine erste Bekanntschaft mit dem großen Wasser, das man Meer nennt, machte ich in Swinemünde, in einem Ostseebad, das unter nicht unwesentlicher Einflussnahme des Königs von Preußen entstanden war. Im Jahr 1824 war dort die erste offizielle Badesaison eröffnet worden und so gut könnte ich gar nicht flunkern, dass Sie mir glaubten, ich sei bei dieser Eröffnung dabei gewesen.

Ich war drei und vier Jahre alt, meine Mutter zu der Zeit alleinerziehend, da mein Vater sich, wie alle wehrfähigen Männer 1942, im Krieg befand. Und glaube ich meinem um neun Jahre älteren und sehr leidensfähigen Cousin Egon aus Dresden, war ich schon damals nicht ganz leicht zu händeln. Er, der oft auf mich aufpassen musste, war um diese Aufgabe weiß Gott nicht zu beneiden. Schließlich war ich von der Art Kind, die schwerer zu hüten sind als ein Sack Flöhe. Egon jedoch kam einigermaßen mit mir klar. Ich bin aber sicher, dass er so manches Mal den Tag seiner Heimfahrt herbeigesehnt hat.

Es gab drei Dinge, die mich neben dem Wasser, das ich als gegeben hinnahm, wirklich interessierten: Der kleine, noch nicht ganz ausgewachsene Dackel aus der Nachbarsandburg, mit dem ich am Strand spielen durfte. Wie der Hund so pflegte ich zu bellen und auf allen Vieren rumzuhüpfen. Alles machte ich ihm nach. Als er in den Sand pinkelte und nur *ich* ausgeschimpft wurde, endete diese ungleiche Freundschaft. Das Kriegsschiff Admiral Scheer wiederum interessierte mich insofern, als meine Mutter und ich Gast des Kommandanten, Kapitän zur See Richard Rothe-Roth, waren.

Als er mich auf der Kommandobrücke des schweren Kreuzers fragte, was ich mir denn - außer einem Rundgang durch das Schiff - am meisten wünschen würde, schwärmte ich von einem übergroßen Pudding. Der Chefkoch wurde auf die Brücke bestellt und kam meinen Verlangen nach einem großen Vanillepudding nach. Später würde ich erfahren, dass es sich bei der Admiral Scheer um einen Aprilscherz handelte, denn sie war am 1. April 1933 auf der Reichsmarinewerft in Wilhelmshaven als Panzerschiff vom Stapel gelaufen. Auch dieses Schiff klassifizierte man, wie die Deutschland, im Winter 1939/40 zum Schweren Kreuzer um. Gleichzeitig wurde ein weitgehender Erweiterungsbau vorgenommen. Das Vorschiff wurde verlängert und bekam einen größeren Spantenausfall. Daneben baute die Werft den großen Gefechtsturm über der Brücke aus und ersetzte ihn durch einen schlanken Röhrenmast.

Doch das hatte mich als Vierjährigen nicht so sehr interessiert wie die Tatsache, dass die Admiral Scheer im Sommer 1943 als Ausbildungsschiff in der Ostsee ihren Dienst tat. Es galt, den Offiziersnachwuchs auszubilden und den jungen Kadetten, die in Stralsund ihre Grundausbildung abgeschlossen hatten, auf Frontschiffen die erforderlichen Kenntnisse auf seemännischen und technischen Gebiet zu vermitteln. Hand in Hand damit ging ein dauerndes Auskämmen des Offiziers- und Unteroffizierskorps nach erfahrenem Personal für andere im Fronteinsatz befindliche Einheiten, besonders für die U-Bootswaffe.

Die Admiral Scheer hatte zeitweise 500 Kadetten an Bord, die, in Planstellen eingesetzt, in wenigen Monaten ihre Frontausbildung und die Gefechtsbereitschaft erhalten mussten. Und ein Teil dieser Kadetten war zeitweise in einem Haus an Land unweit meiner Wohnstätte untergebracht.

Schon als Vierjähriger hatte ich begriffen, dass die morgendliche

Verpflegung der U-Boot-Kadetten, die ja einen besonderen Status innerhalb der Streitkräfte einnahmen, unbedingt für mich zu nutzen sei. Und so war ich ständiger Gast der freundlichen Jungs, von denen ich einige an Bord der Admiral Scheer kennengelernt hatte; diese für mich sehr erfreuliche Verbindung endete abrupt, als einigen Kadetten einfiel, wie sie ihren Vorgesetzten, der kaum älter war als sie, ärgern könnten. Sie ermunterten mich, jenem Kameraden immer die besten Stücke von seinem Teller zu klauen. Das hatte zur Folge, dass der mich an die Luft setzte und allen verbot, mich jemals wieder an der reichlich gedeckten Tafel teilhaben zu lassen. So begriff ich schon sehr früh schmerzlich und durchaus nicht freiwillig, dass man die Hand schütteln muss, von der man genährt wird. Ich beklagte das, denn Egon durfte dort nicht mit hin, und so war ich eine Zeitlang der alleinige Nutznießer der Verbindung zur Admiral Scheer und der deutschen Kriegsmarine jüngster Trittbrettfahrer.

Aus dieser Erfahrung gestärkt, überlegte ich krampfhaft, wie ich der Nurse, die meine Mutter zeitweise Betreuung von Egon und mir engagierte, zusetzen konnte. Obwohl ich nunmehr aus dem Mund meines Cousins bei einem Telefonat erfahren habe, dass es sich um eine junge Frau handelte, erschien sie mir Vierjährigem als ein altes, mäkliges Weib, das man unbedingt zu ärgern hatte. Und so kam es sehr zu deren Ärger schon einmal vor, dass ich durchaus in der Lage war, in aller Öffentlichkeit das Höschen herunterzuziehen und ihr den blanken Hintern zu zeigen.

Helmut, Annemarie und ich 3-jährig 1942

Meine vierte Attacke, die ich einleitete, brachte mir allerdings eine gehörige Tracht Prügel ein. Ich habe das bis heute nicht vergessen und meiner Mutter auch niemals verziehen, weil ich es noch immer als äußerst ungerecht empfinde, ein Kind so zu behandeln. Denn alles, was ich Unschuldslamm tat, war, meine Notlage zu einer kleinen Erpressung zu nutzen.

Einmal in der Woche pflegte meine Mutter, die einen kleinen Kunstgewerbeladen betrieb, auszugehen. Abendessen, vielleicht ein wenig tanzen. In jedem Fall waren das die Abende, wo ich allein zurückgelassen wurde, sozusagen verlassen war und das wegen eines eigenen, kleinen Lustgewinns, von dem *ich* noch nicht einmal etwas hatte! Auch ein Vierjähriger leidet immens darunter! Aus meiner damaligen Sicht war das nicht akzeptabel, und so sann ich darauf, dem entsprechend zu begegnen. Ich wartete gespannt auf den nächsten Abend, wo ich mich allein langweilen würde, ängstigen gar, wenn die Lichtkegel der wenigen Autos oder der im Wind schwankenden Straßenlaterne schemenhafte Schatten an die Wand malten oder wegen der Stimmen, die vor dem Schaufenster vernehmbar wurden.

Der Abend nahte und mit ihm jenes Unheil, das ich nicht unerwähnt lassen möchte, denn es ist im Interesse aller Kinder dieser Welt, derartige Diskrepanzen zwischen Jung und Alt endlich zu beenden. Ich wartete eine geraume Zeit ab, denn ich wusste, dass, würde irgendetwas Außergewöhnliches passieren, die Vermieterin des Ladens, die in dem großen Haus daneben wohnte, meine Mutter von dieser Ungeheuerlichkeit berichten müsste. Und das nicht erst am nächsten Tag. Nein, da ihr bekannt war, wo sich meine Mutter aufhielt, war sie gehalten, diese zu alarmieren. Ich setzte mich also ins Schaufenster und wartete, bis Leute wieder davor stehen blieben, um die Auslagen zu studieren. Doch dann sahen sie mich und begannen, mit mir zu reden.

„Na, mein Kleiner, was willst du denn hier im Schaufenster? Leg dich mal wieder hin."

„Meine Mama, meine Mama …", plärrte ich los und steigerte mich derart in meine Rolle, dass in der Tat schon nach kurzer Zeit der Rotz an der Scheibe herunterlief.

Aber die Leute besaßen die Ungeheuerlichkeit, sich gelangweilt abzuwenden und weiterzugehen. Auch sie hatten kein Herz für einen geplagten Dreijährigen. Doch kaum waren sie außer Sichtweite, stellte ich das Geplärre ein und überlegte, wie ich effektvoller agieren konnte. In diesem Augenblick bemerkte ich ein menschliches Rühren in meinem Bauch. Da der Laden nicht über eine eigene Toilette verfügte und ich nicht in der Lage war, nachts allein in das große Haus der Vermieterin zu gehen, beschloss ich, mein kleines Häufchen genau vor das Schaufenster zu setzen. Und so kletterte ich aus einem Fenster, spähte die Straße entlang, wartete, bis wieder jemand des Weges kam, und ging dann meiner anstrengenden Arbeit nach. Sofort hatte ich die Aufmerksamkeit auf meiner Seite. Auch dann noch, als ich fertig war und mit den Blättern eines nahen Strauches das kleine Machwerk sorgsam zudeckte. Hätte ich nur gewusst, dass ich damit genau den Mitleidsnerv der Menschen getroffen hatte, würde ich diese Taktik schon eher eingesetzt haben. Nachdem ich langwierig erklärt hatte, wie schwierig es für mich war, der Notdurft nachzugehen, alarmierten die Spaziergänger die Vermieterin in dem großen Haus, in dem die für mich kleinen Mann unerreichbare Toilette war. Und dann nahm das Unheil seinen Lauf.

Ich war noch nicht lange wieder in mein Bettchen zurückgekehrt und schluchzte gerade wieder ein wenig vor mich hin. Fast wäre ich eingeschlafen, als geräuschvoll die Tür aufflog. Laut schimpfend kam meine Mutter herein. In diesem Augenblick erschien sie mir nicht wie eine sorgende Mutter, eher wie ein rächender Engel. Es fehlte bloß noch der Feuerschweif - der Redeschwall hingegen manifestierte ihren Ärger über mich. Bevor ich ihre Hand empfindlich auf meinem Hinterteil verspürte, hörte ich, wie sie mich als kleines Ungeheuer titulierte. Das verletzte mich zutiefst, und ich schrie meinen Protest, so laut ich nur konnte, hinaus in die Welt.

Am Tag darauf hoffte ich auf Hilfe von dem seit 1930 als Porträt- und Tanzablichter tätigen, damals noch unbekannten Fotografen Edmund Kesting, der später, in der DDR und darüber hinaus, ein bekannter Maler sein würde und sehr viel später - 1955 - an die Hochschule für Film und Fernsehen der DDR in Potsdam-Babelsberg als Lehrbeauftragter für die Fachrichtung Kamera und zum Professor berufen wurde. Aber außer einigen Worten des Mitleides und der Versicherung, meine Mutter sei eine gütige Frau und habe die kleine Unterhaltung sicher nicht so ernst gemeint, lief meine Hilfe suchende Klage ins Leere.

Doch zuvor schlief Kesting, dem die Nazis das Malen verboten hatten, weil seine Bilder unter den Begriff „Entartete Kunst" fielen, mit meinem Cousin zusammen in einem Zimmerchen, das im Queranbau zu dem kleinen Laden stand und unter dem meine Mutter in der Garage zwischen Heringsfässern, Fahrrädern und gesammeltem Trödel der Vermieterin ihr Lager eingerichtet hatte.

Edmund Kesting und mein Cousin Egon überlebten 1945 die erste Welle des Großangriffs auf Swinemünde, die mehr als 20.000 Menschen das Leben kostete. Sie mussten die Stadt innerhalb von 48 Stunden verlassen. Sie schlugen sich über Stettin nach Dresden durch.

Die Fahrt über Wolgast war bereits nicht mehr möglich.

2

Das erste Mal auf dem Fischland

Sommer 1946

Aus Swinemünde war nach dem Zusammenbruch des III. Reiches 1945 Świnoujście geworden, sodass wir unsere Sehnsucht nach dem großen Wasser anderweitig stillen mussten.

Das erste Mal auf dem Fischland war gleichzeitig meine zweite Bekanntschaft mit einem anderen Ort als Swinemünde an der Ostsee. Wie im letzten Jahr hatte ich geholfen, den alten Wagen der Marke Opel P4 zu beladen, der nun beängstigend in den Federn hing.

„Auf ein Neues" lachte meine Mutter und quetschte sich hinter das Lenkrad. „Diesmal haben wir eine Urlaubsbleibe. Und was für eine!"

Der Anlasser quälte sich deutlich hörbar, um den mehrfach überholten Motor in Bewegung zu setzen. Der Geruch halb verbrannten Benzins schwängerte die Luft. Als der Wagen seine Fahrt aufnahm, sog ich diesen mir vertrauten Geruch gierig ein. Er schien Betäubung und Lust zugleich.

„Erinnerst du dich an die Fahrt nach Schulzendorf?"

Ich nickte. „An das Haus, dessen Türen mit Draht angebunden waren", sagte ich „An den unverschämt hohen Preis, den der Kerl für diese Elendshütte forderte und an die verdammte Kälte."

Meine Mutter lachte. „Barfuß bist du hinter dem Wagen auf der Autobahn hergelaufen, um die abgestorbenen Füße zu beleben."

Sie beugte sich zu mir herüber und küsste mich wie eine Verschwörerin flüchtig auf die Wange. „Auf dich kann ich mich wenigstens verlassen", sagte sie.

„In allen Situationen!"

Du kämpfst darum, die Kleinstadt zu verlassen, die dir alles nachträgt, dachte ich. Einer Frau, die einmal verheiratet war, trägt man alles nach, jede abnorme Kleinigkeit: Das Verhältnis mit dem Anwalt, der dir das Haus vermittelt hatte, und auch den Zahnarzt, der dich über schlimme Zeiten hinwegtröstete. Den Puddingfabrikanten aus Dresden haben nicht alle Spießer des vierzehntausend Einwohner zählenden Nestes mitbekommen. Schiebock war der richtige Spitzname für die Stadt, die seit ihrer Gründung durch die Bischöfe von Meißen, besonders durch Bischof Benno Graf von Waldenburg, in den Jahren 970 bis 1076 zu einer Stadt ausgebaut wurde und bereits 1227 die erste urkundliche Erwähnung erfuhr. Seit 1361 trägt die Stadt offiziell den ehrwürdigen Namen Bischofswerda, in der, wie in allen Kleinstädten der Welt, der Voyeurismus die eigenartigsten Blüten trieb. Schade nur, dass die Männer verheiratet waren und nicht daran dachten, ihre Frauen zu verlassen.

Jeden der Genannten hätte ich akzeptiert. Doch eine so selbstständige Frau, wie Annemarie Schmidt-Kirstein es war, ließ sich auf Dauer als Geliebte besser lenken. Die stand nicht plötzlich in der Tür, um den Ehefrauen zu berichten, dass die Wochenendweiterbildung zur Notariatsprüfung nur vorgetäuscht und die kassenärztliche Zusammenkunft in Dresden nur eine Farce war. Eine solche Geliebte ließ sich auch leichter austauschen, wenn Not am Mann war. Und am Mann war Not, mehr als einmal.

Der Messerfabrikant aus Bautzen hingegen war mein Erzfeind. Deshalb schob ich ihn ab. Schon der Name: Wie kann man bloß Butter heißen? Und schmierig wie das genannte Fett in der Sonne wollte er in die Beziehung zwischen meiner Mutter und mir eindringen. Ich verstand sehr wohl, einen Keil zwischen die beiden zu treiben. Eine Verbindung mit einem akzeptablen Mann allerdings hätte ich gern gesehen. Doch der Mann, der von dem Mitinhaber seiner Luftballonfabrik in München ausgebootet worden war, ging nach Blumenau. Jeder in meiner Umgebung wusste plötzlich, dass Blumenau nicht in Deutschland sondern im fernen Brasilien lag. Und die Mutter machte den gewaltigen Umzug davon abhängig, dass ich allein für ein oder zwei Jahre in Bischofswerda oder bei

Verwandten in Dresden blieb. Da nutzte es auch nichts, dass Günter Fonrobert mich zärtlich Filius Hospitalis nannte und mich mit allerlei Dingen erfreute.

Ein eigener Lederfußball konnte nur aus dem Westen kommen. Und der gab in den Nachkriegsjahren eine gewisse Macht. Denn nun konnte ich meine Freunde aussuchen. Doch so leicht war ich nicht zu bestechen. Fürchtete ich doch zu sehr, meine Mutter niemals wieder zu sehen, wäre sie erst in Brasilien. Kurz entschlossen schaffte ich die Bestechung aus meinem Blickfeld. Ich ließ den Ball bei meinem Cousin Andreas in Dresden und stellte meine Mutter vor die Wahl.

„Entweder", sagte ich, „nimmst du mich gleich mit, oder ich nehme mir das Leben!"

Und so blieb die Mutter in Bischofswerda, und der Geliebte zog mit seiner Ehefrau nach Blumenau in Brasilien.

Ein neuer Anfang an einem anderen Ort lässt alles vergessen. Das ist wohl war. Deshalb der Wunsch nach einem Umzug in eine andere Stadt, ja in einen ganz anderen Teil der Welt.

Man kann gewisse Dinge des Lebens hinter sich lassen. Die Zeit heilt alle Wunden. Das willst du mir doch schmackhaft machen, dachte ich.

Und dann dachte ich auch flüchtig an meinen Vater. Anders als eine Frau, hatte ein Mann selbst in dieser Zeit nichts zu verlieren. Schließlich war man Kriegsheimkehrer. Nicht einmal dann, wenn er in einem Dreiecksverhältnis lebte und sich gegen seinen Nebenbuhler, der später als er aus der Gefangenschaft kam, durchsetzte. Das jedenfalls war das sensationellste Stadtgespräch der letzten Jahre, zumindest, bis jener Voss sich diskret zurückzog und die Frau dem neu erworbenen Freund überließ.

Ein Prost auf die Liebe aller Frauen; ein Prost auf die Freiheit der Nachkriegszeit mit all ihren Vorzügen und Neugestaltungsmöglichkeiten. Ein Künstler, dessen Charakter der Krieg gezeichnet hatte, löste allenfalls eine Art vorsichtiger, leicht spöttischer Bewunderung aus. Ich kannte meinen Vater zu wenig als von der Vorstellung, ihn in Zukunft nur noch selten zu sehen, erschüttert zu sein. Als mein Vater zur glorreichen Armee des Tausendjährigen Reiches eingezogen wurde, zählte ich ganze zwei Lenze. Als der Vater aus der Gefangenschaft kam, war ich sechs Jahre alt.

Die Zeit des Zusammenlebens war von kurzer Dauer. Sie umfasste nur wenige Wochen in der alten Wohnung am Bischofswerdaer Marktplatz Nr.6.

In das neue Haus in der August-König-Straße 15, das die Mutter zwei alten Damen aus Leipzig auf Rentenbasis abgeschnackt hatte, und das dem örtlichen Apotheker bis zum Familiensuizid - Frau und zwei Töchter - beim Einmarsch der Russen als Wohnstätte diente, zog der Vater nicht mit ein. Er teilte mit der besten Freundin meiner Mutter, jener Frau, die im Hause nur verächtlich die Voss, manchmal noch verächtlicher die Vose geheißen wurde, das Bett. Ich fühlte, dass der Vater sich unter einem nicht zu befriedigendem Erfolgsdruck für die andere Frau entscheiden würde. Als Künstler gelang es ihm zwar, eine Kanzelüberdeckung für die katholische Kirche St. Benno aus grob gewebten, beigefarbenem Baumwollstoff mit einem braunen Kreuz, einem Pax Christi, zu bemalen.

Die lasziven Frauengestalten hingegen, die seine anerkannte Spezialität waren, brachten aber in der schweren Zeit kein Geld. Leider, denn darunter litt der Mann, der durch seine Kunst lebte und doch in dieser Zeit nicht von ihr leben konnte. Er ergriff die Flucht vor der Frau, die ihn nicht verstand.

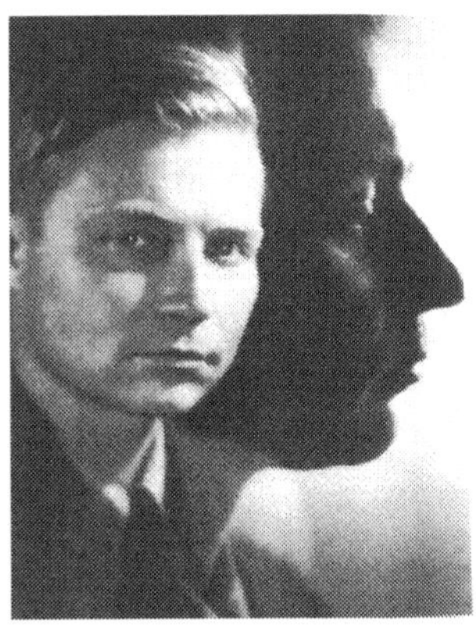

Helmut Schmidt-Kirstein 1949, Foto Prof. Kesting

Ich hatte selbst gesehen, wie sie hausten: In einem Gartenhaus des Kannegießerschen Besitzes, im ersten Stock in zwei winzigen

Zimmern lagen sie in unbezogenen Betten, als ich kam. Die Frau im Büstenhalter, den sie sich bei meinem Klopfen schnell überzog und im schlapprigen Slip.
Ein dreifaches Hoch auf die Liebe, was immer das auch sein mochte, dachte ich und empfand die Situation als anstößig, aber durchaus interessant, und der Vater hatte so getan, als bedeutete diese Art des Lebens ein Stück Freiheit. Freiheit war nach dem Ende des Krieges nichts anderes als die Neuaufteilung des Besitzes, und dazu gehörte es auch, die alte Frau gegen eine neue, lüsterne, herb verderbte, immer sexbereite einzutauschen. Während die Voss zu dieser Zeit andächtig zum Künstler Helmut Schmidt-Kirstein aufsah, forderte seine geschäftlich erfolgreiche Ehefrau seine Arbeitsbereitschaft, die er außerhalb seiner Beschäftigung als durchaus begabter Kunstmaler nicht zu geben bereit war.

„Woran denkst du", fragte die Mutter.

„An den Urlaub am Meer", log ich.

Als es dämmerte, erreichten wir das Fischland. Der Wagen schlingerte über die baufällige Betonstraße. In der Einfahrt des Ortes lag zur Linken der große Komplex der Seefahrtsschule. „Wustrow", las ich das Ortsschild laut.

„An der Kirche geht die Straße rechts ab, dann gleich wieder parallel zur Hauptstraße links", sagte die Mutter. „Das vierte Haus auf der linken Seite. Hier!" Der Katen war aus rotem Backstein gebaut. Er war, wie die meisten Häuser hier, mit Schilf gedeckt. Die Fenster waren blau gestrichen.

„Mit einem Strohdach", schwärmte ich.

„Rohr", sagte die Mutter. „Stroh ist falsch. Stroh würde nicht so lange halten. Es würde ganz einfach faulen."

„Und Rohr fault nicht?"

„Doch. Aber viel, viel später."

Die Kapitänswitwe Munck war alt. Sie glich einer Hexe aus einem Märchen der Gebrüder Grimm, war aber freundlich und eroberte mit ihren Erzählungen über die Zeiten, in denen ihr Mann als Kapitän noch eines der Handelsschiffe befehligte, meine Fantasie. Vor allem aber war sie ein Juwel an Ausschmückungskraft, was die Gefährlichkeit als Piratenküste die Halbinsel Darß, also das Fischland betraf. Sie war es auch, die mich abends mit ihren Geschichten unterhielt, während meine Mutter zum Dünenhaus ging, um sich zu amüsieren.

„Wenn ich Piraten sage", erklärte sie in ihrer unnachahmlichen Art", dann meine ich diesmal nicht Piratenschiffe mit schwarzen Totenkopfflaggen am Mast ..."

„Was dann, Tante Munck", fragte ich.

„Ich meine Leute vom Darßer Ort, die von den Strandungen der Schiffe lebten."

„Aber es gibt doch den Leuchtturm", widersprach ich.

„Jetzt schon. Aber damals!"

„Sind es viele Schiffe gewesen?"

„Ihr geht immer hier in Wustrow baden, nicht?"

„Nein. Gestern waren wir in Ahrenshoop. Ganz hinten, wo der Wald anfängt ..."

„Der Darß", sagte die alte Munck. „Ein unheimlicher Urwald. Rehe und Wildschweine leben in ihm, und Hermann Göring unterhielt inmitten des Waldes ein Jagdschloss!"

„Also kann er nicht so unheimlich sein", sagte ich lakonisch.

„Ich möchte nicht nachts in dem Wald sein. Nicht für alles Geld der Welt."

„Was ist nun mit den Piraten", begehrte ich auf.

„Geht weiter hinten baden."

„Beim Leuchtturm?"

„Ja, fast. Am Darßer Ort. Dort findet ihr Reste von versunkenen Schiffen."

„Mensch, das ist ja toll", entfuhr es mir. „Ob sie morgen mit mir dort hingeht? Ich will die Reste der Schiffe sehen. Vielleicht gibt's versunkene Schätze?"

„Ob deine Mutter mit dir dort hingeht, weiß ich nicht. Aber wenn du dich auf die Düne stellst und ganz genau aufs Wasser siehst, findest du helle Stellen im Wasser. Das sind die gefährlichen Sandbänke und Riffe. Zwei berüchtigte Klippen liegen vor unserer Küste. Eine ist das Darßer-Ort-Riff. Eine andere die Prerowbank."

„Und dort sind die Schiffe aufgelaufen?"

Die Alte nickte. „Jede Menge", sagte sie. „Und jedes Mal war es ein Gewinn für die ganze Gegend."

„Das ist toll!"

„Findest du es toll, wenn Menschen ertrinken?", fragte die alte Munck.

„Nein, warum?"

„Weil viele Seeleute dort ihr Leben gelassen haben."

„Der Tod ist immer grausam", sagte ich.

„Er ist immer im Leben, jeden Augenblick ein Mahner an die Vergänglichkeit", sagte die alte Munck und streckte ihren Zeigefinger aus. „Man darf nicht vergessen", hob die alte Frau nach einer kurzen Pause geheimnisvoll an, und ich würde mich viele Jahre später daran erinnern, dass sie bei der Geschichte rote Flecken im Gesicht hatte, die ihre geheimnisvolle Hektik unterstrichen, „dass die Seefahrer zur Zeit der Segelschifffahrt bei der Navigation auf sehr bescheidene Hilfsmittel angewiesen waren ..."

„Was ist Navigation?" fragte ich.

„Die Feststellungsmöglichkeit, wo sich ein Schiff befindet, Junge!"

„Aha", sagte ich, ohne so recht zu verstehen, was die alte Munck meinte.

„Damals besaßen die Seeleute, wenn es hoch kam, einen Trockenkompass für die Richtung und ein mit der Hand bedientes Lot, um zu sehen, wie viel Wasser sie unter dem Kiel hatten. Die Seekarten gab's noch nicht so perfekt wie heute. Sie gingen oft von Kapitän zu Kapitän. Und Funk, so wie er heute möglich ist, war auch noch nicht an Bord."

„Und wie verständigten die sich?"

„Gar nicht. War ein Schiff erst einmal aus einem Hafen, war es auf sich selbst gestellt."

„Aha", sagte ich wieder. „Aha!"

„Wie viele Schiffe genau gestrandet sind, weiß ich natürlich nicht. Aber von einigen Unglücken weiß ich aus den Erzählungen meines Mannes. In der Weihnachtsnacht 1798 lief ein achtzehn Lasten großes Heringsschiff auf Grund. Schneetreiben, Kälte und Eisgang machten die Bergung unmöglich. In der Nacht zum achten November des darauf folgenden Jahres strandete an der Westseite des Darßer Ortes ein Schiff aus Stralsund. Sieben Besatzungsmitglieder waren gebürtige Zingster. Alle ertranken. Es war ein Unglück, das finstere Vorzeichen hatte, denn die Einwohner der Gegend hielten gerade diesen Untergang für eine Strafe Gottes."

„Warum?", fragte ich.

„Weil jedes Mal, wenn ein Schiff unterging, die Menschen das angeschwemmte Gut aufsammelten. Sie lebten nicht selten von diesen Schiffsunglücken."

„Aha."

„1831, abermals im Monat November, strandete eine russische Galeasse. Die Besatzung hatte Glück. Sie konnte gerettet werden. Es wird berichtet, dass 1837 eine englische Brigg namens Venus unter dem Kapitän John Kennedy strandete, die nach Riga unterwegs war. Im gleichen Jahr noch kenterte die Galeasse Katharina Maria aus Barth am Bodden."

Ich gähnte und hatte Mühe, meine Augen offen zu halten. Aber die alte Munck erzählte so spannend, wie es niemand zuvor in meinem Leben fertig gebracht hatte. „Und das hörte niemals auf", fragte ich.

„Es wurde weniger, als 1848 der Leuchtturm am Darßer Ort gebaut wurde und in Zingst die Rettungsstation mit Booten entstand."

Ich hatte das Gefühl, eine seltsame Wehmut habe sich in die Stimme der Alten geschlichen.

Aufgewühlte See an der Prerowbank

„Ist ihr Mann niemals mit einem Schiff verunglückt?", fragte ich. „Schließlich war er ja auch Kapitän."

„Nein, nie", sagte sie lakonisch.

„Aber andere Schiffe liefen trotz des Leuchtturmes auf Grund?"

„Ja. 1883 der Dampfer Reval. 1910 die finnische Bark Aadelar, die Holz geladen hatte, das nun zum Bau verschiedener Fischländer Häuser verwendet wurde. 1921 hat's den Frachter Falkland erwischt, 1931 den Dampfer Helene. Die Helene hat so ihre eigene Geschichte, die die moderne Piraterie verdeutlicht. Es war Nacht. Plötzlich hörten wir Stimmen. Sie kamen von Radfahrern, die sich ohne Licht in Richtung Darßer Ort aufmachten. Dann nahm ein Pferdefuhrwerk den gleichen Weg. Ich zog mich an..."

„Soll das heißen, dass..."

„Viele waren damals arm, andere wollten sehen, was passiert war."

„Und was war passiert?"

„Das Strandgut der Helene war eine Sensation."

„Wieso eine Sensation?"

„Es bestand aus Kisten mit Margarine. Durch das Fett trieben die Kisten an der Wasseroberfläche. Am Strand standen die Darßer im Wasser und hieben mit Äxten und Hämmern Löcher in die Kisten..."

„Warum?"

„Weil nur beschädigte Kisten offiziell als Strandgut galten und damit in Sicherheit gebracht werden konnten."

„Und das ist..."

„Moderne Piraterie. Schließlich hätte man ja keine Löcher in die Kisten zu schlagen brauchen, oder?"

„Wer hätt's dann bekommen?"

„Der Staat."

„Dann sind die Fassreste, die wir gestern gefunden haben, auch Strandgut?"

„Sicher!"

„Von einem abgesoffenen Schiff?", fragte ich.

„Natürlich nicht. Oder hast du gehört, dass es ein Schiffsunglück gegeben hätte?"

„Nein."

„Na also!"

„Woher stammen die dann?"

„Von einem Schiff, das irgendein altes Fass über Bord geworfen hat. Aber jetzt musst du schlafen!"

„Gleich, Tante Munck", sagte ich. „Gleich. Aber echte Piraten waren doch die Darßer nie?"

„Alle Küstenbewohner waren Piraten. Auch die Darßer waren echte Piraten. Da gibt's 'ne alte Geschichte, die wahr sein soll."

„Und wie geht die?"

„Aber danach wird geschlafen."

„Versprochen, Tante Munck!"

„Ein Fischländer kommt vor die Himmelstür und bittet den Petrus um Einlass. Doch Petrus weist ihn mit den Worten: „Dor is keen Platz mehr in!" zurück.

„Wer is den dor in?", fragt der Fischländer.

„Dat sind luuter Hiddenseeische, mit dei is dat allwiel gor tau dull. Ik weit nich, wur daut noch warden sall!"

„Oh", sagt der Fischländer, „wenn dat wieder nicks is, mit dei wei'k noch Bescheid. Mack man dei Dör ´n beten up!"

Petrus, der keine Ahnung hat, was der Fischländer will, öffnet die Türe.

Der Fischländer schreit aus vollem Halse in den Himmel hinein:

„Schipp up´n Strand! Schipp up´n Strand!"

Die alte Munck blieb beim Plattdeutschen als sie fortfuhr: „Un wir grad, as wenn ein mit´n riesern Bessen Utkihr hält. Dor bleew uk nich ein Hiddenseeisch in´n Himmel. Sei all wulln helpen. Dei Fischländer ver hadd velen Platz un sett' sich dichting bi`n leiwen Gott sälwst up dei Bank."

Die Zeit bei der alten Munck neigte sich nach zehn Tagen dem Ende zu.

„Wir ziehen um", sagte meine Mutter sehr zu meinem Leidwesen. Wer würde mir jetzt so spannende Geschichten von Seeräubern und anderen Abenteuern erzählen?

Alles im Leben hat seine Zeit, dachte ich wehmütig. Die Zeit der Darßer Seeräuber gehörte mit unserem Auszug zur Vergangenheit. Was käme, würde die Zukunft zeigen. Und so half ich abermals, das alte Vehikel zu beladen, um sechs Kilometer weiter ein neues Urlaubsquartier zu beziehen.

*

Obwohl der Umzug in gewisser Weise schmerzhaft war, eröffnete er für mich neue Freundschaften, die in Wustrow niemals zu erreichen gewesen wären. Erstmals verehrte ich eine junge Frau, die in der Bunten Stube als Verkäuferin arbeitete.

„Es ist ein hübsches Mädchen", dachte ich. „Ich könnte mir sehr gut vorstellen, bei ihr zu liegen!" Allein bei dem Gedanken an diese junge Frau machte sich ein erstes Ziehen in meiner jugendlichen Lendengegend bemerkbar. Ich konnte es gar nicht verheimlichen – ich war zum ersten Mal verliebt.

Doch das Fräulein Färber machte mit mir ihren Spaß. „How are you?" fragte sie mich, als sie mir im Laden begegnete.

„Me go it ... very ... good", stammelte ich verlegen und mit hochrotem Kopf.

„Thats not good English", sagte sie. „The answer is: Oh I'm fine! Oder nur: Thanks fine!"

Ich ärgerte mich ob meiner Fehlleistung in der englischen Sprache und trollte mich widerwillig. Doch dann versuchte ich, die Enttäuschung zu vergessen und sah mich anderweitig um.

Bei der alten Frau Wegscheider, die trotz ihrer auch von mir sehr geliebten sympathischen Ausstrahlung fast ehrfurchtsvoll Königin Mutter, von unflätigen Zeitgenossen hinter vorgehaltener Hand Molly oder Qualle geheißen wurde, wohnten noch andere Familien, und die hatten auch Mädchen in meinem Alter mit. Da waren zwei, die mich interessierten. Beides waren besonders hübsche Mädchen, und ich wäre kein normales männliches Wesen gewesen, hätten mir die Freundschaften nicht geschmeichelt. Zum einen war da die um ein Jahr ältere Ines aus Potsdam, zum anderen die Heike, ein hübsches, wenn auch etwas mit Babyspeck behaftetes Mädchen. Sie war die Tochter eines Lederfabrikanten aus Apolda in Thüringen. Dieses Mädchen mit dem Puppengesicht hatte es mir angetan. Ich hätte sie allzu gerne als meine feste Freundin bezeichnet, wäre der Umstand nicht gewesen, das dieses holde Geschöpf, das mir keine Minute aus dem Kopf ging, von Jungen noch nichts wissen wollte.

Die Bunte Stube zu Ahrenshoop in den 60er Jahren

Das Spiel mit den Puppen schien ihr wichtiger zu sein als eine zukünftige Ehe mit mir und der Gang mit ihren Eltern an den Textilstrand unmittelbar unterhalb der Dünenbrücke an der Bunten Stube ebenfalls. Dies genau war die Crux, die mir zusetzte. Auch wenn ich in meiner Bemühung nicht aufgab, sie für mich zu gewinnen, so war doch ein Vater-Mutter-Kind-Spiel ausgeschlossen.

Anders Ines. Sie war zu jeder Schandtat bereit. Auch zum Ärgern des alten Gärtners der Wegscheiders. Immer wenn sie mit mir aus dem Fenster hinunter in den Hof schaute und der Mann zu sehen war, hänselten wir ihn. Das hatte zur Folge, dass der Mann jedes Mal wütend rief: „Mek`s Fenster tau!"

Von nun an hatte er seinen Spitznamen weg. Tagelang hatten wir drei Nichtsnutze nichts anderes zu tun, als auf den armen Mann zu warten. Wurden wir seiner ansichtig, riefen wir im Chor: „Mek`s Fenster tau! Mek's Fenster tau!" Und wir freuten uns diebisch, wenn der Alte wütend in seinen Bart brabbelte und uns die Faust zeigte. Er schien weit weg zu sein.

Eines Tages aber, als wir gerade wieder des Alten ansichtig geworden waren und lauthals: „Mek`s Fenster tau!“ gerufen hatten, verschwand der Mann. So sehr wir uns bemühten, wir wurden seiner nicht ansichtig.

„Der Kerl hat ´nen Vogel“, sagte ich schließlich und tippte mit dem Finger gegen meine Stirn.

„Wenn der dich erwischt“, sagte Ines, „dann ...“

„Was dann?“

„Dann schlägt der dich windelweich!“

„Was redest du für ´nen Quatsch?“, begehrte ich auf.

„Ines hat Recht“, sagte Heike.

„Wenn das passiert, macht ihn meine Mutter fertig“, prahlte ich.

Der alte Mann hatte sich ins Haus geschlichen.

Die letzten Meter, die er zwischen den Kindern und sich hatte, waren eine steile Treppe, die zu dem Raum führte, der ehrfurchtsvoll Kabine genannt wurde. Ich liebte diesen kleinen Raum, weil er einer Segelschiffskabine nachempfunden war. Das hatte etwas mit der Seefahrerromantik zu tun, die meinen Geist bewegte, seit ich den Geschichten der alten Munck gelauscht hatte.

Plötzlich, für uns Kinder unerwartet, startete der Alte seinen Angriff. Laut schreiend stürzte er den Rest der Treppe zur Kabine hoch.

Wir Kinder standen erstarrt da, unfähig zu fliehen.

Doch der Mann blieb kurz vor dem Treppenabsatz stehen, schrie in seinem Fischländer Dialekt etwas von flegelhaft und Mors voll kriegen und zog sich, nachdem wir durch Nicken zu verstehen gegeben hatten, dass wir ihn nicht weiter ärgern wollten, geräuschvoll zurück.

„Jetzt hast du es“, lästerte Ines und Heike sagte:

„Ne verdammt blöde Sache und du hast sie uns eingebrockt ... Wenn das mein Vater erfährt!“

„Unsinn“, sagte ich und hatte für dieses „Unsinn“ meinen ganzen Mut zusammenreißen müssen. „Dann müsste er zu deinem Vater gehen und wo ist der?“

„Am Strand.“

„Siehst du! Glaubst du, der geht an den Strand?“

Heike schüttelte den Kopf.
„Was wollen wir jetzt machen?“, fragte Ines.
„Wir spielen“, sagte ich entschieden.
„Mutter und Kind!“ Ines machte eine eindeutige Bewegung.
„Wir können ja raus gehen“, sagte ich kleinlaut und dachte dabei an die Sonne, die hoch am Horizont stand. Die Hitze würde in ein zwei Stunden richtig auf uns einhämmern. Obwohl ich das Meer liebte, hasste ich die Hitze. Meine helle Haut verbrannte schnell. Rothäutig wie ein Indianer aber sah ich eher witzig aus und konnte nachts nicht schlafen, weil die Haut schmerzte.
„Du und rausgehen“, protestierte Heike.
„Vielleicht geht er heute mit an den Strand, weil er fürchtet, der Alte kommt zurück, um ihn zu verprügeln, wenn er allein ist!“
Ines fing meinen wütenden Blick ein. Dann gingen wir über die Holzbrücke, die über die Düne führte, an den Strand. Der leicht auflandige Wind trieb kleine Dünungswellen vor sich her, die sich am Strand brachen. Um diese Stunde kamen selbst die Nachtschwärmer an den Strand. Die Burgen, oft kunstvolle Werke aus Sand, zeugten vom Willen der Einzelnen, sich von der Menge abzuheben.
Auf dem Strand, zwischen zwei Buhnen, lagen aufgeslippt die Boote der Ahrenshooper Fischer. Zwischen zwei anderen Buhnen sah ich, wie Fischer Besteck fingen. Besteck, so hatte ich gelernt, war Fisch in Sardinengröße, der den Köder für die Standangeln der Fischer hergab.
„Ich geh da mal hin“, sagte ich und registrierte missmutig, dass Heike auf die Sandburg ihrer Eltern zuging. Wollte er ihr doch zeigen, dass ihm an ihr gelegen war.
„Ich komme mit dir“, sagte Ines. Und als Heike außer Hörweite war, fragte sie: „Was willst du eigentlich mit Heike? Sie ist doch viel zu jung.“
„Das verstehst du nicht.“
Sie waren an den Buhnen angekommen. Die beiden Fischer zogen das kurze Schleppnetz ein. In der Tat befanden sich kleine Sprotten im Netz, zwei, drei Plattfische, ein Aal und einige kleine

Hornfische.

„Ich möchte einmal mit hinausfahren, wenn sie die Angeln ausbringen", sagte ich. „Ob das wohl zu schaffen ist?"

„Ist das so wichtig für dich?"

„Sicher!"

„Warum fragst du dann nicht einfach?"

„Wen soll ich denn fragen? Ich kenne doch keinen."

Ines zeigte auf einen der beiden Männer. „Frag doch den Peter Dade. Den kenne ich."

Fast ehrfurchtsvoll schaute ich Ines an. „Du kennst einen der Fischer?"

Ines nickte. „Mein Vater war mit ihm draußen auf dem Meer."

Ich schaute Ines verblüfft an. Wie kommt es, dachte ich, dass der Vater von Ines mit den Fischern auf der Ostsee zum Fischen war, während ich bisher mit keinem von ihnen ins Gespräch gekommen bin? Ein Kind hat es doch schwer. Zu Ines sagte ich: „Ich werde meine Mutter bitten, mit dem Fischer zu sprechen."

„Warum machst du das nicht selbst?"

„Ich weiß nicht.

„Aber ich weiß es. Du bist zu feige."

Ich ärgerte mich über die Art, wie Ines das sagte, aber noch mehr ärgerte mich, dass sie Recht hatte.

„Welcher ist der Peter Dade?"

Ines zeigte auf den Fischer.

Ich nahm meinen ganzen Mut zusammen, ging auf den Fischer zu und fragte: „Sie sind Peter Dade?"

Der Mann schaute mich kurz an und nickte.

„Und du?", fragte er.

„Ich bin Schmidt-Kirstein ... Ich wollte Sie fragen, ob Sie mich morgen mit dem Boot mitnehmen?"

„Du bist zu jung", sagte der Fischer. „Wenn etwas passiert, werde ich eingesperrt."

„Und wenn meine Mutter die Erlaubnis gibt?", bohrte Ich.

„Vielleicht ein andermal. Morgen hab ich schon einen, der mitkommt!"

Von links: Hans Dade, Peter Dade, Hugo Borgward aus Bodstedt und Franz Schmedemann

„Schade", sagte ich. „Aber bestimmt werde ich Sie noch einmal fragen!"

Missmutig wandte ich mich ab. War ich doch wütend, denn ich hatte gehofft, Ines zeigen zu können, wie mutig ich war. Doch das war mir nun gründlich verdorben worden.

„Wann wirst du ihn fragen?", wollte Ines wissen. „Wo ihr doch am Sonnabend nach Hause fahrt!"

„Wann schon? Morgen oder wenn ich wiederkomme!"

Wir gingen zurück und sahen, dass Heike mit ihrer Mutter badete. Obwohl sie uns sah, würdigte sie Ines und mich keines Blickes. Ich ärgerte mich über so viel Ignoranz.

„Was wollen wir nun machen?", fragte ich.

Ines taxierte mich. „Ich möchte sehen, wie mutig du bist, wenn du mit mir allein bist."

Ich fühlte mich unwohl, sagte aber im Angesicht der nicht zu erreichenden Heike: „Mutig genug!"

3

Wie so oft im Leben - wieder allein gelassen ...

Sommer 1947

Wie im vorhergehenden Sommer hatte die kleine Familie Schmidt-Kirstein einen Ferienplatz in Ahrenshoop bekommen und fieberte dem Tag der Reise entgegen. Endlich war es wieder so weit. Den alten Opel P4 schwer beladen, fuhr meine Mutter mit mir abermals an die Ostsee.

„Wir schlafen nicht mehr bei Wegscheiders“, sagte sie. „Wir haben ein anderes Quartier in einem hübschen blauen Haus am Bodden. Das Haus gehört einem Pfarrer.“

„Ist er katholisch?“

„Woher soll ich das wissen? Eher protestantisch. Katholische Pfarrer haben keinen Nachwuchs.“ Sie zögerte einen Augenblick und sagte: „Jedenfalls in den meisten Fällen nicht.“

Als wir ankamen, verweilten wir einen Augenblick, um das Bild in uns aufzunehmen. Das Haus lag inmitten einer Wiese in einem Grundstück, das durch Blumen und Hecken gesäumt war. Es war lustig anzusehen in seiner kornblumenblauen Farbe mit dem schon etwas verwitterten Reetdach. Der Garten war gepflegt.

„Es ist nicht sehr groß“, stellte ich kritisch fest.

„Nein“, sagte die Mutter. „Das ist es wirklich nicht. Aber es sieht sehr hübsch aus.“

„Ja“, bestätigte ich. „Es sieht hübsch aus.“

Plötzlich waren zwei Kinder im Garten. Sie gingen in einen Schuppen und kamen kurz darauf mit einer weißen Ziege zum Vorschein.

„Willst du wohl kommen, Tine!“, schrie der Junge, die sich wehrende Ziege hinter sich herziehend. Dann pflockte er sie an. In der Zwischenzeit hatte das Mädchen uns entdeckt und kam auf uns zu.

„Wollen Sie zu Sadonis?“, fragte es.

„Wenn du Löber heißt, dann wollen wir zu euch“, sagte meine Mutter.

„So heißt mein Großvater“, antwortete das Mädchen. Ich bin Brigitte Sadoni. Aber kommen Sie nur herein. Wir werden gleich fragen, ob Sie bei uns richtig sind.“ Sie deutete auf den Jungen: „Das ist Hänschen, mein Bruder.“

Hänschen musterte den Jungen aus dem Inland, dann dessen Mutter.

„Sie wollen also bei uns Urlaub machen?“

„Ja, das wollen wir!“ bestätigte meine Mutter.

„Kommen Sie bitte rein“, sagte das Mädchen.

Hänschen war zum Haus gerannt und schrie: „Sie sind da! Sie sind da! Die Urlauber sind da!“

Aus dem Eingang des Hauses kam eine Frau auf uns zu. Sie war mir auf Anhieb sympathisch.

„Hallo! Kommen Sie doch bitte ins Haus!“ Sie begrüßte per Handschlag erst meine Mutter, dann mich und sagte: „Ich freue mich, dass es mit dem Urlaubsplatz doch noch geklappt hat! Meinem Vater geht es nicht so gut. Gäste bringen immer eine gewisse Unruhe ins Haus. Manchmal erträgt er das nicht. Aber am Leben teilhaben will er auch. Nun haben wir uns für Sie entschieden. Also herzlich willkommen!“

Lotte Sadoni, so stellte sich im Gespräch heraus, war Lehrerin an der Dorfschule in Ahrenshoop, ihr Mann, Hans Sadoni, Busfahrer. Er fuhr den auf dem Fischland den nicht nur bei Kindern überaus beliebten Bus Susewind, einen rot-elfenbeinfarbenen Mercedes.

„Die Kinder fahren dann an den Strand“, sagte Lotte Sadoni. „Was ist mit Ihrem Sohn? Will er mit hinaus an den Nacktbadestrand?“

Meine Mutter schaute mich an: „Willst du mit den Kindern an den Strand fahren?“

„Womit denn?“

„Mit dem Fahrrad", sagte Lotte Sadoni.

„Er hat kein Rad", stellte meine Mutter fest.

„Kann er denn fahren?"

„Natürlich kann ich Rad fahren", bestätigte ich. „Schließlich habe ich ein eigenes Rad."

„Fein", sagte Lotte Sadoni. „Dann nimmst du mein Rad."

Die Frauen zogen sich in den Wohnraum zurück. Die Kinder gingen wieder hinaus in den Garten. Tine hatte sich in ihrem Strick verheddert und die Kinder hatten ihre liebe Not, der Ziege ihre Bewegungsfreiheit wiederzugeben.

„Sie stinkt!". Ich hielt mir demonstrativ die Nase zu.

„Nur Böcke stinken", erklärte Brigitte Sadoni und ihr Bruder fügte hinzu: „Tine ist eine Ziegendame. Die Milch von Tine ist sehr fetthaltig. Wir buttern einmal im Monat!"

„Aha", sagte ich. Dabei tat ich sachkundig, konnte mir aber schwerlich vorstellen, wie Tines Milch zu Butter werden sollte.

„Und du, sag nie wieder, dass Tine stinkt", drohte Hänschen Sadoni. „Sonst kracht es! Schweine stinken! Tine nicht!"

Ich spürte den feindseligen Ton, verdrängte aber meinen Unmut darüber. Zu viel Neues kam auf mich eingestürzt. „Habt ihr Schweine?", fragte ich.

„Zwei."

Wir Kinder nahmen die Räder und machten uns auf den Weg zum Nacktbadestrand. Wir fuhren durch das Dorf. Als wir an der Bunten Stube vorbeikamen, suchte ich vergeblich nach Ines und Heike. Für einen Augenblick dachte ich an die Zeit mit den beiden Mädchen. Zwei Jahre war das nun her.

„Was wohl aus diesen beiden Mädchen geworden ist?", fragte ich mich.

Der FKK war nur mäßig besucht, und Brigitte winkte einem Mädchen zu, das mit ihrer Mutter in einer flachen Sandburg lag.

„Wirst du es machen?", fragte Hänschen Sadoni.

Die Schwester nickte.

„Was wird sie machen?", wollte ich wissen.

„Wirst du schon sehen. Sei jetzt still!" fauchte Hänschen Sadoni.

Die Kinder begrüßten sich. Ich stand abseits und beobachtete die Szene und sah, wie die Mutter des Mädchens sich anzog. Noch nie in meinem Leben war ich an einem Nacktbadestrand gewesen. Doch das übertraf all meine Erwartungen. Die Frau war hübsch anzusehen, und ich bedauerte, dass sie sich schon anzog.

„Wo ihr jetzt hier seid und auf Gretchen aufpasst, kann ich nach Ahrenshoop zurückfahren. Ihr kommt zusammen zurück, Gretchen. Hast du verstanden?"

Das Mädchen nickte seiner Mutter zu. Während die Frau dem Übergang der Düne zustrebte, zogen sich die Kinder aus. Nur ich zögerte noch. Schließlich waren es Mädchen. Noch niemals hatte ich mich vor anderen Mädchen ganz ausgezogen.

„Was glotzt du so? Zieh dich schon aus", sagte Brigitte. „Oder sollen wir das für dich besorgen?"

Ich erkannte, dass ich gegen die drei Kinder keine Chance hatte, und zog mich aus. Für einen Augenblick spürte ich die Blicke der Kinder auf meinem Körper ruhen und errötete. Doch dann rasten sie kreischend zum Wasser, bespritzen sich und badeten schließlich. Die See war ruhig. Leise plätscherten die Dünungswellen an den Strand, wo vereinzelt Menschen entlang liefen, hinauf in Richtung Darßer Ort. Andere, die den weiten Weg bis zum Leuchtturm nach Prerow nicht zurücklegen wollten, kamen retour. Für mich war das eine neue und fremde, wenngleich nicht unangenehme Welt. In der Nähe machten sich einige Verwegene daran, Volleyball zu spielen. Ich hätte allzu gern mitgespielt, doch forderte mich niemand dazu auf, und ich mochte nicht fragen. Nach einiger Zeit bemerkte ich eine Hautrötung und dachte daran, dass mich meine Mutter vor einem Sonnenbrand gewarnt hatte. Deshalb zog ich mich an. Die Sadoni-Kinder kamen mit Gretchen aus dem Wasser und spielten an der Burg. Plötzlich saß Brigitte Sadoni auf dem Rücken von Gretchen, die sich wie ein Pferd auf allen Vieren fortbewegte.

Hänschen stand grinsend daneben.

„Jetzt!", forderte er seine Schwester auf. „Jetzt!"

Faszniert starrte ich auf Brigitte Sadoni, die sich offensichtlich

Gretchen untertan gemacht hatte. Als Letztere sich unter der Reiterin wand und aufschrie, sah ich, wie Brigitte auf Gretchens Rücken pinkelte.

„Du Schwein!“, schrie Gretchen und versuchte verzweifelt, dem festen Griff zu entgehen. Als ihr das schließlich gelungen war, rannte sie heulend zum Wasser und wusch sich.

„Was machst du da?“, fragte ich entgeistert.

„Sie hat eine Rechnung mit ihr zu begleichen. Also halte dich da raus!“ antwortete Hänschen grinsend und drohend zugleich.

„Das wird verdammt viel Ärger geben“, sagte ich, und dachte daran, dass Hänschen Sadoni, obwohl er kleiner und jünger war als ich, eine sehr große Lippe riskierte. Zu gern hätte ich ihm das Maul gestopft. Rechtzeitig erinnerte ich mich aber daran, dass ich für einige Zeit bei den Sadonis leben sollte. Eine Prügelei am ersten Tag würde ein Zusammensein mit der Familie unter einen nicht allzu guten Stern stellen.

„Wir fahren nach Hause“, entschied Brigitte und begann, sich anzuziehen.

„Ihre Mutter wird zu deinen Eltern kommen. Meinst du nicht?“

„Nein, das denke ich ganz und gar nicht“, meinte Brigitte spitz. „Sie weiß, wofür sie die Abreibung bekommen hat und wird sich hüten, ihrer Mutter etwas zu sagen!“

„Aber sie wird deine Freundin nicht mehr sein wollen“, stellte ich fest.

Brigitte Sadoni hob die Schultern, sagte: „Auf diese Freundschaft scheiß ich!“

Sie fuhren schweigend nach Ahrenshoop zurück. Als sie die Vorkommnisse der letzten Stunde verarbeitet hatten, sagte Brigitte Sadoni: „Ich habe noch ein wenig Kleingeld. Wir könnten uns ein Brötchen leisten.“

„Oh ja!“, stimmte Hänschen Sadoni seiner Schwester zu, und ich stellte lakonisch fest: „Meine Mutter hat mir kein Geld mitgegeben.“

„Hast du gehört, Gitti? Seine Mutter hat ihm kein Geld mitgegeben. Jetzt kann er auch nichts kriegen.“

„Sei ruhig! Es reicht für uns alle!“

In Althagen gingen wir in die Bäckerei Saatmann. Ein herrlicher Duft frischer Backwaren stieg uns in die Nase. Bleche mit Keksen und verschiedenen Kuchen standen vor uns. Wespen umschwirrten die süße Ware.

„Was darf ´s denn sein, Gitti?“, fragte die Bäckersfrau mit Blick auf die Kinder.

Drei Splitterbrötchen“, sagte Brigitte.

„Splitterbrötchen sind aus“, bedauerte Malchen Saatmann.

„Dann normale Brötchen.“

Die Bäckerei Saatmann in den 50er Jahren

Die Bäckersfrau steckte die Brötchen in eine Tüte und fragte in meine Richtung: „Gehört er zu euch?“

„Unsere Einquartierung“, sagte Brigitte. „Bleibt wahrscheinlich länger bei uns, Frau Saatmann!“

Als sie die Tüte über den Tresen reichte, gab sie Brigitte Sadoni drei große Mürbeteigtaler und sagte freundlich: „Dann nascht ihr mal die zur Begrüßung!"

Die Kinder bedankten sich artig und gingen hinaus. Als sie außerhalb der Sichtweite der Bäckerei waren, nahm Brigitte die Brötchen aus der Tüte, gab eines ihrem Bruder, eines mir und biss schließlich selbst beherzt in das ihr verbliebene Brötchen hinein.

„Was ist mit den Keksen?", drängelte Hänschen Sadoni, dem beim Gedanken an die leckeren Mürbeteigtaler, das Wasser bereits im Munde zusammenlief.

„Erst essen wir die Brötchen auf", sagte ich, konnte ich doch meinen mächtigen Hunger kaum verbergen.

„Hast du auch schon etwas zu sagen?"

„Ruhig, Hänschen", beschwichtigte Brigitte ihren Bruder.

„Soll der etwa auch was kriegen?"

„Wir haben es seinetwegen bekommen", sagte Brigitte. „Deshalb muss er seinen Teil bekommen."

Sie lehnten die Räder gegen den Zaun eines Grundstückes. Eine ältere Frau mit einem großen schwarzen Königspudel kam ihnen entgegen. Hänschen Sadoni fing an zu lachen, zischte seiner Schwester leise zu: „Die alte Jungfer mit ihrem Lecker!"

„Was?", fragte ich ungläubig.

„Sie treibt es mit dem Köter."

„Du hast eine blühende Fantasie für dein Alter", sagte ich.

„Und du bist doof!"

Die Frau ging an ihnen vorüber, und Brigitte reichte den beiden Jungen die Kekse.

„Fahren wir nach Hause", sagte sie. „Hänschen hat Recht. Man sagt im Dorf, dass sie es mit dem Hund treibt."

Als die Kinder am Blauen Haus ankamen, saß der Pastor Löber im Wohnzimmer. Er war eine gepflegte Erscheinung, aber alt und schon sehr gebrechlich.

Hänschen ging zu ihm und streichelte seine Hand.

„Mein Lieblingsenkel", sagte der alte Mann, „willst du mir nicht deinen neuen Freund vorstellen?"

„Ich weiß noch nicht, ob er mein Freund wird", sagte Hänschen „Noch ist er es nicht."

„Na, na. Du kennst ihn ja erst einige Stunden. Da kann man nicht so abwertend reagieren."

„Du kennst doch deinen Enkel", sagte Lotte Sadoni. „Es dauert eine Weile, bis er mit anderen Kindern warm wird."

Meine Mutter lächelte verstehend. „Sie werden sich bestimmt zusammenraufen. Mein Sohn ist unkompliziert und wird sich schon einfügen. Damit hat er Erfahrung."

Obwohl ich in der Nachkriegszeit bereits 1945 von meiner Mutter in ein Klosterinternat nach Oberbayern geschickt worden war, in dem ich meine erste Schulklasse absolviert hatte, beschlich mich das Gefühl, bald ebenso allein zu stehen wie damals.

Pastor Ernst Löber 87jährig im Jahr 1957

„So, damit hast du Erfahrung", sagte Lotte Sadoni und schaute mich fragend an.

„Nach der Messe in Leipzig hat meine Mutter mich in einen Bus nach München gesetzt. Ich bin allein ohne Papiere durch die Passkontrollen gegangen und in München in den Zug nach Traunstein gestiegen."

„Na ja, ich hatte eine Vertrauensperson im Bus, die den Jungen in München in den Zug setzte", erklärte meine Mutter entschuldigend. „Aber es war schon eine Leistung für ein Kind. In Traunstein haben ihn die Nonnen vom Zug abgeholt."

Mein Blick folgte dem Flug einer Fliege, die sich am Fensterrahmen niedergelassen hatte. Ich würde sie jetzt gern töten, dachte ich. Dann dachte ich an die Nonnen im oberbayrischen Traunstein, die in ihrem schwarzen Ornat aussahen wie Pinguine. In meiner Erinnerung tauchte die junge, etwas dralle Schwester Agnes auf, die hinter einem Holzverschlag im Schlafsaal der Jungen ihr Refugium hatte, um auch nachts Präsenz des Ordens zu zeigen. Tagsüber zeigte sie eine überharte Strenge. Selbst bei den leisesten Verstößen teilte sie vor den versammelten Kindern die berühmt gefürchteten Tatzen aus. Tatzen waren die Schläge mit einem Rohrstock auf die ausgestreckten Hände. Sie war dennoch der Liebling einiger älterer Jungen, vor allem aber der Schwarm des großwüchsigen Ludwig, eines Jungen der fast zu alt für diese Gruppe war und der mehr als alle anderen wünschte, in die kleine dralle Frau einzudringen. Ob ihm das je gelungen war, konnte ich nicht ermitteln. Eines aber wusste ich genau, Ludwig war ein Künstler darin, Heuschrecken mittels einer Lupe zum Schmoren zu bringen.

„Dann hast du ja wirklich schon allerlei Erfahrungen in der Welt gesammelt", stellte der Pastor fest. Mühsam stand er auf. „Sie werden mich jetzt entschuldigen", sagte er. „Ich fühle mich sehr müde." Er nickte in die Runde und ließ sich von der Tochter zu seinem Zimmer bringen.

Als Lotte Sadoni wieder zurückgekommen war, sagte sie: „Mein Vater ist einverstanden, dass Ihr Sohn bleibt."

Während die Eltern den Preis für mein Verbleiben im *Blauen Haus* aushandelten, eilten wir Kinder hinaus in den Garten. Hänschen ging in den Stall.

„Was macht er da?", fragte ich.

Brigitte Sadoni lachte. „Er füttert die Schweine."

„Ihr habt wirklich Schweine?"

„Wir schlachten in jedem Jahr zwei. Unter dem Dach haben wir eine Kammer. Dort hängen die Schinken und die Würste." Sie zog die Luft laut durch die Nase und leckte sich über die Lippen, um anzudeuten, wie gut die Räucherware unter dem Dach schmeckt.

„Das ist ja toll", sagte ich. „Dann habt ihr immer Fleisch."

„Nicht jeden Tag. Aber oft genug. Und wir haben die Butter von Tines Milch."

Hänschen rief: „Wo bleibt ihr denn?"

Die Schweine lagen aneinander geschmiegt und dösten vor sich hin. Er nahm die Gabel und piekte eines der Tiere in das Hinterteil. Laut quiekend stand es auf und rannte protestierend durch den Stall.

„Da ist aber noch nicht viel dran", stellte ich fest.

„Die haben ja auch noch bis zum Herbst Zeit, um ihr Schlachtgewicht zu erreichen", klärte Brigitte mich auf.

„Ihr habt keine Schweine", stellte Hänschen trocken fest. „Und eine Ziege habt ihr auch nicht?"

„Wir leben ja auch in der Stadt", sagte ich. „In der Stadt kann man keine Tiere halten. Jedenfalls keine so großen."

Wir gingen zurück zum Haus. Meine Mutter war gerade dabei, meinen Koffer auszupacken und die Sachen sauber auf dem Tisch auszubreiten.

„Nun ist es gleich so weit", sagte sie und strich mir zärtlich über den Kopf.

Ich hatte alle Mühe, meine Haltung zu bewahren. Es gelang mir aber, meine Enttäuschung zu verbergen. Dennoch beneidete ich die beiden Kinder, die nicht nur einen Großvater, sondern außer der Mutter auch noch einen Vater hatten.

Selten hatte ich meinen eigenen Vater so vermisst wie in diesem Augenblick.

Wenig später war die Mutter abgereist, und ich musste mich einfügen.

Elli Wodrich kam und wurde uns vorgestellt. Sie arbeitete als Hausmädchen bei den Sadonis. Sicher vor allem, um den alten

Pastor zu betreuen, wenn Lotte Sadoni in der Schule und Hans, ihr Mann, mit dem Bus nach Ribnitz unterwegs war. Die junge Frau war das, was man ein handfestes Weib zu nennen pflegte. Ich würde es spätestens dann merken, wenn sie uns einmal in der Woche zu baden pflegte. Alle drei Kinder in einem Badewasser hintereinander weg. Und wehe, es wurde gejammert, weil sie die Wurzelbürste gebrauchte.

Nur einmal habe ich sie erstaunt gesehen, nicht ängstlich, als eine junge Maus in ihrem Bett lag. Sie holte die Katze, die die kleine Maus packte und sich trollte. Damit war das Thema für sie erledigt.

Später heiratete sie dann den Bauernsohn Alfred Krull aus Niehagen, den älteren Bruder meines Mitschülers Jürgen Krull.

4

Mein Vater, der Künstler ...

Meine Erinnerungen an meinen Vater, Helmut Schmidt-Kirstein, halten sich sehr in Grenzen. Als erstes erinnere ich mich, dass wir kurz vor Kriegsende bei meinen Großeltern in Dresden waren. Mein Großvater, Friedrich Schmidt, war Amtmann am Neustädter Bahnhof und bewohnte in dieser Eigenschaft eine wunderbare Dienstwohnung im Parterre eines Hauses in der Antonstraße, die dem Bahnhof schräg gegenüber gelegen war. Noch heute, wenn ich daran vorbeifahre, was hin und wieder vorkommt, werde ich an meine Großeltern und an das damalige Ereignis erinnert. Ich war drei oder vier Jahre alt. Mein Vater war auf seinem

Dresden, Brühlsche Terrasse, Semperoper - Aquarell von 1943

letzten Fronturlaub, bei dem mehrere sehr schöne Aquarelle entstanden sind, unter anderem die beiden Dresden-Bilder, die den

Umschlag meines Romans ***Das Lächeln der Mona Lisa*** zieren und von denen sein ehemaliger Lehrer, Professor Fritz Beckert, in dessen typisch breiten sächsischen Dialekt sagte: „Sie maln ja wie der Deifl!"

Die Mutter meines Vaters, meine Großmutter Anna, die mit Recht stolz auf ihren Sohn Helmut war, konnte mir nicht oft genug diesen Beckertschen Professorensatz wiederholen.

Danach erinnere ich mich noch an einen zweimaligen Besuch in der neuen Behausung meines Vaters im Kannegießerschen Gartenhaus in Bischofswerda, weil mein Vater einen Brillantring meiner Mutter zum Juwelier Weber bringen sollte, der sein Geschäft am Marktplatz betrieb und der umsonst auf das Erscheinen des Ringes wartete, für den er einen Käufer hatte. Ferner an einen Rummelplatzbesuch in Dresden, der nach dem Umzug meines Vaters in die sächsische Hauptstadt stattgefunden haben musste, und daran, dass die Voss betrunken bei meinen Großeltern in deren Wohnzimmer in der Gitterseer Straße eingedrungen war und die alte Frau ins Gesicht geschlagen hatte. Damals bewohnten mehrere Familien dieses Haus und mein Vater und die Voss leider auf der gleichen Etage.

Dennoch fühle ich mich verpflichtet, einen Mann zu beschreiben, der seiner Kunst ein Leben lang treu geblieben ist, der überaus bescheiden war und dessen Werke zum Teil möglicherweise bei den so genannte *Sachverständigen* des DDR-Kunsthandels hinter vorgehaltener Hand mit dem überaus belasteten Begriff „Entartete Kunst" tituliert wurden. Aber sozialistischer Realismus à la Willi Sitte waren sein Ding nicht, auch wenn es nun keine Staatsaufträge gab.

Überliefert aber ist, dass er anlässlich einer **Ausstellung *Helmut Schmidt-Kirstein 1981- Abstraktion und Figuration in Dresden*** folgendes gesagt hat:

„Wenn Sie künstlerisch tätig werden wollen, müssen Sie besessen sein. Und an sich selber glauben, sich gegen andere abgrenzen, zu sich selber finden!"

Mädchen mit Blumenstrauß auf dem Tisch, 1976

All dieses realistisch zu beschreiben, war mir - aufgrund der Scheidung meiner Eltern, als ich sechs Jahre alt war - nicht gegeben. Ich war einfach nicht nahe genug an meinem Vater dran. Und so habe ich nach einer Publikation über meinen Vater gefahndet, die all dieses beschreibt. Ich habe mehrere Beschreibungen über den Werdegang meines Vaters gefunden. Die für mich beste Darstellung fand ich in einem Ausstellungskatalog der Städtischen Galerie in Albstadt aus dem Jahr 1994, die Frau Dr. Anne Peters erarbeitet hat.

Ich bin Frau Dr. Peters sehr zu Dank verpflichtet, dass ich den gesamten Text autorisiert übernehmen darf.

Dr. Anne Peters

Ein Besessener, im positiven Sinne des Wortes, ist Schmidt-

Kirstein sicher gewesen, ein besessener Maler und Zeichner. Gemälde, Zeichnungen und Druckgraphik - allen voran die Lithographien - entstanden Schlag auf Schlag. Albstadts Städtische Galerie, bekannt für ihre Sammlung Dresdener Kunst, besitzt inzwischen über 120 Arbeiten Schmidt-Kirsteins auf Papier, etwa zur Hälfte Zeichnungen und Druckgraphiken. Die Mehrzahl der Arbeiten (104) erhielten wir 1991 von Ernst Adolf Groz, dessen Schenkung auf dem bisherigen Bestand aus der Stiftung Walther Groz und Ankäufen unter dem Direktorat Alfred Hagenlochers aufbauen konnte.

Wie Dieter Hoffmann in seinem biographischen Büchlein über Schmidt Kirstein nachweist, geht das künstlerische Werk des 1909 Geborenen bis in die 20er Jahre zurück; bereits 1927 stellte er mit seinem Bruder, dem späteren Künstler Erich Schmidt-Uphoff im Gymnasium in Zwickau aus. Allerdings ist aus diesen frühen Jahren nahezu nichts erhalten, da Schmidt-Kirstein das meiste - wie auch später immer wieder - vernichtete, wenn es seinen Ansprüchen nicht genügte. So wird es bloßer Zufall sein, wenn sich Arbeiten erhalten haben, die den von Schmidt-Kirstein erwähnten Einfluss der Brücke- Künstler, deren Werk er in Ausstellungen in Zwickau kennen lernte, und Picassos fassbar werden ließen. Im Albstädter Bestand sind der Neubeginn ab 1946 und die anschließenden Entwicklungen nachvollziehbar. Einzig eine große Tuschezeichnung „Annemarie im Blütenkleid" bildet eine Ausnahme, wird sie doch auf 1939 datiert. Annemarie war Kirsteins erste Frau, mit der er im Bereich der Textilgestaltung zusammenarbeitete, als er zwischen 1934 und 1940 als ‚Fachlehrer für dekorative Berufe' tätig war. Vermutlich erklärt sich so auch die ostentative Betonung ihres auffälligen Kleiderstoffes, denn Schmidt-Kirstein hat in diesen Jahren manchen Stoff bedruckt.

Der hier vorgestellte Bestand in Albstadt hat ganz deutliche Schwerpunkte: in den 40er Jahren bei den Schwarz-Weiß-Lithographien, in der abstrakten Phase der 50er und 60er Jahre bei den Farbmonotypien und nach der Rückwendung zum Gegenständlichen ab den späten 60er Jahren bei den Aquarellen sowie einer Vielzahl kleinformatiger Tusche- oder Kugelschreiberzeichnungen.

Die ersten Schaffensjahre Schmidt-Kirsteins nach dem Krieg sind vor allem in der Druckgraphik zu verfolgen, überwiegend in Lithographien,

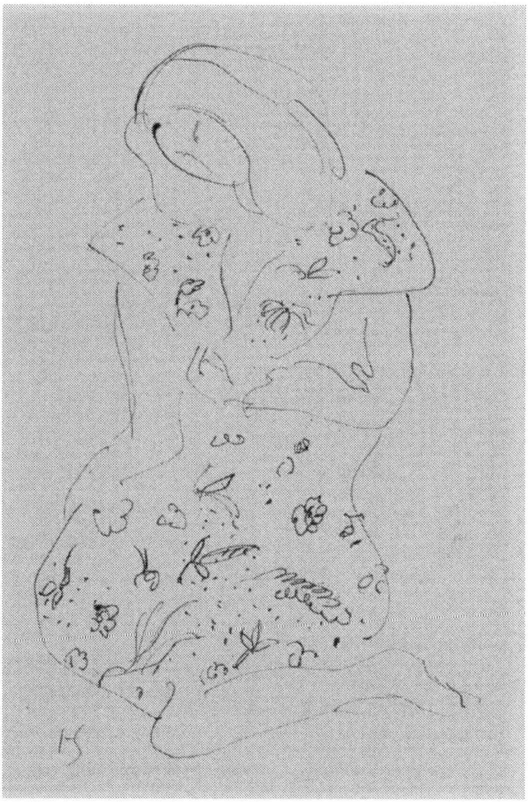

Kauernde Annemarie im Blütenkleid 1939

sonst lediglich in einer Radierung und einem Holzschnitt. Es ist kein Zufall, dass Radierung und Holzschnitt insgesamt nur so spärlich vertreten sind. Die Radierung, ein Stillleben mit Gefäßen, ist die einzige Schmidt-Kirsteins nach 1945 geblieben. Das Ergebnis befriedigte ihn nicht: der Abzug geriet zu grau. Auch der Holzschnitt ‚Ochsengefährt' und ‚Wasserträgerinnen' blieb vereinzelt. Vermutlich war es das spröde, Widerstand bietende Material, das ihn abhielt, denn die sonst für ihn so typische, weich fließende Linie lässt sich bei diesen beiden Techniken nicht oder nur schwerfällig gestalten. Thematisch liegen die beiden Bilder nahe bei den Lithographien.

Hoffmann bezeichnet Schmidt-Kirstein als einen ‚Italiendeutschen'. Der Künstler wird so zu einem Nachfahren der Nazarener um Koch und Schnorr von Carolsfeld zu Beginn des 19. Jahrhunderts oder der ‚Deutschrömer' wie Feuerbach und Marées zwei Generationen später. Und wie in deren Bildern Italien und italienisches Leben etwas Klassisch-Gelassenes und Paradiesisches an sich haben, sind Schmidt-Kirsteins Lithographien als Verdichtung von Erinnerungen und Sehnsüchten zu begreifen, nachdem er als Soldat einige Monate in Italien verbracht hatte. ‚Mädchen von Orvieto', ‚Männer im Boot' und die ‚Badenden' legen davon beredtes Zeugnis ab.

Eine überhöhte und ideale Sicht auf ein Italien der Ruhe, Gelassenheit und Heiterkeit prägt diese Blätter. Flüchtige Erinnerungen, die es zu bannen gilt, werden mit schnellen Strichen festgehalten. Mädchen, oft mit Kannen und Krügen, sowie Stilleben sind die bevorzugten Themen, die er in kontrastreichem Schwarz-Weiß festhält. Zumeist sind seine Blätter einfach gebaut, bei komplexen Situationen vereinfacht er die räumliche Abfolge, indem er die hintereinander liegenden Zonen mittels einer nach oben geklappten, nicht zentralperspektivischen Anordnung übereinander staffelt. Ein charakteristisches Beispiel gibt das Blatt ‚Männer im Boot'. Groß im Vordergrund, stillebenartig auf einem Tisch arrangiert, stehen eine Kanne, eine Chiantiflasche und ein Krug vor einem Fenster mit einer ornamentalen Brüstung. Nach rechts schließt der Vordergrund mit einem fast gänzlich schwarz gehaltenen breiten Streifen der Mauer oder eines Vorhangs ab. Darüber, also dahinter zieht ein Boot mit drei Personen auf einem Fluss - der Ticino in Pavia ist gemeint - vorüber. Als Bildelement, das den bisher nur waagerechten und senkrechten Linien entgegenwirkt, schneidet das geraffte Segel schräg durch den verbleibenden oberen Bildraum. Am oberen Blattrand, also ganz im Hintergrund, erscheint eine große Kuppel - die des Domes von Pavia - als ein Wahrzeichen der Stadt.

Diese Tendenz zum gebauten Bild wurde bereits mehrfach bemerkt und lässt sich an dem Blatt ‚Mädchen mit Blumen', 1947, fast überdeutlich ablesen. Schmidt-Kirstein baut das Blatt, dessen Motiv er leicht aus der Mittelachse nach links verrückt, gänzlich frontal auf. Zwei Kompositionen überlagern sich: eine Komposition der langen geraden Linien, deren bildnerischer Vorwand der Strauß ist, den das Mädchen arrangiert, steht vor der Flächenkomposition des entblößten Oberkörpers des Mädchens, der sich im hellen Papierton vom rahmenden Dunkel des Hintergrundes, des Rockes und ihrer Haare abhebt.

Ähnliches stellt man auch in dem Blatt ‚Italienerin mit Krug', 1947 fest. Herbe Strenge, beinahe klassische Feierlichkeit strahlt diese junge Italienerin aus, die an manche Werke von A. Feuerbach oder H. von Marees aus Italien erinnert. Das Blatt ist wohl als bewusste Anknüpfung an historische Kunst zu sehen. Diese Unnahbarkeit, dieses In-Sich-Ruhen werden durch die Geschlossenheit der Form ausgedrückt, die sich aus dem über Haare und Schulter fallenden Tuch, dem angewinkelten rechten Arm, dem Krug und dem zum Kopf führenden linken Arm bildet und so eine Geschlossenheit inmitten umgebender Offenheit darstellt.

Italienerin mit Krug, 1947

Aus den Jahren 1947 und 1948 gibt es in der Sammlung vier Blätter - drei Lithographien und eine Gouache -, die sich mit dem Thema des am Tisch sitzenden Mädchens befassen. Auf diesen Tischen stehen stillebenartig gruppiert jeweils verschiedene Gegenstände - Blumen, eine Pfeife, Flaschen etc. Es sind mehrere Merkmale, die an diesen Blättern interessieren. Zum einen ist es die - bereits oben erwähnte - verschieden stark eingesetzte Klapp-Perspektive, die den Tisch in der Aufsicht zu einer das Blatt von unten bis oben beherrschenden Form werden lässt, wie es auf der Gouache besonders deutlich ist. Auch die wirklichen Größenverhältnisse werden leicht abgewandelt. Das Mädchen ist erstaunlich klein im Vergleich zu den auf dem Tisch liegenden Gegenständen. In der Lithographie ‚Der runde Tisch' fällt dagegen besonders auf, wie durch den gewählten Ausschnitt und die a-perspektivische Sicht die gegenständliche Benennung (Fußboden, Stuhl, Tür) verunklärt wird.

Verunklärung, besser gesagt, >Gegen-die-Sehgewohnheit-Angehen> stellt man auch bei der Darstellung der verschiedenen Flaschen fest, die innerhalb ihres Umrisses mit nur wenig Räumlichkeit schaffender Schraffur gekennzeichnet werden. In ihrer Durchsichtikeit werden die Formen auch der dahinter stehenden Gegenstände zur Gänze gezeigt, was zu einer irritierenden Rhythmisierung beiträgt.

Diese Verunklärung, Formauflösung führt Schmidt-Kirstein in den nächsten Jahren fort, bis z. B. 1952 ein ‚Stillleben' entsteht, dessen Gegenstände nur noch zu erahnen sind. Diese Abstrahierung und freie Kombination einzelner Formen, sogar nur noch von Formfragmenten treibt Schmidt-Kirstein immer weiter und findet 1954 zu einer Gestaltung wie dem ‚Turm der Gefäße'. Unten deutet eine Rundung und zwei Holzbeine noch den Tisch an, auf dem er seine Stilleben arrangierte, das sich nach oben hin – in Form eines Turmes – allerdings verselbständigt. In kleinen Ausschnitten werden die Gegenstände angeschnitten und nebeneinander gesetzt. Erkennbar sind mehrere Frauentorsi sowie einzelne Gefäße. 1955 beschrieb ein Rezensent diese Arbeiten in ihrer ambivalenten Deutungsmöglichkeit so: „Für Helmut Schmidt-Kirstein, den Lithographen ..., besteht die Welt aus Flaschen, Lampen, Krügen und Mädchen. Und die Mädchen sind wie die Krüge, und die Krüge wie die Mädchen — schöne lyrische Gefäße…" Dass Schmidt-Kirstein von hier den Schritt zur vollständigen Abstraktion vollzog, verwundert nicht.

Künstlerisches Arbeiten mit ungegenständlichen, abstrakten Formen stieß in der DDR nicht auf Zustimmung, galt als ‚reinster Formalismus'. Und genau mit diesem Argument wurde 1952 nach nur zwei Tagen eine Ausstellung Schmidt-Kirsteins in Halle geschlossen. In einer Hallenser Zeitung, einem Organ der SED, hieß es zu dieser Ausstellung, dass sich in Schmidt-Kirsteins Arbeiten „. . . barbarische Unkultur, der Ungeist des Antinaturalismus (spreizt), aus ihnen stinkt die Fäulnis des untergehenden Kapitalismus. Die entscheidende Bedeutung des Inhalts wird missachtet, das Spiel mit verzerrten Formen ist Trumpf. Das ist reinster Formalismus, der zur Vernichtung der Kunst überhaupt führt." Nur wenige gleichgesinnte Weggenossen fand er, etwa den unentwegten Hermann Glöckner und Albert Wigand sowie Gerhard Altenbourg.

In den Butzbacher Künstler-Interviews, die 1980 mit Dresdener Künstlern geführt wurden, beschreibt Schmidt-Kirstein seine Wendung zur Abstraktion: „Ich war eine Zeitlang gezwungen, mich in mich zurückzuziehen. Alles mehr im Innern, viel Stilleben. Dabei hat sich das Thema erschöpft. Die Arbeiten gerieten immer formaler, so entstand von ganz allein Abstraktion."

Diese Entwicklung ans den immer abstrakter werdenden Stilleben lässt sich in der Albstädter Sammlung nachvollziehen. Dabei sind zwei Möglichkeiten des Arbeitens im Abstrakten zu verfolgen: zum einen die Betonung der Flächen, zum anderen die der linearen Strukturen. Das chronologisch erste Blatt der vier Monotypien ‚Herbstnocturne', 1954, erinnert im steilen Aufbau an den im gleichen Jahr entstandenen ‚Turm der Gefäße', man meint den Tisch und - in der Mitte - einmal eine Flasche zu erkennen, selbst der rahmende schwarze Streifen um die Darstellung in der Mitte ist vorhanden. Doch die Unterschiede überwiegen. Die anregenden Gegenstände sind zu freien Formen, in diesem Fall Flächen geworden. Dass es um Ausgewogenheit und Ruhe geht und nicht um mögliches Wiedererkennen, wird auch aus der von den Formen unabhängigen, streifigen farblichen Fassung deutlich.

Die drei anderen Monotypien, 1955 und 1956 datiert, weisen eine Gemeinsamkeit auf: sie sind offensichtlich, wie die Maße und Ausbrüche am Rand belegen, vom selben Träger - vermutlich einem Stein - abgedruckt. Auch der großflächige Farbauftrag verbindet sie. Vor allem die Titel zweier Blätter. Gegenüberstehendes' und ‚Braun gegen Blau' weisen auf die gestaltende Idee hin: Form und Farbe werden nun alleinige Ausdrucksträger. Geschlossenheit oder Offenheit, Gegeneinanderstehendes, Parallelität, Auseinanderdrif-

ten, klare gegen gebrochene Farben, große Flächen neben oder gegen kleine – all dies sind Gestaltungsmerkmale im Aufbau der abstrakten Blätter. Selten stehen die Bildelemente disparat nebeneinander wie etwa in der Monotypie ‚Ohne Titel'. Die Tendenz zum Dialog, zum Rhythmus im Aufbau, zum Gleichgewicht ist bei diesen Blättern, die aus den flächigen Formen leben, auffallend.
Daneben gibt es auch Blätter, die auf die Spontanität der Linien setzen. In zwei Beispielen, zwei Schwarz-Weiß-Lithographien aus dem Jahr 1959, sind sie vertreten. Schmidt-Kirstein geht von einer Tuschepinsel oder Kreidezeichnung aus, in die er dann Linien kratzt und schabt, so dass weiße dünne Linien einen eigenen Rhythmus über der ersten gezeichneten Lage schaffen. Gitterartige Strukturen werden erkennbar, Konzentration aber auch Auflösung. Geradezu ‚informell', ganz im Zeitgeist also, wirken die Blätter.

Auch der Farbholzschnitt, betitelt ‚Gräser und Halme', 1964 gehört in diesen stilistischen Zusammenhang. Ein erster Hinweis auf die gegen 1967/68
einsetzende Rückwendung zum Gegenständlichen ist bereits hier festzustellen. Primär wichtig ist zwar der rhythmisch-schwingende Aufbau, aber die schwingende Struktur, die sich in halmartigen Büscheln konzentriert, sowie die grünliche Farbe, die sich aus dem Zusammendruck von Schwarz und Orange ergibt, erklären diesen assoziativen Titel, der wohl auf Schmidt-Kirstein selbst zurückgeht.

Der große stilistische Wandel mit einer Rückbesinnung auf die Gegenständlichkeit setzte im Frühjahr 1967 oder 1968 ein. Dieter Hoffmann zitiert aus Briefen von Schmidt-Kirstein und seiner Frau Ursula, nach denen selbst gepflückte Feldblumensträuße den Künstler

wieder zur Auseinandersetzung mit der geschauten Realität veranlassten." Nennt man nur die Themen, die der Künstler jetzt wieder künstlerisch umsetzt, so ist die Parallelität zur früheren gegenständlichen Phase in den 40er Jahren auffallend: Stilleben, Landschaften, Frauen und Mädchen. Allerdings ist der stilistische Unterschied ungemein. Von klassischer Ausgewogenheit, Ruhe kann keine Rede mehr sein. Die Blätter künden eher von Heftigkeit, ja Nervosität, von kreativem Furor. Darüber hinaus ist deutlich ablesbar, dass der Künstler die abstrakte Phase durchlaufen hat. Kürzel, oft fast nur noch Zeichen bleiben übrig.

Vergittert, 1959

Das früheste Beispiel des Albstädter Bestandes aus dieser letzten Phase, in der Aquarelle und Gouachen eine wichtige Rolle spielen, datiert aus dem Herbst 1969. ‚Herbstliches Blühen' ist das Thema. Dargestellt sind zwei Blumenvasen, eine fast übervoll, die andere nahezu leer, Räumlichkeit ist kaum vorhanden. Auf den ersten

Blick erscheint das Blatt konfus, da die Gegenständlichkeit nur angedeutet und nicht bis ins Detail ausgeführt ist. Das Blatt lebt aus dem Chaos der Formen und aus der Farbe. Zum Lesen des Aquarells bedarf es einiger Phantasie, da die Farbe einen so selbständigen Wert annimmt, dass sie die Formen vor allem des Straußes – überschwemmt und damit nahezu auflöst. Drei Farben bestimmen den Eindruck: Blau und Rot, gemischt und in unterschiedlicher Intensität, sowie schwarze Tusche. Schwarze Tusche, erwartungsgemäß als Kontur eingesetzt, gibt es wenig, formstabilisierend wirkt sie selten. Häufiger bildet sie in Wasser verlaufend eigenwillige neue Formen aus. Das Rot, bis in lichtes Rosa abgetönt, liegt unter dem Blau und Schwarz, und blitzt, oft nur noch in kleinen Restflächen erhalten, auf und drängt als warme Farbe nach vorn.

Stilleben, Früchte- und Blumenstilleben, gibt es bis in das letzte Schaffensjahr 1983 hinein. Die Tendenz zur Auflösung wird immer greifbarer. Ausschnitte, die überraschende Einsichten bieten, und die Farbgebung sind die Charakteristika, in denen Kirstein seinen sehr eigenen Weg geht. Der Blick von oben auf den Strauß ‚Verwelkter Blumen' zeigt, wie souverän der Künstler die Farbe einzusetzen vermag. Im Gewirr der Blütenstengel und den fast unabhängig davon gesetzten Blütenkelchen erkennt man Schmidt-Kirsteins Auseinandersetzung mit den informellen Strukturen. Diese Doppeldeutigkeit zwischen Gegenstand einerseits und Abstraktion andererseits sowie die lockere und freie Farbgebung machen den Reiz des Blattes aus. Nahezu gänzlich dem Verließen preisgegeben scheint das späteste Aquarell ‚Verwelkter Strauß mit grüner Frucht' von 1983. Eine flüchtige Kreidezeichnung liegt unter dem Aquarell, das aber wie unabhängig von diesen konturierenden Vorgaben scheint. Das Verwelkte des Straußes drückt Kirstein auch in den morbid wirkenden Farben aus.

Unter den nach 1968 entstandenen Aquarellen ist die Gruppe der Landschaften im Albstädter Bestand nur schmal, mit lediglich zwei Beispielen vertreten. Auch hier sind der heftige, nervöse Strich und die Tatsache zu beobachten, dass die Aquarellierung und die lineare Zeichnung nicht unbedingt deckungsgleich sind.

Katze auf dem Laubengrundstück in Bischofwerda; wegen der geringen Größe „Floh" genannt

Auffällig ist auch der sehr freie Umgang mit Farbe, der etwa im Blatt ‚Kirche in Bischofswerda', 1973, ein kühnes, grelles Rot mit Hellblau, einem Sandgelb und Graugelb konfrontiert. In Bischofswerda hatte Schmidt-Kirstein ein Gartenhaus. Dort entstanden viele der Aquarelle, wurde mancher Blumenstrauß gepflückt, der dann im Aquarell oder der Schwarz-Weiß-Zeichnung festgehalten wurde. Viele der landschaftlichen Eindrücke hat Kirstein in kleinformatigen Zeichnungen in Tusche, Tinte oder Kugelschreiber schnell eingefangen und sie später manchmal im Atelier in große Aquarelle umgesetzt. Die kleinsten erreichen bloß ca. 2,5 X 6 cm, die größeren sind bereits ca. 10 X 13 cm. Er nannte sie seine ‚Flöhe', bewahrte sie in einem Weidenkorb auf, aus dem Besucher kleine Geschenke entnehmen durften.

Ein weiteres, zahlenmäßig in diesen kleinen Blättchen stark vertretenes Thema sind die Darstellungen von Frauen, Mädchen mit ihren für die Arbeiten von Schmidt-Kirstein so typischen dreieckigen Gesichtern; ein Blatt betitelt er selbst ‚Herzgesicht'. Man begegnet ihnen aber ebenso vielfach in den Aquarellen. Die stilistische Veränderung ist denen der anderen Themen vergleichbar. Geradezu verblüffend ist die Tatsache, dass bei der reinen Beschreibung von zwei Blättern die Ähnlichkeit mit den früheren frappant ist, etwa ‚Mädchen und Blumenstrauß auf dem Tisch' von 1976 oder ‚Florentinerin', 1978, das an die früheren Sehnsuchtsbilder aus Italien denken läßt. Aber auch hier findet er nun eine formal andere Lösung.

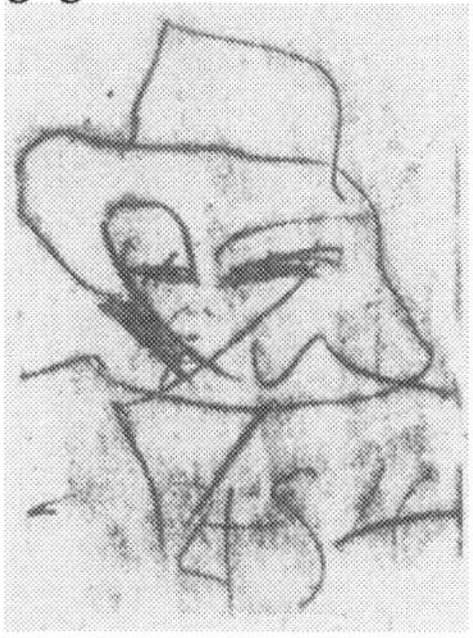

Ausschnitthaftigkeit, schnelle unruhige Strichführung bestimmen das Bild. Allerdings hat die unter der lasurhaft dünnen Aquarellfarbe liegende Konturzeichnung hier noch wirklich diese Funktion: Form, Kontur zu geben. Die Farbe wird zwar locker und frei, aber in Berücksichtigung der vorgegebenen Formen aufgetragen. Wie anders sind dagegen die nur fünf Jahre später entstandenen Aquarelle ‚Einschlafen' und ‚Herbstblüte', beide von 1981, in der Auffasssung. Wie es bereits bei den Stilleben beobachtet wurde, scheinen Zeichnung und Aquarellierung wie unabhängig voneinander. Im Fall der Darstellung von Frauen mißt Schmidt-Kirstein dem Gesicht besondere Bedeutung zu, indem dort Zeichnung und Aquarellierung noch Hand in Hand gehen. Das restliche Blatt gestaltet er aber vor allem im Einsatz der Aquarellierung so frei, dass es zu formunabhängiger und damit formauflösender Wirkung gelangt.

Die Stellung Schmidt-Kirsteins in der Dresdner Kunst oder der Kunst der DDR kann in unserem Zusammenhang nur angedeutet werden. In der zweibändigen Veröffentlichung „Kunst der DDR" von Ulrich Kuhirt wird er nicht einmal erwähnt. Die Publikationen zur Graphik von Lothar Lang (1978) und Wolfgang Hütt (1979)' nennen ihn zwar, bringen aber kaum charakteristische Werke. Dies verdeutlicht seine Stellung außerhalb der offiziellen DDR-Kunst auch nach dem Ende einer stalinistischen Kunstkritik, wie sie unser Zitat von 1952 repräsentierte.

Bis zum Ende der 50er Jahre war zwischen Ost- und Westdeutschland noch ein gewisser künstlerischer Austausch möglich. So nahm Kirstein bis 1959 an den Ausstellungen des Deutschen Künstlerbundes teil: das Blatt ‚Gegenüber stehendes' war 1956 auf der 6. Ausstellung des Künstlerbundes in Düsseldorf zu sehen. Eine Ausstellung, die das Dresdner Albertinum zur 750-Jahr-Feier Dresdens mit Dresdner und Stuttgarter Künstlern veranstaltete, wurde 1956 in Dresden und im folgenden Jahr in Stuttgart gezeigt. Sie schloss zeitgenössische Künstler ein, unter ihnen Helmut Schmidt-Kirstein. Gerade in den Jahren seiner abstrakten und informellen Arbeiten lassen sich manche Beziehungen zur europäischen Entwicklung ausmachen.

Besonders die Blätter ‚Vergittert' und ‚Gestalten durchdrahtet' erinnern an gleichzeitige Gestaltungen Haus Hartungs in Paris – besonders interessant insofern, als Hartung seine künstlerische Ausbildung in Dresden erhielt, sich allerdings bereits 1929 nach Frankreich wandte. Arbeiten etwa von Fritz Winter mag der Betrachter mit Blättern wie ‚Herbstnocture'assoziieren. Wohl eher im Sinne einer Geistesverwandtschaft als einer künstlerischen Abhängigkeit ist auf das Werk von Henri Matisse hinzuweisen. Auf mehreren Ebenen lassen sich Ähnlichkeiten feststellen. Da sind zum einen die Motive:

Stilleben, landschaftliche Ausblicke und immer wieder Mädchen und Frauen. Ebenso ist die Art zu schauen und das Bild zu bauen vergleichbar: häufig ist die Aufsicht auf die Motive, um perspektivische Effekte zu vermeiden. Auch der schöne Schwung einer einzelnen Linie in den Schwarz-Weiß-Blättern, vor allem bei Tuschezeichnungen, ist beiden gemeinsam wie auch eine heitere Grundstimmung ihrer Arbeiten.

Schmidt-Kirstein war Mitglied im Verband bildender Künstler der DDR, erhielt aber keine offiziellen Aufträge. Seinen Lebensunterhalt bestritt er aus einer kleinen Rente, die er aus seiner Lehrertätigkeit bezog, und aus Verkäufen seiner Arbeiten. Er hatte eine Reihe von Freunden,

Mädchen mit Hut: Kugelschreiber auf Papierschnipsel

Künstler und Nicht-Künstler, und einige Sammler in Ost und West, die ihn durch Ankäufe unterstützten. Sie schätzten seinen freundlichen, offenen Charakter, der sich auch in den meisten seiner Blätter ablesen lässt; sie zeigen die heitere oder klassisch- gelassene Seite des Lebens.

Im Nachhinein gesehen bedaure ich wirklich sehr, dass ich zu seinen Lebzeiten kein besseres Verhältnis zu meinem Vater aufbauen konnte.

Aber so ist nun einmal das Leben.

5

Der erste Schultag in Ahrenshoop ...

Wie den meisten Kindern, so war auch mir der erste Schultag in einer neuen Klasse unangenehm. Abgesehen davon, dass ich mir vorstellte, ich müsse aus meinem Leben erzählen, was mich ohnehin eine große Überwindung kostete, ginge der erbarmungslose Kampf um die Rangfolge innerhalb der Klasse, wie jedes Mal, wenn ein Neuling in die Gemeinschaft eindrang, aufs Neue los. Ich sah auch einige große zähe Burschen. Das beunruhigte mich. Aber ich sah einem Jungen ähnlich, der sich in dieser Gesellschaft der Einheimischen wie ein Fremdling ausnahm.

„Das ist Buri", sagte Jürgen Krull, ein draller Bauernjunge, neben den ich gesetzt worden war. „Buri ist Aussiedler und spricht noch nicht gut deutsch. Aber er ist einigermaßen in Ordnung."

Mein Blick wanderte immer wieder zu Buri. Er ist ein eigenartiger Kerl, dachte ich. Mit seiner Stirnglatze und den klein gelockten schwarzen Haaren sieht er fremdländisch aus.

Als die Tür aufging, sah ich Lotte Sadoni mit einer älteren Frau sprechen.

„Das ist unser Fräulein Wehnert", sagte Jürgen Krull. „Sie ist wohl streng, aber gerecht. Vor allem", sagte er mit einem eigenartigen Zungenschlag, „ist sie sehrrr beliebt."

„Du sollst den Buri nicht nachmachen", sagte Brigitte Sadoni, die sich von der vorderen Bank zurückgedreht hatte.

„Könnte es sein, dass ihr schon wieder streitet?" Die Stimme der Lehrerin war von weicher Bestimmtheit. Sie schaute mich an. „Du wirst uns nun etwas von dir erzählen ... Von dir, deiner Familie und warum du für eine Zeit bei uns an der See wohnst."

Was geht die fremden Menschen an, weshalb ich nicht bei meiner Mutter, sondern bei den Sadonis lebe, dachte ich. Nichts!

Und so versuchte ich eine Geschichte um meine Familie zu deren Gunsten zu erfinden.

Erne Wehnert mit Klasse. Nach der beliebten Lehrerin wurde in Niehagen eine Straße benannt.

„Mein Vater“, sagte ich sehr leise, „ist Kunstmaler in Dresden. Meine Mutter ist bei ihm und hält seinen Haushalt in Ordnung. In wenigen Wochen fahren wir drei nach ...“ Ich stockte einen Augenblick. Brasilien fiel mir spontan ein, weil ich an Günter Fonrobert dachte, den letzten Liebhaber meiner Mutter. „Brasilien!“

„Brasilien?“, fragte die Lehrerin, und ein fragendes Gemurmel machte sich in der Klasse breit.

„Brasilien!“, bejahte ich stolz.

„Donnerwetter“, sagte Vera Höft laut. Und Josef Klein zweifelte: „Für Brasilien braucht man aber viel Geld. Sehr viel Geld. Haben das deine Eltern?“

„Wäre ich sonst hier? Meine Mutter hat mich hergebracht, damit ich mich in der Sonne erhole.“

Die Kinder der Klasse lachten.

„Damit du dich in der Sonne erholst“, sagte Ursula Koß provozierend. „Und da gehst du natürlich in die Schule.“

„Andere Urlauber erholen sich am Strand“, sagte Jürgen Krull.

„Ja, andere Urlauber. Aber ich bin kein Urlauber. Und wer sich in Brasilien behaupten will, muss erst einmal etwas lernen. Deshalb bin ich hier."

Am Nachmittag sah ich Robert Schumann zum ersten Mal.

Brigtte Sadoni und ich gingen den kleinen Berg hoch, wo Schumann seine Reparaturwerkstatt hatte und sein pompöses Wohnhaus, von dem er die Busse leitete, die zwischen Ribnitz-Damgarten und Ahrenshoop verkehrten. Das heißt, sie verkehrten nur bei schönem Wetter bis Ahrenshoop, da zu der Zeit die Betonstraße in Niehagen endete. Goss es in Strömen und die Busse sackten bis zur Achse ein, endete die Fahrt in Niehagen, und man musste sehen, wie man weiterkam. Auch sein Rivale auf dieser Strecke, Ewald Johannsen, der seinen Ford-Bus *Fischlandexpress* auf der gleichen Strecke einsetzte, musste dann die Fahrten abbrechen.

An diesem Tag aber schien die Sonne, und wir sollten Hans Sadoni, der als Fahrer Schumanns den Susewind lenkte, ein Paket mit Essen nachbringen. Kurz vor Schumanns Werkstatteingang stand ein rotelfenbeinfarbener BMW-Sport, eine Rarität in der Nachkriegszeit in dem Schumann und seine junge, blonde Freundin Gisela saßen. Damals wusste ich noch nicht, dass ich später noch einmal sehr viel mit ihnen zu tun haben würde.

Aber nun palaverten die beiden miteinander und ich bewunderte sowohl den schmucken Sportwagen als auch die junge blonde Frau. Musste das Leben schön sein, wenn man in einem solchen Wagen und mit einer solchen Frau durch die Gegend fahren konnte. So ließe sich das Leben aushalten. Doch plötzlich gab Schumann Gas und die Räder drehten kurz durch, bevor der Wagen davonschoss.

Am Nachmittag waren wir Kinder wieder mit den Rädern unterwegs zum Hohen Ufer, radelten bis zu den Resten des alten Betonbunkers, den wir untersuchten, aber nichts Interessantes fanden. Über das Ufer ging mein Blick hinaus auf die See. Am Horizont sah ich einige Schiffe. Wegen ihrer Entfernung waren sie relativ klein.

Zurück fuhren wir nicht den offiziellen Weg, sondern hinter dem Haus Stranddorn entlang, um das kleine graue Häuschen besser in Augenschein nehmen zu können, das wir schon vor Tagen entdeckt hatten. Dutzende Autoreifen lagen herum, überall Müll und die Reste eines alten Autos. Für Kinder war das allemal interessanter als der gesprengte Bunker. Wir suchten uns ein Loch im verrosteten Drahtzaun. Als wir gerade dabei waren, das Wrack des Autos zu untersuchen, ging die Tür des Hauses auf, und ein schimpfender älterer Mann kam auf uns zu. Wir machten, dass wir davonkamen. Doch ich nahm mir vor, meiner Mutter bei unserem nächsten Zusammentreffen von diesem sonderbar ärmlichen Haus zu berichten.

Einige Tage später besuchten wir die Familie des Onkels der beiden Sadoni-Kinder. Diese wohnte in der Büdnerei 65, die ihnen ebenso vom Pastor Ernst Löber geschenkt wurde, wie die Nr. 22, die Lotte Sadoni erhalten hatte. Es war damals die kinderreichste Familie des Ortes und ich glaube, nicht einmal der ehemalige Ahrenshooper Bürgermeister Rinderknecht, Spitzname Kinderknecht, konnte da mithalten. Während Frieda Löber, selbst eine begabte Malerin, eine freundliche Frau war, zu der wir Kinder uns hingezogen fühlten, flößte uns Onkel Wilhelm mit seinem Bart mächtigen Respekt ein, so dass wir jedes Mal schnellst-möglich das Weite suchten. Die Familie Löber stellte eine wichtige Komponente in der vielfachen Zusammensetzung der Ahrenshooper Künstler dar.

Heute ist der mir gleichaltrige Sohn Friedemann Löber derjenige in der Familie, der das Erbe der Eltern *‚die Fischlandkeramik'* weiterträgt.

Begründet wurde die Fischlandkeramik etwa um 1955 von seinen Eltern sowie dem Maler Arnold Klünder. Seit 1967 verbindet sich der

Name Friedemann Löber mit der traditionellen, von da an frei gedrehten Fischlandkeramik dieser Region: der unverwechselbaren, blau-grauen - selten grünen, dekorativen Gebrauchskeramik in aufwendiger Aufglasurmalerei mit Ritztechnik, im Dekor entweder klassisch und formal streng - meist mit Fisch, Mücke, Libelle, Dreiblatt und Spirale oder mit freien, landschaftsgeprägten, malerischen Motiven wie Kranichen, Windflüchtern, Zeesen, Blüten. Jedes Stück präsentiert sich als Unikat - frei geritzt und gemalt.

Je mehr sich der Herbst näherte, umso eindinglicher waren meine Gedanken bei meiner Mutter zu Hause in Bischofswerda. Freundlich waren ja die Sadonis zu mir, aber ich hatte immer das Gefühl, drittes Rad am Wagen zu sein. Bei genauer Betrachtung war es auch so, dass die Geschwister Sadoni zusammenhielten und ich als der Eindringling betrachtet wurde. So, wie ich es am ersten Tag bereits zu spüren bekommen hatte, als wir gemeinsam zum Strand gefahren waren.

Ich fühlte es ganz deutlich, die Zeit des Abschieds aus dem Blauen Haus am Bodden nahte.

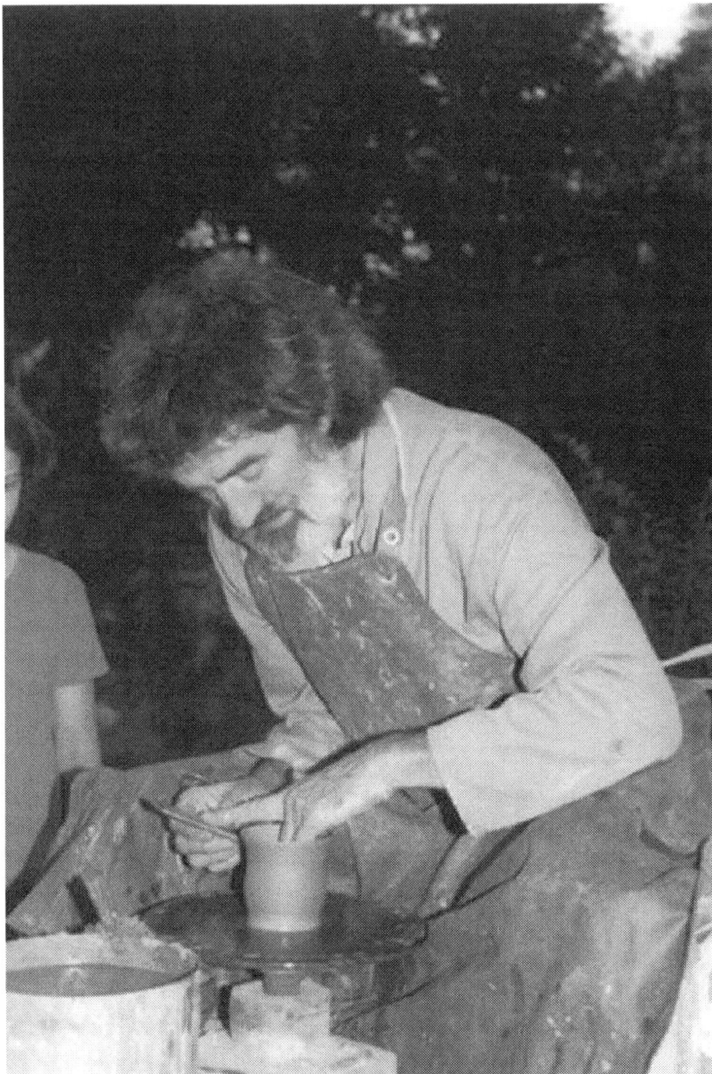

Friedemann Löber mit interessierten Zuschauern bei der Arbeit

6

Weihnachten bei meiner Mutter in Bischofswerda

Mitte November 1952 hatten die USA am Eniwetok-Atoll die mit 500 kT stärkste Nur-Kernspaltungs-Bombe gezündet. Die Welt schrie auf.

Für mich war dann die Zeit bis zur Jahreswende schnell vergangen. Zum Weihnachtsfest fuhr ich zu meiner Mutter nach Bischofswerda und hatte mir als Geschenk ausgebeten, nicht zu den Sadonis nach Ahrenshoop zurückfahren zu müssen. Der Winter, so argumentierte ich, war zu rau und einsam dort oben. Selten laufen am Strand, an den eingeschneiten Dünen; Eis laufen auf dem zugefrorenen Bodden war wegen des dünnen Eises teils zu gefährlich, zum anderen Teil mangelte es mir am fachgerechten Umgang mit den Schlittschuhen. Tatsächlich aber langweilte mich das Hin- und Hergleiten auf den von anderen Kindern geliehenen und unpassenden, stumpfen Kufen.

Wir pubertierende Kinder hatten uns natürlich allzu oft darüber unterhalten, wie die Erwachsenen ihrem Spaß frönten. Die Zeiten, in denen ich versucht hatte, Brigitte Sadoni ihres Hymens zu berauben, waren vorbei. Die Angstblähung, die ihr grollend entwichen war, als ich mich mühte, in sie einzudringen, ließ uns das ganze Unternehmen als Lächerlichkeit erscheinen, die jedes weitere Experiment ausschloss. Seit dem gemeinsamen gescheiterten Versuch, jenes einmalige Häutchen zu zerstoßen, mochte sie mich nicht mehr. Immer öfter steckte sie sich hinter ihren Bruder, hetzte ihn gegen mich auf.

Sie setzten mir ganz schön zu, fand ich, und dachte genüsslich an die Fahrten mit Gittis Vater nach Rostock, der als Fahrer auf dem herrlichen rotgelben Mercedes-Bus fungierte, der Susewind hieß und der der Liebling aller Kinder war.

Das bedeutete eine willkommene Abwechslung zu dem tristen

Einerlei in dem Sadoni´schen Haus. Und das Horchen auf das satte Geräusch des Diesels schien mir immer noch interessanter, als die Stunden bei der netten, jedoch mich langweilenden Lehrerin Erne Wehnert, einem späten Mädchen, das sich für ihre Schüler aufopferte und nach der sehr viel später, in Erinnerung an ihre Verdienste um die Kinder, in Niehagen eine kleine Straße benannt wurde.

Dennoch gab es durchaus auch Erfolgserlebnisse. Eins davon lag direkt neben dem Haus Stranddorn, dem wohl ältesten Haus auf dem Hohen Ufer. 1895 war es von dem Maler Friedrich Grebe erbaut worden und war das einzige Haus Ahrensshoops überhaupt, das über eine Sonnenuhr verfügte. Wir Kinder hatten bei unseren Radtouren nur Tage vorher ein anderes unscheinbares Haus direkt neben dem Haus Stranddorn am Hohen Ufer ausgemacht. Es war ein zur Nazizeit gebautes kleines Haus, das meine Mutter allzu gern als Hitlerbehelfsheim bezeichnete; grau und mit vom Wind zerzausten Ziegeln lag es in einem ein Morgen großen Grundstück, das selbst uns Kindern einen verwahrlosten Eindruck machte. Die Reste eines viele Jahre gebeutelten Autos und Stapel alter Reifen lagen herum.

Der Nachbar, Paul Bretschneider, kannte die Besitzerin. Gegen die Zusicherung einer Provision bei Kaufabschluss rückte er schließlich die Adresse heraus.

Nur einige Zeit später wurde Bretschneider verhaftet und wegen Spionage zu 13 Jahren Haft verurteilt, von denen er zehn absaß. Bretschneider war nicht allein dabei, die Flugbewegungen des Damgartner Militärflughafens, den die Russen mit ihren MIGs nutzten, für den Westen zu sammeln und zu übermitteln. Offensichtlich ist er der einzige Spion auf dieser Schiene gewesen, der den DDR-Behörden ins Netz ging. Ein weiterer Eiferer in Sachen Spionage ist über Nacht mit seiner Familie nach Hamburg geflohen und hat dort bis zu seinem Tod gelebt. Erst nach der Wende hat er seinen 80. Geburtstag in Saatmanns Restaurant nachgefeiert. Was aus dem dritten Spion, der im Grenzweg wohnte, geworden ist, habe ich nach dieser langen Zeit nicht in Erfahrung bringen können.

Sofort nach Erhalt der Adresse hatte meine Mutter mit der Besitzerin des kleinen Häuschens, der Bildhauerin Nannerl Höhn, im thüringischen Greiz, Kontakt aufgenommen. Ich weiß noch, wie wir dort in Thüringen ankamen und die Frau, die ihre drei Kinder, zwei Mädchen und einen Jungen, allein durchbringen musste, froh darüber war, dass der Verkauf des Hauses das Überleben der Familie sicherte. Meine Mutter wiederum mit ihrem unerhörten Organisationstalent und ihrer geschickten Verhandlungsführung sorgte dafür, dass der Notariatstermin schnellstmöglich über die Bühne ging, damit ihr niemand mehr das Objekt unserer Begierde streitig machen konnte. Wir blieben lange Zeit mit der Familie Höhn in Verbindung. So war die Freude groß, als Nannerl Höhn in ihrer Eigenschaft als Bildhauerin mehrere Aufträge der Stadt Greiz bekam und sich davon auf einer kleinen Anhöhe ein Haus kaufen konnte. Und auch von mir fertigte sie eine beachtliche Büste aus rotem Lehm, die sie im Keramikofen brannte und die ich über lange Zeit sehr liebte.

Eines Tages aber warf unsere Haushälterin Hannah Laabs mein Ebenbild um, und es zerbrach die Nase. Sie hatte diese dann mit rotbraunem Wachs wieder ausgebessert, aber ich war nun ernstlich verunstaltet. Um nicht ständig daran erinnert zu werden, habe ich das Ärgernis irgendwann entsorgt.

„Nun werden wir die Hütte umbauen", sagte meine Mutter zu mir, „und haben dann eine eigene Bleibe an der Ostsee. Wie gefällt dir das? Ein Sommeratelier, so wie vor dem Krieg in Swinemünde. Das läuft immer!"

Das läuft immer. Da war es wieder, das dominierende Selbstbewusstsein dieser überaus starken Frau. In meinen Gedanken tauchte Swinemünde wieder auf. Das kleine Atelier, in dem die Mutter arbeitete und in dem wir beide wohnten und die Nacht, in der sie ausgegangen war und mich allein zu Hause gelassen hatte.

Ich blinzelte der Mutter zu. „Im Sommer ist es dort ja wirklich schön. Aber der Winter ... !" Ich machte eine hilflose Bewegung, um meine Bedenken zu unterstreichen.

Meine Mutter wusste sofort, was ich meinte, sagte aber bestimmt: „Es wird ein Sommerhaus. Für den Winter werde ich versuchen, in oder um Berlin für uns etwas zu finden. Wir geben in jedem Fall unsere Villa in Bischofswerda auf."

Das ist es, dachte ich. Jetzt will sie die Brücken zu dem Spießernest abbrechen. Alle Kleinstädte sind Spießernester, alle auf der ganzen Welt!

Und so machten wir uns einige Monate später in unserem alten Opel P4 auf die Reise nach Ahrenshoop, um Besitz von dem neu erworbenen Grundstück zu nehmen.

7

Winter 1951/52

Im Jahr zuvor hatte ich das unterbrochene Schuljahr bei meinen Großeltern in Dresden nicht erfolgreich abgeschlossen. Die Scheidung meiner Eltern hatte sich bemerkbar gemacht. Sie brachte mich

so durcheinander, dass meine Leistungen an der Bischofswerdaer Grundschule immer schlechter wurden; die Hoffnung aber, bei meinen Großeltern in Dresden würde ich mich fangen, wurde nicht bebestätigt. Anstatt eifrig zu lernen, brachte ich es immer wieder fertig, meiner überaus gutmütigen Großmutter das Geld für einen Kinogang abzuschwatzen, sehr zum Ärger meines Großvaters. Oder ich fuhr mit einem der imposanten, legendären Hechtwagen bis hinauf nach Bühlau und wieder zurück, was an sich schon ein Ereignis war.

Im Herbst steckte mich meine Mutter in ein Privatinternat in Bautzen, damit ich die sechste Klasse, die ich wiederholen musste, auch bestehen würde. Marga Urban, die wir Kinder ehrfurchtsvoll Mumm nannten, war nicht nur erfolgreiche Ersatzmutter, Lehrerin, Beaufsichtigungs- und Anstandsdame, sondern die couragierte Frau eines Mannes, der weitaus älter und vor dem Krieg Bankier der Privatbank Urban war. Nun lebte der große, hagere und schon recht klapprige Mann in einem Zimmer mit einem über die Zeit geretteten schwarzen Flügel, an dem er freilich niemals spielte, und war eine Art Spottfigur für uns vorlaute Schüler. Ich weiß noch, wie mir das einmal nicht nur eine Rüge, sondern auch noch eine saftige Bestrafung einbrachte. Irgendwie hatte sich Paps, wie wir den Alten nennen mussten, von meinem Geklimper im Speiseraum und dem wahrscheinlich falschen Gesang, gestört gefühlt. Das braune Klavier für diejenigen Schüler, die Klavierunterricht hatten und nunmehr täglich üben mussten, stand im Speiseraum gegenüber von Paps` Zimmer. Er kam zu mir rein und mahnte bei mir lautstark gefühlvolleres Spielen und Unterlassung des Gesangs an, woraufhin ich ihm wohl eine unangemessene Antwort gab. Diese wiederum überbrachte der so verärgerte Mann seiner Frau, die mir dann eine mir blödsinnig erscheinende Strafarbeit auferlegte. Ich musste den stupiden Satz - *Ich soll den Paps niemals ärgern.* - hundertmal aufschreiben. Was sollte das für einen Erziehungswert haben?

Aber sonst war die Mumm ja ganz in Ordnung und noch heute erinnere ich mich an die Ermahnungen, beim Essen die Ellenbogen nicht aufzustützen, nicht zu schmatzen oder die Kartoffeln nicht mit dem Messer zu schneiden, ganz geschweige davon, mit dem Messer zu essen, was ich persönlich bis zum heutigen Tag auch aufs Äußerste hasse, ja als persönliche Beleidigung empfinde. Das Messer in den Mund zu stecken, war eine Abscheulichkeit, die ebenfalls mit einer Fleißarbeit im Schreiben bestraft wurde. Zum Glück beherrschte ich den Knigge im Speisesaal perfekt, so dass mir das erspart blieb. Wie man sehen kann, war die Frau auch ein wandelndes Anstandsbuch und die so eingebläuten Regeln beherrsche ich allesamt noch heute.

Erinnerlich an Bautzen sind mir zwei Ungeheuerlichkeiten.

Erstens die Verhaftung einer Reihe von Schulkindern durch die Russen. Und das kam so: Am 5. März erschallte aus allen Lautsprechern, sofern welche vorhanden waren, pausenlos Chopins Marsch Funebre. Was war passiert? Ich würde es auf eine drastische Weise erfahren. Wir wurden sofort von der Schule nach Hause geschickt, denn die Besatzer hatten eine Ausgangssperre verhängt. Nun haben es Kinder ja manchmal nicht ganz so eilig, ganz speziell dann, wenn irgendjemand gestorben war, den sie nicht einmal persönlich kannten und wir, die wir die rund eineinhalb Kilometer von der Schule bis zur Martin-Hoop-Straße zu Mumms Internat laufen mussten, trödelten vor uns hin, als wir von einer Militärstreife auf offener Straße verhaftet und in die Kommandantur gebracht wurden. Auch dort ganz monoton der besagte Marsch Funebre des weltberühmten Polen. Gleichförmig, eintönig und einschläfernd kam die Musik aus dem Lautsprecher. Wenn das Stück zu Ende war, begann es wieder von vorn und ich frage mich heute, ob die Russen damals schon über eine Endlosschleife verfügten oder ob so ein armer Muschkote eine angestaubte Platte immer wieder in Gang setzen musste. An ein Kratzen einer schlecht geführten Nadel allerdings kann ich mich nicht erinnern. Was ich damals als eine eher Furcht einflößende Musik betrachtete, sollte mich sehr viel später bei meinem Buch *Der Schrei des Pelikans* beflügeln, denn genau dieser Marsch war es, der zur Beerdigung Beschir Gemayel`s, dem Anführer der rechtsgerichteten Christen, bei dessen Beerdigung gespielt wurde. Sein Bruder Amin Gemayel wurde zum Nachfolger gewählt. Als Vergeltung für die Ermordung Beschir Gemayels töteten Falangisten viele Bewohner der Palästinenserlager Shatila und Sabra in Westbeirut. Das Leiden im Nahen Osten nahm kein Ende. Und ich kam nicht umhin, diesem Leiden mit meinem im Stil eines Journalistenberichts geschriebenen Buches *Der Schrei des Pelikans* zu gedenken.

Doch zurück in die Kommandantur der Russen in Bautzen.

Wir wurden von einem Offizier verhört und uns wurde mächtig Angst gemacht, denn der wichtigste Mann der Sowjetunion, der große Josef Wissarwionowitsch Dschugaschwili, ein gebürtiger Georgier, der seit 1941 als Vorsitzender des Rates der Volkskommissare, seit 1946 Vorsitzender des Ministerrats der UdSSR war und in den Jahren 1941 bis 1945 als Oberster Befehlshaber der Roten Armee fungierte, der Generalissimus Stalin, der Stählerne, war gestorben. Nachdem er sich im äußerst blutigen Machtkampf innerhalb der KPdSU durchgesetzt hatte, behielt er diese Ämter bis zu seinem Tod, der nunmehr eingetreten war. Wie es denn käme, dass wir der Aufforderung der offiziellen Stellen nicht nachgekommen seien, uns unverzüglich nach Hause zu begeben und dort zu warten, bis die Ausgangssperre aufgehoben werde. Es hatte einige Stunden gedauert, bis ein hoher Offizier kam und anordnete, wir seien unseren Eltern, in meinem Fall der Leitung des Internats, zu übergeben. Und das geschah dann auch.

Die zweite Erinnerung habe ich daran, dass mir meine Mutter zu Weihnachten ein Motorrad der Marke Fichtel & Sachs geschenkt hatte, dass sie in Einzelteilen erworben hatte und für mich von einem Fachmann zusammenbauen ließ. Nun, das Motorrad stand fahrbereit in unserer Garage in Bischofswerda. Meine Mutter war verreist und hatte mich übers Wochenende bei der Mumm zurückgelassen. In solchen Situationen habe ich als Kleinkind schon sehr eigenartig reagiert, wie der Leser sich bestimmt erinnern wird. Mit meinem Freund Christian Heber aus der Parallelklasse, der ebenfalls ein Motorradfreak war, machten wir uns also, unter dem fadenscheinigen Vorwand, ich wolle doch nach Hause fahren, mit dem Zug auf nach Schiebock. Geschickt brachen wir ein, ohne freilich Spuren zu hinterlassen. Ich wusste, wo ein Reserveschlüssel für das Haus lag. Wir hatten verdammten Hunger und brieten uns ein paar Eier - auf einem Zinnteller - ausgerechnet einem Sammlerstück, das wir damit natürlich versauten. Es würde ein Nachspiel haben, aber in meiner Euphorie, das Motorrad endlich bei mir in Bautzen zu haben, wischte ich die drohenden Wolken beiseite.

Nachdem wir uns mühsam gestärkt hatten, machten wir uns auf den rund 20 Kilometer langen Weg. Aber das Glück war uns nicht sonderlich hold, denn nach knapp fünf Kilometern ging uns der Sprit aus und wir hatten Glück, dass das Motorrad eines der alten Sorte mit Pedalen war, so dass wir es innerhalb vieler Stunden, in denen wir abwechselnd in die Pedalen traten und uns pitschenass schwitzten, um das Gefährt wie ein Fahrrad voran zu bringen, am frühen Morgen in Bautzen ankamen. Seitdem werde ich mich immer unangenehm an den Ort unserer Pleitefahrt erinnern. Es war Demitz-Thumitz.

Bautzen hat auch eine besondere Erinnerung für mich, die mich mein Leben lang sehr angenehm begleiten würde. Von der Schule initiiert, besuchten die einzelnen 6. Klassen eine Aufführung der Mozart-Oper *Die Hochzeit des Figaro*. Ich war begeistert. Zu Hause berichtete ich der Mutter von der vermeintlich grandiosen Aufführung, die freilich nur eine Provinzaufführung war und an deren Beginn ich mich noch heute erinnere. *Fünfe, zehne, fünfzehn, zwanzig, fünfundzwanzig* – begann der Bariton seine Eingangsarie … und als eben dieser Mann nur Tage später meine Mutter mit einigen anderen Personen des Ensembles besuchte, um von ihr hergestellte Bekleidungsgegenstände zu erwerben, war mein Glück perfekt. Ich durfte einen Teil der Sänger der Bautzener Aufführung kennen lernen, konnte ihnen vorschwärmen, wie mir die Aufführung gefallen hatte. Was war das für ein Beruf? Sänger an einem Theater. Ich stellte mir das herrlich vor.

Einige Wochen später hatte meine Mutter Karten für *Der fliegende Holländer* in Dresden bekommen. Ich wurde gefragt, ob ich denn mitfahren wolle. Natürlich wollte ich und schlug auch alle Warnungen, Wagner sei ein schwieriger Komponist und die Musik gewöhnungsbedürftig, in den Wind. Und dann kam die überwältigende Vorstellung. Sie fand, da die Semper-Oper ja zerstört war, im großen Haus statt. Es war ein weiteres Ereignis auf meinem Weg zur klassischen Musik. Sowohl Mozarts *Die Hochzeit des Figaro* als auch Wagners *Der fliegende Holländer* waren der Grundstock für mein Musikverständnis. Noch heute kann ich gar nicht arbeiten, wenn mich tagsüber nicht *meine* Musik begleitet, Beethoven, Mozart, mein Franzl Schubert, vor allem aber Verdi. Moderne Musik der Jugendlichen von heute, die völlig melodielosen Krach produzierend in die Welt schreit, ist bestenfalls eine Beleidigung für meine Ohren.

Während andere Jugendliche zu Zeiten der DDR Bärbel Wachholz hörten oder, wenn sie denn verbotenerweise Westmusik konsumierten, Bully Buhlan mit seinem *Zug nach Kötzschenbroda* oder *Ich hab noch einen Koffer in Berlin*, legte ich mir klassische Platten auf, die mir meine Mutter allzu gern spendierte.

Mit dem erfolgreichen Abschluss der sechsten Klasse verließ ich das Internat in Bautzen. Doch nun lockte ein neues Abenteuer – das eigene Haus in Ahrenshoop an der Ostsee.

Zuvor galt es, den Umzug nach Berlin zu organisieren. Meine Mutter hatte unsere Villa in Bischofswerda, August-König-Straße 15, verkauft und über den Verband bildender Künstler nicht nur eine Zuzugsgenehmigung für Berlin bekommen, sondern auch noch eine

Wohnung mit einem großen Raum, der als Atelier genutzt werden sollte. Tatsächlich war der Raum nur als Abstellkammer geeignet, da er an drei Seiten unverputzt frei stand und deshalb im Winter ein Eisstall war. Das Haus in der Heinrich-Heine-Straße war eine Ruine, die in weiten Teilen noch genutzt wurde. Meine Mutter wollte unbedingt Bischofswerda verlassen und außerdem, so argumentierte sie, wären wir nun näher an unseren zukünftigen Sommersitz an der Ostsee. Und so schluckten wir den - zumindest wohntechnischen Abstieg in die Unterwelt, der sich erst Jahre später ändern sollte, als die Ratten nunmehr unsere Wohnung erobert hatten und so das gerufene Hygieneamt die Wohnung sperrte und uns eine Ausgleichswohnung in der Chausseestraße 1, Eingang Wilhelm-Pieck-Straße - der heutigen Torstraße - zugewiesen wurde.

Diese von der Staatssicherheit aufgegebene vormals konspirative Wohnung wiederum war eine Offenbarung für einen zukünftigen Schriftsteller, denn sie war zuvor als eine Basis für das MfS genutzt worden. Sie bestand aus einem Eingangsflur, einen großen, sehr dunklen Zimmer, das nur über ein Fenster zum Innenhof des Hauses führte und in dem eine Tischtennisplatte stand, um den Mitarbeitern der Stasi die lange Weile zu vertreiben, einem weiteren kleinen Zimmer ohne Heizmöglichkeit nach hinten raus, von dem die Toilette abging und einem, von dem dunklen Mittelraum abgehenden Zimmer zur Wilhelm-Pieck-Straße hin, das wir schließlich als Wohnzimmer nutzten. Eine Küche fehlte ganz.

Aber was war das? Die Räume waren rot gestrichen. An den Wänden liefen Leitungen von Telefonen und telefonischen Sondereinrichtungen entlang. Bilder des Vorsitzenden des Ministerrates Walter Ulbricht sowie, besser positioniert und weitaus größer, das Bildnis des gefürchteten Stasi-Chefs Erich Mielkes in weißer Paradeuniform zierten die Räume.

Zwei abgefeimte Mörder wurden dort also geehrt. Das war für mich schon sehr makaber.

Die Stasi war Erich Mielke, und Erich

Mielke war die Stasi. „Genossen, wir müssen alles wissen" war sein Credo, und nach diesem formte er „sein" MfS. Denn auch im Negativen war für den alten Haudegen der Blick in den Abgrund am 17. Juni 1953 der prägende Moment seiner Nachkriegskarriere: eine konterrevolutionäre Situation, deren Wiederholung um jeden Preis verhindert werden musste. So gebar das Trauma der SED unter Mielkes Ägide den totalen Überwachungsstaat: Nach seinem Amtsantritt verdoppelte sich die Zahl der Hauptamtlichen bis zum Mauerbau 1961 auf 30.000, die Zahl der Spitzel wuchs noch stärker, auf rund 100.000. Am Ende der DDR sollten es schließlich 91.000 Vollzeitkader - davon nur 3800 in der Auslandsspionage - und 180.000 „Inoffizielle Mitarbeiter" sein - die nicht weniger als 40 Millionen Karteikarten beschrieben und rund 180 Kilometer Akten anlegten. Und natürlich fand ich nach der Wiedervereinigung bei der Gauck-Behörde ein ganzes Bündel Akten über ein *subversives Element,* mich!

Auf Mielkes Geheiß infiltrierte und manipulierte die Stasi nicht nur oppositionelle Kreise, sie durchdrang die Wirtschaft und staatliche Institutionen, die Kultur und den Sport, mit oft absurden Auswüchsen: Wenn dem Fußballfanatiker Mielke ein Spielergebnis nicht passte, ließ er schon einmal weiterspielen, bis „sein" Klub FC Dynamo Berlin in der 95. Minute einen dubiosen Elfmeter verwandeln konnte. Das hatte noch eine gewisse unfreiwillige Komik, anders als gezielte Tötungsaktionen gegen „Feinde": Auf Geheiß des rachsüchtigen Mielke etwa wurde Ende April 1976 der Ex-DDR-Bürger Michael Gartenschläger von einem MfS-Kommando aus dem Hinterhalt erschossen, als er zum wiederholten Mal eine Selbstschussanlage vom DDR-Grenzzaun abmontieren wollte. Auch der Fußballer aus der Mielke-Truppe des FC Dynamo Berlin, Lutz Eigendorf, wurde umgebracht, nachdem er die DDR illegal verlassen hatte. Aber sie waren nicht die einzigen, die der Staat auf Geheiß Mielkes umbrachte.

Und Ulbricht war nicht besser.

Am 5. Dezember 1961 entscheidet das SED-Politbüro in seiner Sitzung über das Schicksal zweier Bauern eines kleinen Dorfes in der DDR. Den Genossen liegt eine "Vorlage" der Abteilung Staats- und Rechtsfragen des SED-Zentralkomitees vor. Darin wird vorgeschlagen, gegen die Land-wirte, die sich der Zwangskollektivierung widersetzt hatten, die *Todesstrafe* auszusprechen. Das Politbüro segnete die Vorlage ab und vermerkte: *Über die Durchführung des Prozesses ist eine Reportage für die Presse zu machen.*

Im Januar 1962 verkündet ein Bezirksgericht die Todesurteile, im April lehnt Walter Ulbricht die Gnadengesuche ab. Die Urteile wurden vollstreckt.

Bis zum Jahr 1981 wurde von der DDR-Justiz die Todesstrafe als äußerstes Strafmaß praktiziert. Belegt ist, dass 205 Menschen in der DDR zum Tode verurteilt und anschließend exekutiert wurden. Todesurteile wurden bei den drei Sachverhalten "NS-Verbrechen", "Staatsverbrechen gegen die DDR" und "schwerer Mord" verhängt, bis die Todesstrafe erst 1987 abgeschafft wurde. Bis 1967 wurden die Urteile mit der Guillotine vollstreckt, wobei Anfang der 50er Jahre mehrmals das Fallbeil im Nacken des Opfers stecken blieb. Nach einer neuen Vollstreckungsordnung wurde dann mit dem sogenannten "unerwarteten Nahschuss" exekutiert. Eine Besonderheit der DDR-Justiz. Nur zwei kurze Sätze des Staatsanwaltes kündigten den Todeskandidaten ihr nahes Ende an: - Das Gnadengesuch ist abgelehnt. Ihre Hinrichtung steht unmittelbar bevor. - Der Henker trat dann unbemerkt durch eine Tür von hinten heran. Er führte die Mündung seiner Pistole nahe an den Hinterkopf seines ahnungslosen Opfers und drückte ab. Ab Anfang der 60er Jahre wurden in der DDR alle Todesurteile in einer geheimen Hinrichtungskammer im Keller eines Leipziger Gefängnisses vollstreckt. Die Staatsanwälte mussten grundsätzlich jeden Antrag auf Todesstrafe vom Politbüro im Vorfeld der Verhandlung genehmigen lassen. Ein Angeklagter, gegen den dann die Höchststrafe beantragt wurde, hatte also kaum noch eine Chance lebend davon zu kommen, denn das Urteil war ja schon im Voraus von höchster Stelle gebilligt worden. *Mehrmals hat SED-Chef Walter Ulbricht persönlich eine vorgesehene Zuchthausstrafe durch handschriftlichen Vermerk in ein Todesurteil umgewandelt.*

Ulbricht war also nicht nur der harmoniebedürftige Staatsmann, der mit dem gesamten Politbüro, einschließlich der Familienangehörigen Urlaub zu machen pflegte, nicht nur der, der vor der ganzen Bagage laut während des Essens zu furzen pflegte, wie der Film über die Nachkommen der SED-Bonzen belegt, er war ein abgefeimter karrieregeiler Mörder, der schon im Moskauer Exil Kontrahenten an die berüchtigte GPU auslieferte.

Karin-Wieland-Zitat aus Totalitarismus - eine Ideengeschichte des 20. Jahrhunderts:

Auf zwei geheimen Konferenzen 1925 und 1926 wurde in Moskau das Ende der deutschen KPD beschlossen. Stalins Gehilfen hießen Walter Ulbricht und Wilhelm Pieck. Ulbricht, ehrgeizig und böse, trug den Spitznamen "Zelle", da er eine Technik entwickelt hatte, Organisationen Zellen aufzuspalten. Das Erbe der deutschen Arbeiterbewegung, nämlich das organische Wachstum der Partei von unten nach oben, wurde durch das "System Pieck - Ulbricht" zerstört. Die Partei wurde atomisiert; jede zusammenhängende Gruppe von Aktivisten wurde aufgelöst. Parteitagsdelegierten wurden doppelt und dreifach gesiebt: zunächst wählten kleine Zellengruppen Vertreter; diese Vertreter wählten delegierte zu einem Bezirksparteitag; und nur dieser Bezirksparteitag hatte schließlich das Recht, Delegierte zum Reichsparteitag zu wählen. Das ZK ermahnte bezahlte Funktionäre von Moskaus Gnaden. Man konnte nur Parteikarriere machen, indem man Wohlverhalten gegenüber Moskau übte und zum Verrat an Genossen bereit war. Zudem wurde die Partei mit GPU-Agenten durchsetzt. Das Geflecht stalinistischer Agenten wurde so dicht, dass es schließlich die Tradition der deutschen Arbeiterbewegung in der deutschen kommunistischen Partei erstickte und alle anti-stalinistischen Kräfte durch die Ausschaltung eines jeden potentiellen Antistalinisten an die Stalinisten erdrosselte. Stalin liquidierte nach Ruth Fischer den lebendigen Organismus der deutschen KP mithilfe der ehrgeizigen Kleingeister Ulbricht und Pieck. Thälmann war das Bild, das sich Stalin von einem deutschen Proletarier machte. Mithilfe dieser Attrappe Thälmann erlegte Stalin die jüdischen Intellektuellen in der Partei. Dies geschieht im Rahmen eines Wechsels des symbolischen Regimes in der Politik: in den dreißiger Jahren ist es die "Macht der Bilder", die den Diskurs der Politik ersetzt.

Noch heute habe ich das Bild dieser Wohnung exakt vor Augen. Und es war kein Zufall, dass ich in meinem 1982 erschienenen ersten Roman ***Der Wüstenwolf*** diese Wohnung genau integriert habe.

8

Sommer 1953

„Für den Umbau brauchen wir einen Architekten“, sagte meine Mutter, „sonst bekommen wir keine Baugenehmigung.“

„Wo willst du den hernehmen?“ fragte ich.

„Ich habe einen Architekten aus Halle an der Saale kennen gelernt. Professor Engemann. Er unterrichtet die Kunststudenten auf Burg Giebichenstein!“

„Und?“

„Der kommt morgen her, um mit uns zu besprechen, wie wir umbauen werden.“

„Schnell bist du ja, Mutter“, sagte ich. „Das muss man dir lassen.“

„Wenn du deinen Vater hier hättest“, sagte sie mit einer gehörigen Portion Bitternis in der Stimme, „wäre es fraglich, ob der das fertig gebracht hätte.“

Warum ist sie bloß so eifersüchtig, dachte ich. Der Vater ist seit nunmehr fünf Jahre nicht mehr bei uns. Was soll's dann noch, ihn ins Spiel zu bringen? Artig sagte ich: „Nein, der Vater ist zu sehr Künstler, um so etwas fertig zu bringen.“ …

„Nicht, wenn er bei uns geblieben wäre“, sagte sie bestimmt.

„Nein, dann nicht.“

„Dann hätte ich für uns alle sorgen können. Und als Maler hätte ich ihn bestimmt groß herausgebracht.“

„Das hättest du zweifellos“, sagte ich und streichelte der Mutter übers Haar.

Tatsächlich vermisste ich den Vater in der Regel nicht allzu oft. Meine Erinnerung beschränkten sich auf einige wenige Augenblicke im Zusammenleben mit dem Vater. Einmal, als er als Soldat an der Front war, war er auf Urlaub gekommen. Gemeinsam waren sie in der Dienstwohnung der Großeltern, schräg gegenüber dem Neustädter Bahnhof in Dresden zusammengekommen. Der Großvater, der Amtmann bei der Reichsbahn war, bewohnte dort eine ordentliche Dienstwohnung im Erdgeschoss. So klein ich noch war, bemächtigte ich mich des Karabiners meines Vaters und tat als wolle ich schießen, woraufhin es erheblichen Ärger gab.

Die nächste Erinnerung an den Vater hatte ich, als ich mit der Mutter den Vater in Königstein, nahe dem großen Fluss Elbe, in einem vorübergehenden Lager der deutschen Wehrmacht suchte. Wir fanden ihn bei einer Funkeinheit. Die Kameraden des Vaters waren gerade dabei, Bohnenkaffee zu rösten, was einen für meine kindliche Nase herrlichen Geruch verbreitete. Einige Tage später aber, als die Russen näher rückten, wurde die Einheit nach Westen verlegt, wo der Vater zum Glück in amerikanische Gefangenschaft geriet. So kam er relativ schnell aus der Gefangenschaft nach Hause, wo er ungehindert seiner künstlerischen Neigung, dem Malen, nachgehen konnte.

Die letzte Erinnerung an meinen Vater im Zusammenleben mit mir und der Mutter hatte ich, als mein Vater, der sich ungern bei der Arbeit stören ließ, in eine Vase pinkelte, die er geschickt auf dem barocken Spiegeltisch neben anderen Utensilien stehen hatte, und der mir nun erklärte, zu welcher Zeitersparnis eben diese Marotte führte. Alle anderen Erinnerungen lagen später. Da gab es noch kleinere Zusammenstöße in der Wohnung, in die die Großeltern nach Kriegsende umziehen mussten und zwei letzte Begegnungen im Künstlerhaus in Loschwitz. Nur manchmal vermisste ich den Vater wirklich. Dann, wenn andere Kinder mit ihrem Vater angaben. Aber das zählte jetzt nicht.

„Hast du schon eine Vorstellung, wie das Haus aussehen soll?“, fragte ich.

„In jedem Fall soll es ein für diese Landschaft typisches Haus sein, mit Rohrdach und Holz. Und nicht zu groß soll es werden.“

„Und das Auto? Wo willst du das Auto unterbringen?“ fragte ich.

„In einem zweiten Haus ...“ Meine Mutter lächelte listig. „Zwei kleinere Häuser sind besser als ein großes Haus“, dozierte sie weiter. „Denn bin ich einmal alt, so kann ich eines der Häuser verkaufen, und in dem zweiten habe ich dann noch immer eine Bleibe.“

„Du wirst keines der Häuser verkaufen. Schließlich hast du ja mich!", protestierte ich.

„Jetzt habe ich dich noch", sagte meine Mutter.

„Aber vielleicht wirst du eines Tages ausziehen, heiraten und mit deiner Frau in einem anderen Ort leben."

Ich hörte, wie eine gewisse Trauer im Ton meiner Mutter mitschwang. Deshalb sagte ich bestimmt: „Nie!"

„Sag niemals nie!"

„Niemals! Wenn, dann heirate ich dich" sagte ich mit Bestimmtheit. Ich bewunderte meine Mutter nicht nur wegen ihrer Tüchtigkeit, war ich doch in tiefer Liebe zu ihr, seit ich sehr klein war, und das hatte sich auch nicht geändert, als sie mich ins katholische Internat zu den Schwestern nach Traunstein geschickt hatte. Ich hatte dort die erste Schulklasse absolviert. Aber in Gedanken war ich immer zu Hause bei meiner Mutter. Gott lob geht alles im Leben vorbei; auch das Unangenehme, auch die Zeit in Traunstein.

„Niemals", wiederholte ich halsstarrig. Und so viel wusste ich: Diese Liebe setzte Treue voraus, nicht Verrat. Und ich hatte nicht vor, meine Mutter jemals zu verraten.

„Kein Sohn kann seine Mutter heiraten!" Es klang wie ein Vorwurf an mich und ein Aufschrei gleichermaßen.

„Es gibt für alles Ausnahmen."

„In diesem Falle nicht."

„Warten wir's ab!" Ich trollte mich missmutig.

Im Garten war ein Lieferwagen vorgefahren. Ich schlich mich wie ein Indianer an und sah, wie der Fahrer mit der Mutter verhandelte und dann einen Strandkorb ablud. Sofort fand ich mich bei dem Fahrzeug ein. Etwas zu verpassen, war nicht meine Art.

„Vorsichtig", sagte meine Mutter. „Er soll nicht kaputt sein, bevor wir ihn benutzt haben!"

„Ist ja ein tolles Ding", staunte ich und setzte mich sofort in das Korbgeflecht.

„Muss nach der Sonne gedreht werden, schützt vor dem lästigen Wind." Unbemerkt war der Nachbar, Paul Bretschneider sen., neben den Strandkorb getreten und gab nun seine Weisheiten zum Besten.

Der Fahrer hatte den Fuhrlohn kassiert und verließ mit seinem Fahrzeug das Grundstück. Paul Bretschneider schob mich beiseite, sagte: „Nun ist meine Provision fällig, Nachbarin!"

„Wie weit ist die Rutsche", fragte ich aufgeregt. Und zur Mutter: „Er baut uns Kindern eine Rutsche von der Buhne ins Wasser."

„Morgen wird sie fertig, morgen", sagte Paul Bretschneider „Meine Jungen helfen mir eifrig und dann werden wir kassieren."

„Die Rutsche kostet Geld", fragte ich enttäuscht.

„Alles muss sich amortisieren", sagte Paul Bretschneider sen. „Die Materialien haben schließlich auch etwas gekostet."

Meine Mutter ging ins Haus und kam wenig später mit Geld in der Hand zurück. „Ich habe Sie nicht vergessen", sagte sie und drückte dem korpulenten Mann einige Scheine in die Hand.

Paul Bretschneider stand auf, steckte sein Geld weg und sagte: „Auf gute Geschäfte weiterhin!" Er tippte mit der Hand an den Rand seiner Pudelmütze und setzte sich in Bewegung.

„Wieso gibst du dem Geld?", fragte ich neugierig.

„Weil er mir den Strandkorb besorgt hat. Strandkörbe sind in unserem Land Mangelware ... Er hat halt Beziehungen!"

„Für die Vermittlung des Hauses hat er ja auch schon eine Provision bekommen", stellte ich fest.

„Ja, das hat er wohl. Aber er hat auch dazu beigetragen, dass wir es bekommen haben", sagte die Mutter fest. „Hast du den Hühnern schon etwas Weizen hingestreut?"

Mit dem Auto hatten sie die vier Hennen aus Bischofswerda mitgebracht. Asco, der Schäferhund hätte sie zwar zu gerne auf seine Art ins Jenseits befördert, seitdem er aber bei der Tötung eines Huhnes erwischt worden war und tagelang den abgeschlagenen Kopf der Henne um den Hals gebunden tragen musste, ließ er sich von diesem Wunsch nicht mehr beherrschen. Außerdem wusste er seit der langen Autofahrt, dass er bevorzugt war. Während die Hühner in einer Holzkiste auf den Gepäckträger des alten P4 geschnallt waren, durfte er im Innenraum des Autos liegen.

Ich ging zu den Hennen, die die ersten Tage unter einem Korb gehalten wurden, damit sie sich nicht verirrten, und warf etwas Weizen hinein.

„Herr Bretschneider hat mir einen Tipp gegeben!“ sagte die Mutter. „In dem alten Katen gegenüber seinem Haus ...“

„Seeräuber!“ fiel ich ihr ins Wort. Als ich sah, dass meine Mutter nichts damit anfangen konnte, sagte ich: „An der Bruchbude steht der Name Seeräuber.“

Jetzt lächelte sie nachsichtig. „Dort wohnt ein Mann namens Seek. Der hütet für'n paar Mark die Kühe der Bauern. Der braucht immer Geld, und wir brauchen einen Gärtner, der hier aufräumt. Kannst ja mal sehen, ob der zu Hause ist. Bringst ihn einfach mit her.“

Ich rief den Hund und lief, was das Zeug hielt. Vorsichtig näherte ich mich dem alten, einem Hexenhaus nicht unähnlichen Katen, dessen Gemäuer schon arg brüchig und die Holzeinfassungen recht verfallen schienen. Als ich klopfte, öffnete mir eine Frau. Sie war noch nicht sehr alt, doch schien es mir, dass eine Figur aus dem grimmschen Märchenbuch vor mir stand. Im Arm hielt sie etwas Weißes.

„Was willst du“, fragte die Frau.

Ich nahm meinen ganzen Mut zusammen, sagte zögernd: Ich suche Herrn Seek!“

„Willi ist nicht da!“ Sie grinste mich an und streichelte das weiße Etwas.

Ein Junge wie ich kann seine Neugier nicht bezwingen. „Was ... was ist das?“

Die Frau lachte. „Du weißt nicht, was das ist?“

Ich schüttelte den Kopf.

„Bist 'n Stadtmensch, was? Komm her und streichle es!“

Als ich vorsichtig die Hand ausstreckte, knurrte der Hund, der vor der Tür in einer Art Lauerstellung wie erstarrt dastand.

„Sag ihm, er soll sich ruhig verhalten, sonst hat das Frettchen Angst.“

Ich beruhigte den Hund und ließ ihn ablegen. Dann schaute ich mir das Tier mit einer gehörigen Portion Vorsicht an. „Beißt es“, fragte ich.

„Ja, aber nicht dich!“

„Sondern?"

„Willi nimmt es zum Fangen von wilden Kaninchen. Das Frettchen stöbert die Kaninchen im Bau auf. Der Willi hat vorher alle Ausgänge des Baus mit Netzen versehen und dann ..."

Ich sagte ihr, dass wir in dem Haus neben Bretschneiders wohnen würden und dass ihr Mann bei uns im Garten arbeiten könne.

9

Ein eigenartiger Kuhhirt, von dem man lernen kann ...

Ich sah ihn bei der Herde stehen an einem Sommertag, als wir aus Ribnitz-Damgarten zurückkamen. Er war sehr groß gewachsen und überaus dürr und er würde mich später, wenn ich an ihn zurückdachte, an den Masai Meshach Onwuka, im Amboseli Nationalpark in Kenia erinnern. Nur der Regengott, der große Ngai, der auf dem Gipfel des Mount Kenya thront, fehlte auf den Feuchtwiesen Wustrows ganz. Das einzig Dicke an ihm waren die Gläser seiner Brille. Ohne diese Brille war Willi Seek einfach blind wie ein Maulwurf.

Als ich ihn so sah, war mein Interesse augenblicklich geweckt und ich bat meine Mutter anzuhalten. Sie stellte unseren Opel am Straßenrand ab und wir gingen über die feuchten Boddenwiesen, die zwischen Wustrow und Dierhagen gelegen sind, zu ihm hinüber. Er hatte uns nicht kommen sehen. Zu sehr war er damit beschäftigt, die Kühe einiger kleinerer Bauern zwischen Niehagen, Althagen und Ahrenshoop zusammenzuhalten. Er war das, was man heute einen Kuhflüsterer nennen würde. Willi Seek war mit den Tieren ganz allein. Auch fehlte, worauf andere Kuhhüter nicht verzichten würden, ein Hund.

Als wir etwa 20 Meter an ihn herangekommen waren, drehte er sich abrupt um und sah uns. Er hatte uns nicht gehört. Aber dass eines der Tiere, wahrscheinlich die Leitkuh, ihren Kopf in unsere Richtung gedreht und für eine Zeit nicht weiter gefressen hatte, zeigte ihm, dass etwas Ungewöhnliches auf ihn zukam. Dieses Ungewöhnliche waren wir.

„Hallo“, sagte meine Mutter. „Sind Sie Herr Seek?“

„Jo, der bin ek.“

„Ich habe ein kleines Haus ganz in Ihrer Nähe gekauft.“

„Bei Bretschneider ...“

„Ja, das neben dem Haus von Bretschneiders."

„Meine Frau hat etwas davon gesagt, dass der Junge bei uns war und nach mir gefragt hat."

„Ich wollte Sie fragen, ob Sie nicht etwas dazuverdienen möchten. Wir müssten anfangen, den Garten zu gestalten."

„Wie stellen Sie sich das vor?"

„Zuerst müssten wir einen Zaun setzen, den ich gekauft habe. Einen Jägerzaun. Dafür müssen Pfähle eingegraben werden. Würden Sie das machen?"

Noch bevor er antworten konnte, sagte ich: „Ihre Frau meint, Sie würden mit dem Frettchen auf Kaninchenjagd gehen."

„Na klar mach ich das."

„Kann ich mitkommen?"

Willi Seek hob seine dürren Schultern. „Wenn du willst."

Er schaute zur Uhr. „Ich muss jetzt die Herde zurücktreiben. Morgen komme ich bei Ihnen vorbei."

Meine Mutter drehte sich weg, um zum Auto zurückzugehen.

„Kann ich nicht mit der Herde nach Hause laufen?", bettelte ich.

„Wenn du das unbedingt willst und dich der Herr Seek mitnimmt."

Ich schaute auf die magere Gestalt, die einen ungemeinen Reiz auf mich ausübte. „Darf ich mit Ihnen mit der Herde mitkommen?"

Seek lachte. „Da werden dir hinterher aber die Füße wehtun."

Kopfschüttelnd verließ meine Mutter die Wiese in Richtung ihres Wagens.

Seek stieß einen langen Pfiff aus und rief einige Worte, wahrscheinlich Namen der Kühe, denn ich verstand nur Dora ... Dora ... Dora ..." Dann drehte er sich um und ging langsam auf die Straße zu, auf der sich eben der Wagen meiner Mutter in Richtung Wustrow in Gang setzte. Die Kuh, die zuvor durch ihre Wachsamkeit meine Ankunft verraten hatte, setzte sich langsam und völlig ohne Eile in Bewegung. Seek blieb einen Augenblick stehen, pfiff wieder und rief abermals ihren Namen. Nun konnte ich sehen, wie die anderen Kühe ebenso die Wanderung aufnahmen. Es war eine tägliche Gewohnheit, abends wieder zum Stall gebracht zu werden, wo sie gemolken wurden.

„Machen Sie das schon lange?“ fragte ich.

„Im zweiten Jahr.“

Viehtrieb: Einzug der Kühe von der Kuhweide (abends) nach Wustrow

Die ersten Kühe wurden von ihren Besitzern schon in Wustrow erwartet. Aber es waren nur zwei Tiere. Zweieinhalb Kilometer weiter, in Niehagen, verließen uns wieder einige Tiere. Und so dezimierte sich die Herde zusehends.

In Althagen am Ostseehotel gingen wieder zwei Kühe zum Bauer Weiß, der seine separate Wohnung direkt im Parterre des Hotels hatte, während die Scheune mit den zwei Pferden und den Schweinen im Anschluss an den Innenhof des Hotels lag. Willi Seek musste noch weiter über Althagen hinaus die wenigen Kilometer bis Ahrenshoop Dorf gehen, um die letzten fünf Tiere der Büdner loszuwerden. Die reichen Bauern des Ortes Althagen Nagel und Niemann wiederum hatten für ihre Kühe Wiesen, die hinter ihren Häusern abgingen und gaben nur selten Tiere mit zu den Weiden nach Wustrow.

Ich sagte ihm, dass ich nicht mehr weiter mitkäme und die wenigen hundert Meter den Weg hinauf nach Hause gehen würde, der sich zwischen Ostseehotel und der Bäckerei Saatmann wie eine gerade Schnur zum hohen Ufer zog und verabredete mich mit ihm für den kommenden Tag.

*

In der nächsten Zeit hatte ich eine Menge Spaß mit Willi Seek. Er gab seine Hütetätigkeit auf. Das hatte nichts damit zu tun, dass er bei uns die Zaunpfähle einsetzte. Seek hatte schon eine geraume Zeit beschlossen, diese Hütetätigkeit zu beenden, denn er hatte Plattfüße. Das lange Stehen über den Tag und das enorme Laufpensum, von acht Kilometern am Morgen und die gleiche Strecke am Abend zurück, wollte er sich nicht mehr antun.

Der Zaun war schnell gesetzt. Mittels einer Schnur, die er am Pfahl des künftigen Eingangs und an dem letzten an der Grundstücksgrenze zu Bretschneiders, dem einzigen Haus mit einer faszinierenden Sonnenuhr, festmachte, fixierte er die Richtung. Dann teilte er die Jägerzaungitter so auf, dass sie eine gleichmäßige Höhe hatten und berechnete danach, wie viele Pfähle in welchem Abstand er eingraben musste.

Ich stand den ganzen Tag bei ihm und schaute seiner Arbeit zu, ohne viel machen zu können. Aber ich holte eine Menge Informationen aus Willi, wie ich ihn nun respektlos nannte, heraus. Dass er schon einmal eine Wildsau mit einem selbst gebauten Spieß erlegt hatte, Fische mit einem verbotenen Fischspieß fangen konnte und Karnickel mit Hilfe seines Frettchens aus deren Bau direkt in seine Netze trieb. Früher, so erzählte er, habe er einen Dackel besessen, den er in die Karnickelbaue geschickt hatte. Eines Tages sei der aber weit drinnen stecken geblieben und als Willi sich tags darauf bis zu ihm vorgegraben habe, sei er bereits tot gewesen. Nie wieder würde er einen Dackel in so einen Bau schicken. Niemals wieder!

Ich gebe zu, diese Einstellung zu einem Hund hatte mich tief beeindruckt. Liebte ich doch meinen Schäferhund Asco sehr, den wir bei all unseren Streifzügen mitnahmen, und konnte deshalb nachfühlen, wie sich Willi Seek gefühlt haben musste, als er sein treues Tier auf diese Art verlor.

Willi erzählte auch von seinen beiden Brüdern Fritz und Karl. Fritz war das schwarze Schaf der Familie, das schließlich zur französischen Fremdenlegion gegangen war. Die Légion Étrangère hatte ihn aufgefressen. Irgendwo war er verreckt, denn niemand hat je von ihm wieder ein Lebenszeichen erhalten.

An einem der nächsten Tage gingen wir mit dem Frettchen und Willis Netzen zu einer kleinen Anhöhe am Anfang des großen Waldes, den man Darß nennt. Zu dieser Zeit war der Wald noch in seiner ganzen Ursprünglichkeit. Eine befestigte Straße gab es noch nicht, nur einen überaus löchrigen Sandweg, den meine Mutter und ich einige Male versuchten, mit unserem alten P4 zu durchfahren. Es war jedes Mal eine Tortur und nie war man sicher, überhaupt am Ziel anzukommen. Ich hatte mir eine Technik ausgedacht, die uns weite Strecken ohne nennenswertes Steckenbleiben über die Sandpiste brachte. Ich stand dann auf der Stoßstange am Heck des Wagens und vollführte wippende Bewegungen, welche die Reifen mit dem mangelhaften Profil unterschiedlich auf den Untergrund drückten. Umgestürzte, faulende Bäume versperrten oft den Weg. Und Spuren der Wildschweine, die auf Futtersuche mit ihren Rüsseln die Erde umgegraben hatten, gab es auch zu Hauf.

Es dauerte nicht lange, da hatte der Mann, trotz seiner Kurzsichtigkeit, ein erstes Kaninchenloch erspäht. Er legte seine Tasche ab.

„Jetzt müssen wir die anderen Ausgänge finden, denn wenn wir auch nur eines der Löcher ohne Netz lassen, können uns nicht nur die Kaninchen weglaufen. Auch das Frettchen kann verloren gehen. Das aber wäre ein Unglück, denn es ist das einzige, das ich besitze."

„Was ist denn ein Frettchen? Ich habe so etwas noch nie gesehen", fragte ich naiv.

„Es ist eine zahme Art des Iltis", sagte Willi Seek. „Meist sind die Tiere weiß, weil es Albinos sind." Mit dieser Auskunft erschöpfte sich unsere Unterhaltung, das kleine weiße Tier mit den spitzen Zähnen betreffend. Aber dann mussten wir feststellen, dass unsere Mühe, auf diese Weise Karnickel zu fangen, jedenfalls für diesen Tag erfolglos waren. Und auch das Frettchen brauchte mehrere Stunden, um sich wieder aus dem Bau heraus in die grausame Welt der Menschen zu wagen.

Willi musste meine Enttäuschung gespürt haben. Er versuchte, mich aufzumuntern. „Siehst du dort die Kuhfladen?"

„Natürlich sehe ich die", brummelte ich verstimmt.

„Und was glaubst du, bergen die für ein Geheimnis?"

„Gar keins. Es ist Kuhscheiße, nichts weiter."

„Na, na, na", sagte Willi und grinste mich an. „Komm her, ich zeige dir ein Geheimnis!"

Der Haufen, den er ansteuerte, lag schon einige Tage hier und war oben mit einer festen, nunmehr fliegenlosen Schicht überzogen. Willi Seek bückte sich und hob mit der Hand den Flatschen hoch. Unter der Oberfläche tummelten sich einige große Regenwürmer, die sich hier gut genährt hatten.

„Mit diesen Würmern fängst du jeden Fisch", sagte er stolz. „Für die Fische strömen sie den verlockenden Duft einer reichen Beute aus. So manchen Barsch hatte ich schon an der Angel."

„Ach, du flunkerst ja. Du denkst, einem Stadtjungen kann man alles erzählen."

„Wollen wir das mal probieren?"

„Heute?"

„Natürlich nicht, denn dafür brauchen wir diverses Angelzeug, eine Rute mit Schnur und wenn wir hinter den Schilfgürtel wollen, benötigen wir entweder ein Boot oder Gummistiefel, damit wir unsere Füße nicht verletzen."

„Woher willst du das Boot nehmen?"

„Gar nicht. Es gibt keinen, der uns ein Boot anvertrauen würde. Außerdem …"

„Was?"

„Wir brauchten ein flachgehendes Boot, eine Polt etwa, weil der Boden hier sehr, sehr flach ist. Und so ein Boot hat nur einer, der Fischer Blank. Aber das ist ein Ekel.“

„Was machen wir da?“

Willi Seek grinste mich an, und seine kleinen Augen funkelten durch die überdicken Linsen seiner Brille. „Wir nehmen Gummistiefel.“

„Auch wenn es hier flach ist, Gummistiefel werden voll Wasser laufen“, gab ich zu bedenken. „Außerdem habe ich gar keine Gummistiefel.“

„Was macht das schon. Ich habe welche, auch für dich.“

„Wirklich?“ Ich war begeistert. Endlich mal einer, der nicht nur erzählte, sondern Taten folgen ließ.

„Du kannst die Stiefel meiner Frau anziehen. Die müssten dir passen.“

Ich erinnerte mich an den Fischspieß, von dem Willi gesprochen hatte. „Vielleicht können wir ja so einen Fischspieß mitnehmen.“

„Erstens kannst du mit einem solchen Spieß nicht im Bodden nach Fischen jagen, weil das Wasser viel zu trüb ist. Und zweitens ist es streng verboten, solche Spieße zu benutzen.“

„Wo kannst du die denn benutzen?“

„In der Ostsee. Zwischen den Buhnen sind immer Aale zugange. Die sind bestens geeignet dafür.“ Und dann erzählte mir Willi, wie er mit einem solchen Spieß bei der Fischjagd ertappt worden und nur mit knapper Mühe einer größeren Bestrafung entgangen war.

Als ich ihn aber tags darauf besuchte, hatte er einen Aalpieker bereitgestellt. „Ich wollte dir einmal zeigen, wie ein solches Ding aussieht.“ Es war ein dem Dreizack des Poseidon ähnliches Gerät, nur dass es statt der drei Enden fünf hatte, die mit Widerhaken versehen waren, so dass ein aufgespießter Fisch sich nicht ohne weiteres befreien konnte. Für den Fisch war das sicher eine schmerzhafte Art zu sterben. Ich denke, deshalb hatte man diese Art Fische zu fangen auch zu Recht verboten.

Dennoch konnte ich es nicht lassen, Willi Seek davon zu überzeugen, dass so ein Stadtjunge, wie ich es war, den Spieß im praktischen Einsatz erleben müsste. Er wickelte ihn ein und wir fuhren mit den Rädern zu einer der letzten Buhnen vor dem Darß.

Von den angeblich immer zwischen den Buhnen zu findenden Aalen war ausgerechnet an diesem Tag keiner zu sehen. Leider. Aber dafür fanden wir eine nicht eben sehr erwachsene Scholle. Natürlich musste der Plattfisch daran glauben. Weil er viel zu klein war, um einem Menschen mehr als ein Appetitmacher zu sein, bekam ihn eine der Katzen der Seeks.

„Mit den Aalen ist das so ein Ding“, sagte Willi Seek entschuldigend. „Mal sind sie da, mal nicht. Aber wenn du es anlegst, welche zu fangen, musst du einen Schweinskopf oder etwas anderes versenken. Aale sind nämlich Aasfresser. Wenn du den Kopf über Nacht im Wasser lässt, dann kann es sein, dass schon am kommenden Tag ein oder zwei Tiere dort ihr neues Wohnquartier bezogen haben.“

„Ach, Quatsch. Du flunkerst, Willi, und ich soll dir das abnehmen. So blöd sind wir aus der Stadt nun auch wieder nicht.“

Später würde ich erfahren, dass Willi Seek durchaus nicht geflunkert hatte. Aber erst einmal erinnerte ich ihn an den Fischfang im Bodden mit den wunderbaren dicken Würmern, die unter den Kuhfladen nur darauf warteten, für uns im Auftrag eines nunmehr erfolgreichen Fanges sterben zu dürfen.

Mit zwei langen Ruten, die Willi vor einiger Zeit schon irgendwoher besorgt hatte, machten wir uns an einem Sonntagmorgen mit dem Rad auf zur Hudson-Bay, jenem Einschnitt des Boddengewässers, das am Ortsausgang in Richtung Born zwischen dem letzten Haus und dem Darß gelegen war. Obwohl die Einbuchtung als Hundsbek bekannt war, musste irgendjemand die Veränderung des Namens in die Welt gesetzt haben, und die Jungen des Dorfes adaptierten ihn.

Es würde einer dieser herrlichen Tage werden, an denen sich die Kurgäste zu tausenden in der Sonne brieten. Ich hatte da etwas Besseres vor.

Vor uns stieg eine Uferschnepfe auf, und Willi Seek erklärte mir, dass auch der Große Brachvogel, der Rotschenkel, der Kiebitz, das

Braunkehlchen und der Wiesenpieper zur Gruppe der Wiesenbrüter zählten, die auf wechselfeuchte Wiesen als Lebensraum angewiesen seien und sich von Schnecken, Würmern und Bodeninsekten ernährten. Der Mann war ein wandelndes Umweltlexikon. Obwohl er es in sehr einfache Worte verpackte, verstand ich immer, was er meinte.

Wir hatten zwei alte Blechbüchsen mit, die mit einem Loch durchbohrt waren, durch das wir einen Bindfaden gezogen hatten. So konnten wir sie an unsere Gürtel schnallen. Doch zuvor galt es, die Büchsen mit Regenwürmern zu füllen. Also gingen wir über die Wiese und wendeten jeden Kuhhaufen, um der Biester habhaft zu werden. Ich gebe zu, anfangs war das eine eklige Sache für mich. Aber schnell hatte ich mich daran gewöhnt, und so dauerte es nicht allzu lange, bis wir eine angemessene Zahl zum Bestücken der Haken zusammen hatten.

Wir schauten uns um, ob wir auch allein waren. Zu unserer Freude konnten wir niemanden entdecken. Das beruhigte uns, waren wir doch nicht im Besitz irgendwelcher Fischrechte. Und dann zogen wir uns die Gummistiefel an und gingen langsam mit unseren Angelruten durch das Schilf in Richtung offener Bodden.

Kaum hatten wir das Ende des Schilfgürtels erreicht, zeigte mir Willi, wie ich den Wurm auf den Haken ziehen musste und ich warf, nach mehreren missglückten Versuchen, meine Schnur endlich richtig aus.

In der Ferne sahen wir eines der Althagener Zeesenboote, die quer vor dem Wind hertrieben und ihr Netz schleppten. Mit seinen braunen Segeln hob sich das Boot weit sichtbar von den weiß getakelten Yachten ab.

„Ein Althäger Zeesenboot", sagte Willi, der meine neugierig zu dem Boot gehenden Blicke sah. „Sie gibt es schon lange hier im Bodden." Für alles hatte der Mann eine Erklärung. „Ursprünglich waren die Zeesenboote kleine einmastige Boote mit einem Rahsegel. Mit zunehmender Größe der Schiffe aber wich das Rahsegel einem Luggersegel. Unsere Boote sind ja klein. Aber ich habe schon eines gesehen, das war über 20 Meter lang."

„Was ist ein Luggersegel?", fragte ich neugierig.

„Lugger kommt von Logger. Na ja, das hängt wohl mit den Segeln zusammen. So ganz genau weiß ich das auch nicht. Im Vergleich zum Gaffelsegel wird wohl keine Gaffelklaue benötigt, und der Segeltuchüberhang am Mast schafft zusätzliche Segelfläche. Diese Schiffe sind am Wind sehr schnell."

Eigentlich hätte ich ihn jetzt noch nach den anderen Segeln fragen wollen, war aber froh, als mein Schwimmer untertauchte, sich die Schnur straffte und ich einen leichten Druck an der Angel verspürte.

„Ein Fisch! Ein Fisch! Bei mir hat einer gebissen", rief ich aufgeregt, denn es würde der erste Fisch sein, den ich in meinem Leben fing.

„Ruhig, Junge, ruhig", sagte Willi. Da meine Angel keine Rolle hatte, kam er zu mir und zog mit seinen schwieligen Händen Meter für Meter

den Fisch näher zu uns heran. „Du hast Anfängerglück. Das erste Mal

die Angel ausgeworfen und schon einen Zander in dieser Größe und das mit einem einfachen Wurm … Was habe ich dir gesagt? Die Würmer sind Gold wert."

Ich war wirklich ganz aufgeregt. Es kam mir vor, als habe sich ein riesiges Füllhorn über mich ergossen. Ich, der Anfänger, hatte einen kapitalen Zander an der Angel. Doch wie wollten wir ihn nun aus dem Wasser kriegen? Der Kescher, den Willi Seek besaß, war bestenfalls für die Fischgröße einer Forelle geeignet. Aber der richtige Kescher dient einer waidgerechten Entnahme von Fischen aus dem Gewässer. Willi Seek mühte sich, den Fisch in den Kescher zu bekommen, doch der zappelte so, dass er jedes Mal wieder ins Wasser glitt. Schließlich passierte ein Unglück. Ausgerechnet bei meinem ersten Fang riss der Haken aus und der schöne, große Fisch verschwand in den Weiten des Saaler Boddens. Ich war nahe am Heulen. Wie sollte ich meiner Mutter, einer begeisterten Fischesserin, begreiflich machen, wie erfolgreich ich beim Angeln gewesen war. Würde sie mir das überhaupt glauben?

Doch Willi Seek beruhigte mich. Er würde es meiner Mutter schon verständlich machen und er zeigte mir, wie er die Größe des Fisches glaubhaft darstellen würde, indem er beide Arme ausbreitete. Na ja, sie würde das sicher für Anglerlatein halten, auch wenn der Zander fast so groß war, wie ihn Willi jetzt zeigte.

Wir versuchten unser Glück weiter. Fast schien es so, als hätte der Ausreißer alle Fische dieser Gegend vor uns gewarnt, denn allen leckeren Regenwürmern zum Trotz biss kein Fischlein mehr an.

„Wir starten noch einen Versuch“, sagte Willi Seek. „Dann gehen wir nach Hause.“ Aus seiner Umhängetasche zog er einen Hechtblinker.

„Was ist das?“

das muss unter uns bleiben.“

„Versprochen!“

Er blinzelte mir zu und ich tat es ihm gleich. Wir kamen uns wie zwei Verschwörer vor.

Ich schaute mir das Ding an. Es sah einem Fisch ähnlich und hatte einen bösen Haken am Ende, der an einen Anker erinnerte und ziemlich stabil war.

Willi warf die Angel weit aus. Im Gegensatz zu meinem Hilfsgerät, besaß seine Rute das, was eine richtige Angel zu einer Angel macht - eine Rolle. Weit flog der Blinker quer zum Schilfrand und Willi begann, den Blinker langsam einzuholen.

>Ein Zauberangelhaken. Der kommt aus Berlin, wie mein Vater<, dachte ich. Aber Willi zog unermüdlich den Kunstfisch langsam zurück. Hin und wieder machte er eine kleine Pause, um das Verhalten eines Fisches zu simulieren. Dann zog er wieder ein Stück, um gleich darauf wieder eine Pause einzulegen. Umsonst. Der angebliche Zauberangelhaken aus Berlin blieb stumpf. Nach dem dritten Mal wechselte Willi die Richtung. Hatte er zuvor die Angel zum Darß zu ausgeworfen, ließ er den Kunstfisch an der Schnur jetzt geschickt in Richtung Ahrenshoop sausen. Aber auch da blieben drei Züge erfolglos.

„Einmal noch. Wahrscheinlich steht die Sonne schon zu hoch. Da müssen wir also in Laufe der Woche noch einmal hierher fahren." Und mit einem mächtigen Schwung wiederholte er seine Bemühungen von zuvor. Jetzt lief die Rolle beinah ab. Langsam wurde es mir langweilig. Lieber hätte ich es versucht, denn, wie sich gezeigt hatte, war ich wesentlich erfolgreicher als mein Lehrmeister. Fast erfüllte mich ein wenig Schadenfreude.

„Wir hätten den Zander behalten sollen", nörgelte ich. Aber Willi antwortete nicht, denn mit einem Ruck hatte er den Biss eines größeren Fisches verspürt. Mit einem Zischen forderte er mich auf, jetzt ein wenig still zu sein, denn nun wollte er sich auf die Einbringung des Fanges konzentrieren. Noch einmal sollte ihnen nicht passieren, dass sie einen so gewaltigen Fisch verlören. Aber noch stand nicht fest, was Willi Seek da an der Angel hatte. Es konnte auch ein Schuh sein. In meiner Fantasie jedenfalls hoffte ich es und malte mir einen Riesenstiefel aus, da ich keinesfalls den frühen Ruhm eines großen Fanges wieder verlieren wollte.
Doch irgendwann hatte mein Freund den Fisch so weit herangezogen, dass sich das Wasser unter den Flossenschlägen wie eine graue, kochende Brühe ausnahm, auf der Luftblasen zerplatzten und zerstiebend uns bespritzten. Was für ein Fisch! Noch einmal gab er ein wenig Schnur, damit der Fisch sich noch mehr müde arbeitete. Als ich aufschaute sah ich, dass das Zeesenboot, das uns ziemlich nahe gekommen war, seine Netze einholte. Kurz darauf wechselte es die Richtung und lief wieder hinaus auf den Bodden, um später abermals das Netz auszulegen.
„In der Uferregion sind Hechte sehr häufig anzutreffen", sagte Willi, dem der Kurswechsel des Zeesenbootes entgangen zu sein schien. „Hier haben Sie ihre für Hechte typischen Unterstände wie Wasserpflanzen, abgestorbenes Holz oder große Felsblöcke. Hier wird auch abgelaicht, weil die Brut hier durch ein reiches Nahrungsangebot und vielen Versteckmöglichkeiten ideale Voraussetzungen hat, um die gefährlichen ersten Monate zu überleben." Er begann wieder, den Fisch zu sich heranzuziehen.

Zeesenboote in Althagen, Kennung: AL-S/1 Paul Hinzmann, AL-S/3 Heinrich Dade

„Mein Gott", sagte ich ehrfurchtsvoll, denn nun machte ich mir einen Eindruck von dem Fisch, der noch um ein vielfaches größer war als der Zander. „Mein Gott … Ist es ein Hecht?“

Willi versuchte durch seine dicke Brille einen Eindruck von dem Tier zu bekommen, das er seit nunmehr einer halben Stunde mit äußerster Mühe versuchte, müde zu machen.

„Was für ein kapitaler Kerl! Es ist der größte Hecht meines Lebens. Fass mal in meine Tasche und hol das Holz heraus.“

Willi hatte einen Holzknüppel in seiner Umhängtasche. Nun zog er den Fisch etwas näher heran, so dass wir seinen Kopf sehen konnten. „Schlag ihm auf den Kopf! Schlag ihm den Knüppel auf den Kopf, aber pass auf, dass du ihn nicht vom Haken reißt!“

Willi sah, dass ich zögerte. Noch niemals hatte ich einen so großen Fischkopf gesehen. Nicht einmal in meiner kühnsten Phantasie hatte es das gegeben. Und diese Zähne. Wie Widerhaken. Mit seinen großen Augen starrte er mich böse an. Aber den Fisch zu töten, war nicht mein Ding.

„Wenn du nicht schlägst, werden wir auch den Fisch verlieren. Ich allein kann ihn nicht bergen und lebend bekommen wir ihn nicht weiter und schon gar nicht bis auf das Land. Also schlag schon!“ Und in Erinnerung daran, dass er mir zwei Tage zuvor gezeigt hatte, wie man eine Henne schlachtet, und ich es nach dem Hinweis, dass man jedes Tier töten müsse, um etwas zu essen zu haben, schließlich auch machte, schlug ich zu. Einmal, zweimal, dreimal … der Hecht begann wieder, wie wild um sich zu schlagen. Beim fünften Mal schließlich wurden seine Flossenschläge schwächer.

„Nimm den Strick aus meiner Tasche.“

Ich nahm den Strick.

„Geh unter ihm damit durch und mache eine Schlinge!“

Nun erst wusste ich, was Willi Seek beabsichtigte. Nachdem ich die Schlinge um den Hecht gelegt hatte, forderte er mich auf, den Fisch an Land zu ziehen. Dabei sollte ich aufpassen, dass er sich nicht quer zum Schilf legte, sondern längst in unserer Spur lang geschleppt würde.

Am Land zogen wir unsere Gummistiefel aus. Natürlich waren die Dinger nicht wasserdicht gewesen und wir hatten beide nasse

Füße. Aber was macht das schon, wenn man einen solch großen Fisch erlegt hatte.

Sorgsam beobachteten wir, ob sich etwa irgendwelche Menschen in unserer Nähe befanden. Glücklicherweise nicht. Denn sicher war es strafbar und würde als Fischwilderei angesehen werden. Wir versuchten, den Hecht in Willis Tasche zu bekommen. Aber es war aussichtslos. Das Biest war zu groß. Dann zog ich mein Hemd aus. Wir wickelten den Fisch darin ein. Willi Seek versteckte die Angeln, die uns verraten hätten. Er würde sie später wieder dort abholen. Mit Hilfe des Stricks fabrizierte Willi aus meinem Hemd und dem Fisch ein Paket, das er durch ein Holz, welches er geschickt mit der Packschnur umwickelte, transportbereit machte. Stolz wie die Spanier fuhren wir nach Hause. Doch so begeistert, wie ich annahm, war meine Mutter nicht. Mit einem Blick auf das Hemd fassten wir einen barschen Anschnauzer ab.

Der Fisch aber war so groß, dass er aufgeteilt wurde und sowohl den Seeks als auch uns eine schöne Mahlzeit bescherte.

10

Meine bedenklichen Begegnungen mit Käthe Miethe, Egon Morbitzer und anderen ...

Als wir mit unserem schwer beladenen Gefährt in Ahrenshoop angekommen waren, war die erste Handlung, die meine Mutter nach dem Auspacken der mitgebrachten Notwendigkeiten übernahm, die Organisation einer Milchquelle. Das war in der Nachkriegszeit die allerwichtigste Handlung. Schließlich ist Milch nach wie vor der wichtigste Calciumlieferant in der menschlichen Ernährung und unverzichtbar für die Gesundheit. „Die Knochenbildung", pflegte sie zu sagen, „hängt entschieden von Milch ab, die du jeden Tag trinkst"

Willi Seek und auch die Nachbarin Vera Bretschneider nannten uns einige Bauern, bei denen es vielleicht möglich sei, den täglichen Liter Milch zu bekommen. Also machte sich meine Mutter auf den Weg. In dieser Zeit war nicht reich, wer Geld hatte, sondern wer sich ausreichend mit hochwertigen Esswaren versorgen konnte, wer zum Beispiel über Gegenstände verfügte, die zum Tausch gegen die knappen Lebensmittel geeignet waren. Meine Mutter war Kunsthandwerkerin mit einem ausgeprägten Sinn fürs Geschäft. Und es gab Zeiten, da zahlte sich dieser Geschäftssinn aus. Im Nachhinein betrachtet, war mein Vater der Intelligentere von beiden, der, dem sowohl in der Schule als auch später als Künstler alles mühelos zufiel, aber er besaß weder das Organisationstalent noch den Fleiß meiner Mutter. Doch darauf will ich später noch einmal eingehen.

Gemeinsam machten wir uns auf den Weg, natürlich im Auto, um den Bauern anzuzeigen, dass wir durchaus in der Lage waren, etwas anzubieten.

Zuerst machte meine Mutter einen Antrittsbesuch in der Bäckerei Saatmann. Malchen Saatmann war eine überaus gütige Frau, die uns gleich eine Empfehlung für die Bauersfrau Weiß mitgab. Wir kauften die ersten Brötchen, das erste Brot und begaben uns dann zur Bauersfrau Weiß, die eine Wohnung im Parterre des Ostseehotels besaß, die über einen separaten Seiteneingang verfügte. Neben dem Eingang führte der Weg zum Hof, den die Familie für den Zugang zu der dort stehenden Scheune benutzte.

Auf unser Klopfen kam die Frau zur Tür. Man sah ihr an, dass sie es in ihrem Leben nicht leicht gehabt hatte. Verhärmt sah sie aus, und ich erinnere mich, dass sie uns zuerst abweisen wollte. Aber als ihr meine Mutter eine Jacke zeigte, die sie aus der Wolle von Schafen hergestellt hatte, wurde die Frau zugänglicher. Sie habe auch einige Schafe, ob es wohl möglich wäre, die Wolle in Zahlung zu geben und was ein solches Stück dann kosten würde.

Meine Mutter nannte ihr den Preis und im Tausch der Wolle wäre der mehr als angemessen. Doch die Bauersfrau wand sich. Einerseits wollte sie eine solche Jacke und zwar schnell, denn ihre Tochter käme zu Besuch aus dem Westen und sie wolle ihr damit eine Freude machen. Andererseits war gerade die Bauersfamilie Weiß keine begüterte Familie. Anders die Bauern Niemann und Nagel, die als wirklich reiche Bauern galten, die ihre Kühe auf eigenen Weiden hinter ihren Häusern hielten, während Willi Seek die Kühe der Büdner die weite Strecke auf die Feuchtwiesen nach Wustrow brachte. Auch die beiden des Bauern Moritz Weiß.

„Ich habe da eine Idee", sagte meine Mutter, ohne den Gedanken zu vollenden.

„Sie haben eine Idee?" Frau Weiß war gespannt auf diese Idee wie die Sehne eines Flitzbogens kurz vor dem Abschuss.

„Sie liefern die Wolle und ich arbeite Ihnen eine solche Jacke."

„Die dann was kostet? Sie wissen, wir haben nicht allzu viel."

Meine Mutter nannte eine Summe und wartete einen Augenblick, bis die Bauerfrau den Schlag einigermaßen eingesteckt hatte. Dabei achtete sie darauf, ihr Angebot zu vervollständigen, bevor die arme Frau zu Wort kam und die Ablehnung aussprechen konnte.

„Aber ich will gar kein Geld von Ihnen …“

„Sie wollen kein Geld? Wie soll ich das verstehen?“

Nun unterbreitete meine bauernschlaue Mutter, dass die Bezahlung in Form eines täglichen Liters Milch erfolgen könne.

Schnell wurden sich die beiden Frauen handelseinig und ich, sehr zu meinem großen Ärger, wiederum verpflichtet, jeden Morgen Brötchen und Milch holen zu gehen.

„Na, wie habe ich das wieder einmal gemacht?“, triumphierte meine Mutter, als wir auf dem Weg zu unserem Häuschen waren.

In der Folgezeit lernte ich eine Menge interessanter Leute kennen, Künstler meist, die mich unterschwellig beeinflussten. Auch an diesem Tag hatte ich schon am Morgen die Milch und die Brötchen geholt. Doch am Nachmittag gelüstete es mich nach einer der herrlichen Schnecken, die bei Saatmanns legendär waren und bei uns Heranwachsenden ganz besonderes Interesse fanden. Malchen Saatmann stand hinter dem Tresen.

Käthe Miethe

In einer Ecke des Cafés saß eine Frau, die sich im Gespräch mit anderen an ihrem Tisch sitzenden Menschen befand. Sie hatte eine Tasse vor sich, aus der sie hin und wieder einen Schluck nahm. Gerade verlangte sie lauthals um Nachfüllung. Sie hatte die raue Stimme eines Mannes. Ich konnte unschwer beobachten wie Malchen Saatmann aus einer Flasche mittels eines geeichten Glases etwa drei doppelte Korn in die Tasse goss.

Ich brauchte einen Augenblick, um zu registrieren, dass die Frau, die nach und nach etwas lauter wurde, ihren Korn nicht aus einem normalen Gläschen, sondern tassenweise trank. Jetzt war ich wie elektrisiert. Ich starrte auf die Frau, die nicht mehr ganz jung und ein verdammt herber Typ war.

„Wer … wer ist das?“, fragte ich zaghaft Malchen Saatmann.

„Du kennst sie nicht?“

Ich schüttelte den Kopf, und Malchen Saatmann erklärte mir, dass es sich um die berühmte Heimatschriftstellerin Käthe Miethe handelte. Ob ich denn nicht wüsste, wer das sei. Und als ich abermals zu verstehen gab, das nicht zu wissen, klärte sie mich auf, dass jene Käthe Miethe die Frau sei, die mit dem Roman *Das Fischland* ihrer Heimat ein Denkmal gesetzt hatte.

Ich setzte mich draußen an einen der Tische, ohne freilich die äußerst interessante Autorin aus meinen Augen zu lassen. Irgendetwas faszinierte mich, und ich würde einige Tage später zu der Büdnerei gehen, die sie bewohnte und durch das Fenster beobachten, was die Frau so machte. Zugegeben, es war nicht eben anständig, die Frau so auszuforschen, und es dauerte auch gar nicht allzu lange, da hatte sie mich entdeckt und ich musste unter ihrem schimpfenden Abgesang meine Stellung schnell verlassen. Ich war einfach zu feige, sie zu fragen, ob sie mir etwas aus ihrem Leben erzählen könne.

Doch nun hatte sie die letzte Tasse ihres *Kaffees* ausgetrunken und machte sich mit ihrem Rad auf den Heimweg. Genauer gesagt, sie wollte sich auf den Heimweg machen, denn indem sie aufstieg, landete sie auch schon in der Hecke und stürzte zu Boden. Beherzte Männer sprangen hinzu und die ehrwürdige Autorin, die es ja nicht allzu weit zum kleinen Häuschen hatte, ging schwankend, das Rad an der Hand führend in Richtung Heimat.

„Manning, manning", klagte Malchen Saatmann kopfschüttelnd. „Hoffentlich kommt die man heil nach Hause. Wenn da etwas passiert, fällt das auf uns zurück. Aber sie ist eine erwachsene Frau, und ich kann ihr doch eine Bestellung nicht abschlagen."

Betreten schlich ich nach Hause und erzählte meiner Mutter davon und dass die Frau ein Buch geschrieben habe, welches das Fischland in seiner Entwicklung ganz genau schilderte. Natürlich verstand sie den Wink, und es dauerte gar nicht lange, da lag das Buch auf der Kommode in ihrem Zimmer, so dass es mir sofort ins Auge fiel, als wir zusammen frühstückten.

„Heute ist ein besonderer Tag", sagte sie. „Ich bekomme Besuch von Professor Engemann aus Halle. Er unterrichtet an der Burg Giebichenstein Architektur. Er soll den Umbau für unser Haus bewerkstelligen."

Es war ihr tatsächlich gelungen, innerhalb kürzester Zeit einen

Architekten zu finden, noch dazu einen Professor, der an der bekannten Hochschule für Kunst und Design Architektur lehrte. Aber ich hatte den Namen schon einmal gehört, ohne ihn zuordnen zu können. Nun war ich neugierig.

„Woher kennst du denn den?"

„Walter Funkat hat ihn mir empfohlen." Die Funkats hatten wir am Strand kennen gelernt. Professor Walter Funkat war der Direktor auf Burg Giebichenstein. Er hatte bis 1930 am Bauhaus Dessau **unter anderem bei den Meistern** Josef Albers, Herbert Bayer, Marcel Breuer, Wassily Kandinsky, Paul Klee, László Moholy-Nagy, Oskar Schlemmer **und** Joost Schmidt **stu**diert, um nach dem Krieg diese leitende Stellung dort zu bekleiden.

Die Funkats hatten zwei Kinder in meinem Alter. Eines davon war ein Mädchen, das wirklich hübsch war. Später werden wir alle zusammen noch auf dem Bodden segeln, in einem Boot des Fischers Blank, einer schwarz geteerten, flachgängigen Polt, deren Nutzung meine clevere Mutter gegen die Stellung neuer Segel ausgehandelt hatte.

Als der Professor Engemann kam, der unser Haus umbauen sollte, schlich ich natürlich im Revier herum, um ja nichts zu verpassen. Er war schon etwas älter, ich denke so um die Fünfzig oder ein wenig drüber.

„Wir brauchen vier eichene Rundhölzer", sagte meine Mutter später zu mir, als Engemann wieder gegangen war.

„Was ist das?"

„Das sind schlichtweg dicke Bäume, die der Architekt an der Westseite am Rand einer Terrasse setzen will. Darüber wird das Obergeschoß verlängert, so dass wir Raum gewinnen. Wir hätten dann oben einen Arbeitsraum, mein Zimmer mit Aussicht bis zum Darßer Ort, die Ostsee, den Leuchtturm und ein kleines Bad, das leider schräge Wände haben wird. Aber anders geht es nun einmal nicht." Sie zeigte mir eine Skizze, die der Professor auf die Schnelle gezeichnet und ihr dagelassen hatte.

„Wo willst du die Bäume hernehmen. Du glaubst doch nicht, dass dir irgendwer vier dicke Eichen umschlägt, damit du die hier in das Haus einbauen kannst."

„Ich habe da schon eine Idee. Lass mich mal machen."

Da wir noch kein Telefon hatten, fuhr sie mit dem Rad zur Post, weil unser alter Opel P4 mit einem Lichtmaschinenschaden in Ribnitz-Damgarten liegen geblieben war, und telefonierte mit Irene Decker in Beiersdorf in der Oberlausitz. Die Deckers waren eine alte Weberfamilie, die eine Handweberei und eine Maschinenweberei betrieb und mit denen meine Mutter regen Handel trieb.

Beiersdorf liegt im Landschaftsschutzgebiet Oberlausitzer Bergland an der Straße von Löbau nach Oppach. Es erstreckt sich von Südwesten nach Nordosten im Tal des Beiersdorfer Wassers; der Ort hat eine Länge von 3,5 km mit einem Höhenunterschied von 320 bis 405 m. Die Ortsteile Gebirge, Zwenke, Zeile, Schmiedental und Neulauba geben eine unverwechselbare Charakteristik. Eingebettet ist Beiersdorf von einem der schönsten Berge des Oberlausitzer Berglandes, dem Bieleboh mit seiner Bergkette und den Steinklunsen. Die Entwicklung hat mit zwei Rittergütern begonnen. Die Hausweberei kam dann im 17. Jahrhundert auf und war um 1850 die Hauptbeschäftigung. Durch das saubere Wasser entstanden Färbereien und Bleichereien, davon hielt sich eine bis 1979. Von den vier Mühlen, die mit der Wasserkraft des Dorfbaches betrieben wurden, ist keine mehr vollständig erhalten. Sie waren eine bedeutende Grundlage für die industrielle Entwicklung: So bildete die Obere Mühle als Pochwerk den Grundstock für eine Eisengießerei, die Mittelmühle war der Anfang einer Maschinenfabrik, die Niedermühle war Säge- und Mahlmühle mit Bäckerei und die Grenzmühle eine Sägemühle. Heute findet man noch Teile einer Mühle auf dem Haderberg im Ortsteil Schmieden.

Sicher fragen Sie sich, warum ich den kleinen Ort so ausführlich erwähne? Nun zu der Zeit, als meine Mutter dort anrief und sich über die Möglichkeit, eichene Rundhölzer zu bekommen, informierte, war es bereits klar, dass ich dort einen Teil meiner Lehrzeit in der Weberei Decker & Höhne absolvieren sollte. Und Hubert Decker wiederum war ein weiterer Baustein auf dem Wunsch zu meinem letzten Beruf, der Schriftstellerei, denn Hubert war für

Beiersdorf und die Oberlausitz das, was Käthe Miethe für Ahrenshoop und das Fischland war, ein Heimatschriftsteller.

Als meine Mutter von der Post zurückkam, sagte sie lächelnd, dass wir schon in zwei Wochen mit den Bäumen würden rechnen können. Wieder einmal überraschte sie mich mit ihrem Organisationstalent.

In der kommenden Woche ging ich brav jeden Morgen Milch und Brötchen holen.

Hertha Kienows Lebensmittelladen

Eines Tages bestellten wir eine Holztreppe in der Tischlerei von Hermann Zimmeck. Als wir in Hertha Kienows kleinem Lädchen Lebensmittel kaufen gingen, in dem Haus neben der Tischlerei an der Hauptstraße gelegen, an der die Abzweigung zum Boddenhafen in Althagen abging, trafen wir auf Egon Morbitzer, den Österreicher, der Erster Geiger an der Staatsoper in Berlin, ein ausgemachter Frauenjäger war und damals noch einen Opel-Olympia fuhr. Wenige Jahre später würde sein weißer Mercedes 300 in einer Querstraße vor seiner Wohnung in einem Mietshaus in der Berliner Münzstraße stehen. Meine Mutter, das Organisationstalent, überzeugte den stets auf Liebesabenteuer sinnenden Morbitzer Egon natürlich, dass er sie nach Ribnitz-Damgarten bringen müsse, wo sie ihren Wagen aus der Reparaturwerkstatt abholen könne. Und natürlich würde ich mitfahren. Aber Morbitzer machte mir klar, dass er mit meiner Mutter allein fahren wolle. Was macht ein pubertierender Jugendlicher, um seinen Unmut kundzutun? Er tritt gegen den hinteren Kotflügel des Autos, worauf Morbitzer - zum Glück ohne Erfolg - hinter mir herlief. Aber das half mir natürlich auch nicht. Der Wagen mit meiner Mutter entschwand in Richtung Ribnitz-Damgarten, und ich blieb in Althagen zurück.

Als meine Mutter schließlich mit unserem Opelchen wieder in Ahrenshoop gelandet war und ich nicht mit ihr sprach, sagte sie, dass ich mir wegen des Morbitzer Egon keine Sorgen zu machen brauche. Schließlich glaubte ich ihr das.

Nun begann die Hektik des Umbaus. Wegen jedem größeren Nagel, der gebraucht wurde, musste meine Mutter nach Wustrow in die Schmiede fahren, um einen solchen anfertigen zu lassen. Nicht alle Materialien brachte die Wustrower Baufirma Engelhardt mit. Karl Röwer aus Althagen setzte schließlich unsere Öfen.

Der Name Röwer hat auch noch eine andere Erinnerung für mich parat. Es ging um den Besitzer Baufirma (Otto?) Röwer in Ribnitz, der hinter dem Bahnhof sein Haus, eine Bauernstelle und seinen Lagerplatz hatte. Er sollte ursprünglich bei uns den Umbau vornehmen. Doch daraus wurde nichts. Er besaß etwas, was mich ganz speziell interessierte - ein Reitpferd. Es war ein großer, schon etwas älterer und ruhig gängiger Fuchswallach, den ich hin und wieder reiten durfte. Später hörte ich, dass man Röwer verhaftet und ins Gefängnis gesperrt hatte. Angeblich aus wirtschaftlichen Gründen, tatsächlich aber war er politisch unbequem. Das war das Los vieler Handwerker der damaligen Zeit. Eine weitere große Herausforderung war das Decken des Daches mit Reet. War es schon unheimlich schwer, den Dachdecker zu akquirieren, dessen Name mir nach dieser langen Zeit entfallen ist, so stellte ein weiteres Hindernis das nicht im ausreichenden Maße vorhandene Reet dar. Schließlich wusste der Handwerker Rat, nachdem meine einfallsreiche Mutter mit einer Jacke für seine Frau nachgeholfen hatte.

Schließlich war das Haus im Jahr 1952, der Garagenneubau 1953 fertig, und meine Mutter begann dort eifrig zu arbeiten.

Von da ab gingen die Menschen, die etwas außerhalb der Norm haben wollten, bei uns ein und aus. In Zeiten der Mangelwirtschaft war eine Handweberei wie eine kleine Gelddruckanlage. Jeder, der etwas Besonderes gearbeitet haben wollte, sprach vor. Und ich, der ich noch

zu jung war, um alle Berühmtheiten zu meinen Freunden machen zu können, konnte sie nur registrieren. Leider.

Die Häuser kurz nach Fertigstellung 1953. Das Garagenhaus ist noch unverputzt.

Ob Kurt Maetzig, der berühmte Regisseur der DEFA, der für sein Haus Teppiche bei uns anfertigen ließ, oder Helene Weigel, die Frau Bertolt Brechts, die eine Jacke erstand, die sie später sogar auf der Bühne getragen haben soll. Weigels Tochter Barbara und den Schwiegersohn, den Schauspieler Ekkehard Schall, würde ich viele Jahre später bei einem gemeinsamen Bekannten, dem jordanischen Filmregisseur Achmed A. Romhi, der zu einem Studium nach Ost-Berlin gekommen war, in dessen Appartement in dem Haus vor der Komischen Oper, das in der Straße Unter den Linden gelegen war, kennenlernen. Man diskutierte über den Film »Die Probe«, eine Reportage über das Berliner Ensemble während einer Coriolan-Probe mit Ekkehard Schall, der unter der Regie Achmed Romhis entstehen sollte.

1965 wurde der Film bei den XI. Oberhausener Kurzfilmtagen gezeigt. Dazu hieß es: »Hier ist von der Atmosphäre künstlerischer Arbeit viel eingefangen. Freilich ist der Film technisch schwach, akustisch unzulänglich. Und es war wohl das Pech der DEFA−Leute, dass in dem
selben Genre ein brillanterer und in den Variationen reicherer, wenn auch nicht gleich intensiver Film vorgeführt und prämiert wurde: Romeo und Julia des Tschechen Raduz Cincera«.

Ich kann nicht behaupten, dass mir die überaus arrogante Weigel-Tochter Barbara besonders sympathisch gewesen war. Zu anmaßend, zu dünkelhaft erschien sie, zu weit abgehoben und gar nicht sozialistisch.

An Dr. Walther Pollatscheck, den Publizisten, Kritiker, Schriftsteller, Redakteur des Aufbau-Verlages sowie Herausgeber der Werke und Pfleger des Nachlasses von Friedrich Wolf *, erinnere ich mich gern und besonders deshalb, weil er plötzlich einen russischen Wagen Typ Wolga fuhr, den Mercedes des Ostens und das war für einen Jungen meines Alters überaus interessant; wir trafen uns mehrfach mit ihm während der Winterzeit in Berlin, um zusammen essen zu gehen oder in seiner Wohnung in der Schnellerstraße in Niederschöneweide.

Er war ein äußerst sympathischer Mann, der faszinierend erzählen konnte und an den ich gerne zurückdenke.

(Friedrich Wolf, Arzt, Schriftsteller und Kommunist; sein „Prof. Mamlock" wird zum exemplarischen Drama der Vergangenheitsbewältigung im Osten, während Zuckmayers „Des Teufels General" diese Funktion nicht zufällig für den Westen übernimmt. Auch als Politiker stellt er sich zur Verfügung: Er geht als erster Botschafter der DDR nach Polen. Er ist Vater des legendären Geheimdienstchefs der DDR, Markus

Wolf, und dessen Bruder, dem Filmregisseur der DEFA, Konrad Wolf.)

Mit der Zeit lernte ich auch die Künstler des Ortes kennen.

Ich entsinne mich an lange Spaziergänge mit dem Maler George Hülsse und die Gespräche über Kunst, die ich mit ihm führte, da ich ja, als Sohn eines Malers, auch den nötigen Zugang zu ihm fand. Hülsse, 25 Jahre älter als ich, war eine Offenbarung, die Welt anders zu sehen. Mit der Kamera, die er bei diesen Streifzügen stets mitzuführen pflegte, fing er jeden auch noch so kleinen Kosmos ein, wenn er Inspiration zu Zeichnungen, zu Illustrationen für ein neues Buch versprach. Als Illustrator von Büchern des Hinstorff-Verlages bereicherte er mit seinen Zeichnungen einige Heimatbücher, darunter auch das über die Insel Rügen.

George Hülsse

Keine Geringere als Käthe Miethe schrieb das Vorwort zu dem

Band von Wolfgang Rudolph. Mit Einfühlungsvermögen und Sachkenntnis führt der Autor über die Insel Rügen, erzählt von der Eigenart der Landschaft, von den Menschen und ihrer Geschichte. Da werden die vier Gesichter des Swantevit wieder lebendig und auch die Zeit, als Rügen noch Festland war.

Der Leser erfährt die Sicht von damals mit ihren Wertungen und Schlussfolgerungen und wird sich den Worten Käthe Miethes vorbehaltlos anschließen, Zitat:

„Vollständigkeit ist ein Ziel, an das sich ein echtes Heimatbuch nie verlieren darf. Es soll sich an das Wesentliche halten. Rügen, so wie es sich heute zeigt, wie es die Rüganer kennen, die Gäste erleben und lieben,

1954 schaute meine Mutter aus Ihrem Fenster auf diese Ahrenshooper Kulisse

diese bunte Welt der Bodden und Becken, der Wälder und Felder, Rügen, so wie es in Jahrtausenden geworden ist durch die See, die noch heute von allen Seiten in das Land einzieht, durch das Wirken der Menschen, die Insel der Schiffer, der Fischer und der Bauern – es lässt sich mit wenigen Worten nicht umreißen."

Obwohl ich sein Gesicht noch immer vor Augen habe, kann ich mich an seine Frau Mechthild nur noch dunkel erinnern. Nur das kleine, alte Haus, das in früheren Jahren einmal ein Räucherkaten gewesen war und dessen Balken noch immer davon zeugten, ersteht wieder in meiner Erinnerung.

Die Steilküste unterhalb unseres Hauses

Und ganz natürlich lernte ich den Maler Arnold Klünder kennen, dessen Tochter Susanne, die mit mir in eine Klasse ging. Es war ein wirklich Besessener, den man im Sommer, aber auch im Winter am Strand malend antraf. Er und Hülsse waren besondere Eiferer des Kulturbundes und da auch die Interessen meiner Mutter dort lagen und ich bei allen wichtigen Begegnungen dabei sein durfte, kannte ich auch diese beiden bedeutenden Ahrenshooper Aktionisten. Bei einem Besuch Susannes konnte ich deren Großvater Fritz Koch-Gotha kurz vor seinem Tod im Jahr 1956 kennenlernen.

Aber besondere Freunde sind wir nie geworden, die Susanne und ich.

Eine weitere Offenbarung war für mich als kunstinteressierten Jüngling
ling
Doris Oberländer. Die Bildhauerin und Witwe des Malers Emil Oberländer lernte ich schon ziemlich früh kennen, als sie die neu erbaute Ahrenshooper Kirche ausgestaltete. Die aus einem Baum herausge-schlagene Kanzel und die Altarwand zeugen unter anderem von der Schaffenskraft dieser attraktiven und begabten Frau.

All diese von mir genannten Künstler waren Rädchen im Getriebe des Ahrenshooper Kunstbetriebes. Wer Ahrenshoop sagte, meinte diese Menschen und wer einen von ihnen benannte, machte das nicht, ohne an den malerischen Ort Ahrenshoop zu denken.

Aber das gesamte Fischland konnte mit der Ansiedlung von Künstlern aller Gattung aufwarten.

Doris Oberländer bearbeitet die Kanzel der Kirche

Wohnraum Hedwig Woermann in Wustrow

Durch die Bekanntschaft mit den Matuschs in Wustrow, die dort eine Reparaturwerkstatt für Autos und die einzige Tankstelle betrieben, lernte ich die betagte Malerin Hedwig Woermann kennen, eine Nachkommin des berühmten Carl Woermann, der 1837 ein großes Familienunternehmen einschließlich Reederei gegründet hatte, aus der die bekannte Woermann-Linie, eine Schifffahrtslinie zwischen Europa und der afrikanischen Westküste hervorgegangen ist, bekannt.

... und mit Pudel und großem Hut auf der Bank vor dem Haus

Hedwig Woermann, die von 1919 bis zu ihrem Tod 1960 in einem der schönsten alten Rohrdachhäuser von Wustrow lebte, war zu der Zeit schon sehr klapprig und für die junge Frau Frauke Matusch, die sie umsorgte, eine echte Herausforderung.

Der Tod war allzeit ein ständiger Mahner in meinem Leben. Im Woermannschen Haus wurde ich bei jedem Besuch an die

Vergänglichkeit auch des eigenen Lebens erinnert. Das Haus war wie

durch ein Wunder von einer Feuersbrunst verschont geblieben, die 1896 einen Teil des Dorfes zerstört hatte. Die Künstlerin hatte sich in ihrer Jugend mehrere Jahre in Worpswede aufgehalten, wo auch ich eine Zeit lang im Künstlerhaus der Bettina Müller-Vogeler lebte, ehe sie in Paris bei Antoine Bourdelle, einem Schüler
von August Rodin, studierte. Von ihren späteren Reisen nach Amerika, Asien und Afrika hatte sie viele Rollbilder mitgebracht.

Immer wieder sind Frauen und Männer dieser Erdteile das von der Künstlerin bevorzugte Motiv. Auch in Wustrow sind es die Menschen, deren individuelle Züge Hedwig Woermann in ihren Gemälden festzuhalten und zu deuten versuchte.

Nach dem Ende des Zweiten Weltkrieges hatten sich in vielen Städten lokale Künstlergruppen gebildet, so ***der ruf.*** Diese Gruppe hatte mein Vater zusammen mit Edmund Kesting und einigen anderen Künstlern gegründet, und ***Das Ufer*** in Dresden, die *Arbeitsgemeinschaft sozialistischer Künstler* in Berlin, ***Die Fähre*** in Halle und das ***Künstleraktiv 48*** in Leipzig. Nach dem schrittweise erfolgten Aufbau der zerstörten Infrastruktur im Osten Deutschlands und Gründung der DDR am 7. Oktober 1949 schlossen sich diese und weitere Verbände 1950 unter dem Dach des Kulturbundes zum Verband Bildender Künstler Deutschlands (VBKD) zusammen. Und natürlich war auch meine Mutter Mitglied des Verbandes. In dieser Eigenschaft lernten wir in Ahrenshoop weitere Künstler kennen, die einen Ruf über die Grenzen der DDR hinaus besaßen.

Zu ihnen gehörten Oskar Nerlinger und seine Frau Alice, die beide als Maler und Grafiker tätig waren und in Berlin-Pankow wohnten. Dort besuchten wir die beiden mehrmals. Jetzt, wo ich mich mit den Leuten aus dem ersten Teil meines Lebens befasse, merke ich erst, mit wie vielen Menschen ich Kontakt hatte, die Kommunisten waren. Nerlinger war bereits 1928 **der** Kommunistischen Partei Deutschlands, der KPD, beigetreten. Nach der Machtübernahme der **Nazis** 1933 wurde ihm ein Ausstellungsverbot erteilt. Nach dem Kriegsende 1945 war er bis 1951 als Professor an der Hochschule für Bildende Kunst, Berlin-Charlottenburg, tätig. Mit **Karl Hofer** brachte er von 1947 bis 1949 die Zeitschrift *Bildende Kunst* heraus. 1955 wurde er Professor an der Kunsthochschule Berlin-Weißensee, wo er bis 1958 arbeitete.

Nerlinger arbeitete seit 1912 vorwiegend in Berlin und schuf in den 20er Jahren Industrielandschaften. 1925 war er Führer der Gruppe *Die Abstrakten,* die sich später in *Die Zeitgemäßen* umbenannte. Seit den 30er Jahren malte Nerlinger unter dem Einfluss ostasiatischer Malerei hell getönte Landschaftsaquarelle. Er vertrat den 1949 in Anlehnung an die sowjetische Kulturpolitik zur DDR-Staatskunst erhobenen sozialistischen Realismus. Obwohl mich die Malerei Nerlingers nicht ganz faszinierte, mochte ich ihn.

Zu den ganz wichtigen Bekanntschaften meines Lebens zählte der Wiener Edelkommunist und Autor Bruno Frei. Wer, in meinem Alter, kann schon behaupten mit einem direkten Nach-kommen Heinrich Heines bekannt zu sein? Ich. Und darauf bin ich mächtig stolz, denn Bruno Frei war tatsächlich ein direkter Nachfahre Heinrich Heines, wenngleich kein ehelicher. Er sammelte bereits 1917 erste journalistische Erfahrungen in der linksgerichteten Wiener Zeitung „Der Abend", deren Herausgeber er später wurde. 1922 promovierte Frei in Philosophie an der Wiener Universität. Danach war er als Auslandskorrespondent des „Abend" in Berlin tätig, wo er im Romanischen Café Egon Erwin Kisch und Anton Kuh näher kennenlernte. Ab 1929 gab er im Auftrag von Willi Münzenberg „Berlin am Morgen", eine auf eine breite Leserschicht zielende Tageszeitung, heraus. Zahlreiche Autoren und Autorinnen des linken Spektrums fanden hier eine Publikumsmöglichkeit. Nach dem Reichstagsbrand emigrierte Frei nach Prag, wo er zusammen mit F.C. Weiskopf die Zeitschrift „Gegen-Angriff" - als direkte Provokation und als Reaktion auf Goebbels „Angriff" - publizierte. Wenig später wurde er im berüchtigten Pyrenäen-Lager *Le Vernet* interniert, bis ihm 1941 die Ausreise nach

Mexiko gelang.

Frei war Mitbegründer des im mexikanischen Exil herausgegebenen Exilblattes „Freies Deutschland". Er kehrte 1947 wieder nach Wien zurück, wo er eine breite publizistische Tätigkeit entfaltete und gemeinsam mit Ernst Fischer das „Tagebuch" herausgab. Ende der 50er Jahre schrieb Frei als Auslandskorrespondent für die „Volksstimme" in China und gehörte zu den journalistischen Mentoren von Ernst Wimmer, dem späteren Chefideologen der Kommunistischen Partei Österreichs. 1972 erschien seine Autobiographie „Der Papiersäbel" im S. Fischer Verlag (u. a. rezensiert von Jean Améry in der „Zeit"). Bruno Frei, der als Benedikt Freistadt in Preßburg geboren wurde, starb am 21. Mai 1988 im Alter von 91 Jahren in Klosterneuburg bei Wien.

Ich erinnere mich noch, wie er auf unser Grundstück fuhr. Er war mir von meiner Mutter als wichtige Wiener Schriftstellerpersönlichkeit avisiert worden, und ich hatte stundenlang neugierig auf diesem Mann im Garten gewartet. Das Auto, das auf unser Grundstück kam, nahm ich gar nicht für voll. Es war ein roter Skoda-Octavia, den es für manche Leute auch in der DDR zu kaufen gab. Gar nichts Besonderes also, und ich war sichtlich enttäuscht.

Doch dann stieg er aus. Für seine rund 65 Jahre, die er damals zählte, hatte er eine sehr, sehr junge Frau bei sich und einen Säugling. Meine Mutter begrüßte die Ankömmlinge, und ich hatte erst einmal nichts anderes zu sagen als: „Das verstehe ich nicht, Herr Frei. Sie kommen aus Wien. Sie könnten doch ein richtiges Auto fahren. Einen Peugeot zum Beispiel oder besser einen Mercedes."

Frei lächelte weise. „Natürlich könnte ich das. Aber wozu. Der Skoda ist zuverlässig und zieht wie ein Bulle." Damit war für ihn das Thema Auto erledigt.

Das war natürlich eine Logik, die einen jungen Mann, der sehnsüchtig nach den schönen Fahrzeugen aus dem Westen schielte, die es freilich in der Mangelwirtschaft der DDR kaum bis gar nicht gab, nicht befriedigen konnte.

In diesem Zusammenhang fällt mir ein Gespräch in einem Fleischerladen ein:

„Geben Sie mir bitte ein Kilo Kalbfleisch?"
„Haben wir nicht..."
„Haben Sie Schweinefleisch?"
„Haben wir heute nicht. Morgen vielleicht. Aber keine Filets."
„Dann nehme ich heute nur eine ungarische Salami?"
„Salami? Ungarische?"
„Ja."
„Haben wir nicht. Vielleicht im Delikat ..."
„Verdammt noch mal, was haben Sie denn überhaupt?"
„Bis 18.30 Uhr geöffnet..."

Am Nachmittag diskutierten wir über den Krieg, die DDR als das bessere Deutschland, aber auch über die Freiheit, die immer auch die Freiheit des Andersdenkenden sein muss.

Bruno Frei gehört zweifellos zu den wenigen Kommunisten, denen meine tiefe Bewunderung zuteilwird. Er hatte mit seinen Diskussionsbeiträgen über Krieg, Frieden und über soziale Gerechtigkeit einen bis heute anhaltenden Einfluss auf mein Leben.

Ich weiß sehr gut, dass vielen Menschen aus Westdeutschland, die keinen Bezug zur DDR hatten, einige der von mir genannten Künstler kein Begriff sein werden. Deshalb will ich einen Bekannten benennen, den wahrscheinlich die meisten der Leser kennen: *Onkel Dittmeyer.*

1956 besuchten Rolf Dittmeyer und seine Gattin uns in unserem Haus in Ahrenshoop. Sein Vater Benno, der in Rostock ein Kunstgewerbegeschäft betrieb, das meine Mutter belieferte, hatte uns empfohlen. Wir erörterten einen ganzen Nachmittag zusammen die aktuelle Lage Deutschlands. Dabei sprach er auch darüber, warum er sich für ein Leben in Hamburg entschieden hatte.

Sein Spitzname *Onkel Dittmeyer* hat seinen Ursprung in Fernsehspots, in denen er für das von ihm erfundene *Valensina* warb. Ab 1955 baute er für den Lebensmittelgroßhändler EDEKA ein Vertriebsnetz für Frischfrüchte auf.

1960 machte sich Dittmeyer mit der Idee selbstständig, frische Fruchtsäfte zu produzieren und gründete die Rolf H. Dittmeyer GmbH.

Die Orangensaft-Marke *Valensina* kreierte er 1967. Mit ihr war er von 1972 bis 1984 Exklusivlieferant der Olympischen Spiele.

Rolf H. Dittmeyer – der Erfinder des Markennamens „Valensina"

Ab 1976 begann Dittmeyer an der spanischen Atlantikküste die größte Orangenplantage Europas aufzubauen. Ein Jahr später brachte er die Erfolgsmarke Punica auf den Markt.

Ich erinnere mich noch heute daran, wie ich an der Villa in der Doerpfeldstraße in Hamburg klingelte und mir die wirklich wunderschöne Frau Dittmeyer aufmachte. Ich habe für einige Tage bei den Dittmeyers wohnen dürfen. Jedes Mal, wenn Onkel Dittmeyer im Fernsehen seinen Werbespruch brachte, habe ich dann an diese Begegnungen zurückgedacht.

Heute wird das Unternehmen vom Sohn des Firmengründers, Clemens Dittmeyer, weitergeführt. Aus den ersten Pflanzungen in

Spanien sind inzwischen die größten und auch schönsten Orangen-Plantagen in ganz Europa geworden. Hinzu gekommen ist der Anbau von Blaubeeren, die sich einer immer größeren Nachfrage erfreuen. Dittmeyers Plantagen in Deutschland, Frankreich und in Spanien tragen Früchte für den gesamten europäischen Markt.

„Als traditionsreiches Hamburger Unternehmen gibt es zudem eine starke innere Bindung zu Norddeutschland und den Küstenregionen, insbesondere zu Sylt und der Nordsee - mit ein Grund dafür, weshalb wir neben dem Anbau von frischen Früchten inzwischen auch erfolgreich eine eigene Austernzucht betreiben", sagt Clemens Dittmeyer.

Aber natürlich hatte ich auch Freunde außerhalb des Rampenlichts der Kammersänger, Tänzer und Schriftsteller.

Zu ihnen gehören zweifellos Regina und Rudi Kochendörffer aus Berlin, mit denen ich noch heute befreundet bin. Uns verbinden zahlreiche Aktivitäten in und um Ahrenshoop, die uns viel Freude bereitet haben. Waren sie doch Zeugen der verschiedenen Liebschaften, die ich über die Jahre hinweg pflegte. Beide haben mein Leben maßgeblich bereichert.

Durch die Kochendörffers lernte ich Leo Zeisberg kennen. Er war der geschiedene erste Mann der Schauspielerin Ingmar Zeisberg. Die Zeisberg war bis 1990 - zuletzt in den Tatorten *Kopflos* und *Rikki* zu sehen.

Merin Freund Rudi Kochendörffer (rechts) und der geschiedene Mann der Schauspielerin Ingmar Zeisberg, der Musikkritiker und Jazzpianist Leo Zeisberg 1961

Leo Zeisberg wiederum war zeitweise als Jazz-Pianist unter dem Namen Rolf Zeisberg tätig und arbeitete dann ebenfalls als Musikkritiker in der DDR. Wenngleich durchaus nicht so bedeutend wie Ernst Krause, gehörte er auch in die Riege derer, die mir in Ahrenshoop begegnet und zum Teil nahe gekommen sind. Er war der zweite Mann, der mir in meinem Leben über den Weg gelaufen ist, der eine ganz erheblich jüngere Frau, eine aparte japanische Sängerin geheiratet hat.

Ahrenshoop war in jedem Fall eine Fundgrube der Versuchungen für einen jungen Mann, der die Pubertät gerade hinter sich gelassen hatte.
Tausende junge Mädchen liefen draußen herum oder lagen faul am Strand
und hatten die gleichen Träume; man wollte in jedem Fall das Leben in vollen Zügen genießen. Und so begegneten mir nacheinander zwei junge Mädchen, die mein Herz im Sturm eroberten. Sie haben mir aber kein besonderes Glück gebracht, denn sie ließen mich erleben, was die
meisten Menschen in ihrem Leben durchmachen mussten: eine maßlose Enttäuschung. Ich hatte einen Fehler begangen. Meine Erwartungen an Frauen waren einfach zu hoch angesiedelt. Beide Mädchen waren hochintelligent. Beide studierten Medizin und beide erkannten, dass ich nicht der Richtige für sie war, und trennten sich nach einiger Zeit von mir. Nur ich erkannte das jedes Mal zu spät, was hieß, dass ich unter der Trennung überaus litt. Ich habe mir sagen lassen, dass nahezu jeder Mensch derartige Enttäuschungen in Sachen Liebe durchzumachen habe. Später würde ich lernen müssen, dass jedes Klammern für eine Beziehung tödlich sein muss. Aber als ich mich in Christel W. aus Berlin-Weißensee, später Marie-Luise R. aus Roßlau verliebte, war ich noch nicht so weit. Es war, soweit kann ich mich heute mit einem Lächeln erinnern, ein äußerst schmerzhafter Lernprozess.

Erst einige Jahre später, als ich im Juni 1961 meine Prüfung als Handwerksmeister abgelegt hatte, ich war gerade 22 Jahre alt, fand ich mich zu einer gewissen Überlegenheit gegenüber meinen eigenen Gefühlen bereit. Das hatte Vor- aber sicher auch einige Nachteile.

Zwei Jahre dümpelte mein Liebesleben so dahin. Irgendwann fuhr ich die Straße Unter den Linden in Berlin entlang. Ursprünglich hatte ich vor, eine Aufführung einer Schubert-Messe zu besuchen, in welcher der Leipziger Tenor Hans-Joachim Rotzsch singen sollte, der später Kantor der Thomaskirche in Leipzig und des weltberühmten Knabenchores wurde. Natürlich hatte ich Rotzsch in Ahrenshoop kennen gelernt und war nun enttäuscht, als der wegen einer Unpässlichkeit abgesagt hatte. Für ihn sprang der Tenor Günter Neumann ein, der damals noch im Rundfunkchor unter Professor Helmut Koch sang und dem ich bei der Singakademie in der Staatsoper bereits begegnet war. In dieser Zeit freundeten wir uns an und haben so manchen Streich zusammen begangen.

Nach der Aufführung fuhr ich mit meinem roten Wartburg-Sport beschwingt in Richtung Bahnhof Friedrichstraße Unter den Linden entlang, als ich ein einsames Mädchen entlanglaufen sah, das mich interessierte. Also sprach ich sie kurz entschlossen an und erfuhr, dass sie am Rostocker Theater engagiert war.

Tenner mit seiner ersten Frau, der Tänzerin Friederike Zosel., vor seinem russischen PKW der Marke SIM.

Daraufhin war ich am Wochenende nach Rostock gefahren, um die Frau näher kennen zu lernen. Als Mann von schnellen Entschlüssen hatte ich kurze Zeit später meine ständigen Wechselbeziehungen gegen eine Ehefrau, eine Tänzerin eines Provinztheaters, eingetauscht.

Mein roter Wartburg Sportwagen musste einer familienfreundlichen, schwarzen russischen SIM-Limousine weichen. Es war das schlechteste Geschäft meines Lebens. Bequem war das Auto ja. Schnell nein. Dafür unheimlich reparaturanfällig. Und der Verbrauch war astronomisch. 30 Liter Benzin und mindestens 3 Liter Öl auf 100 Kilometer.

Heute weiß ich, dass dieses russische Monster nicht nur ein Umweltkiller war, sondern mir auch einen Haufen ‚guter Freunde' eingebracht hat.

11

Das Kurhaus „Bogislav" des Carl Molchin, Erich Kalweit, der Büttel Bollow und interessante Begegnungen ...

Für mich und meine Jugendzeit zählt nur das alte Kurhaus, welches der Rostocker Schiffsmakler 1893 in unmittelbarer Strandnähe auf einem winzigen Hügel errichtete. Das Kurhaus „Bogislav", benannte er nach dem Pommernherzog Bogislav VI., der im 14. Jahrhundert in Ahrenshoop eine Burg besaß.

Zu meiner Zeit, also rund 61 Jahre später, gehörte das Haus Peter Lüning, der sich allzu gern „Peter der Große" nennen ließ oder „Graf vom Petersberg" und der wohl mit seiner kapitalistisch- freiheitlichen Arroganz den Zorn der Mächtigen auf sich gezogen hatte und die ganze Macht der Diktatur des Proletariats zu spüren bekam. Eines Tages wurde er von der fleißigen „Staatssicherheit" abgeholt und verschwand für immer aus der Ahrenshooper Gemeinschaft.

Die Aktion Rose war eine Maßnahme der DDR-Regierung zur Verstaatlichung von Hotels, Taxi- und Dienstleistungsunternehmen am 10. Februar 1953. Der Fokus richtete sich auf die Badeorte der Ostseeküste, besonders aber Rügen, Usedom und das Fischland. Anlass soll ein Besuch von Walter Ulbricht auf der Insel Rügen gewesen sein, wo er sich über die noch vielen existierenden privaten Hotels und Pensionen geärgert hatte.

Außerdem standen die selbstständig arbeitenden Unternehmen angeblich dem Aufbau der Planwirtschaft im Wege.

Die Aktion Rose der Regierung der DDR war nichts anderes als die Enteignung der Ostseehotellerie.

Kriminalisierung der Hotelbesitzer als Auftakt zur Sozialisierung des Tourismusgewerbes an der Ostsee - Polizisten der Polizeischule Arnsdorf auf dem Weg nach Mecklenburg.

Das Kurhaus Ahrenshoop 1950

Eine von langer Hand geplante Polizeiaktion leitete im Frühjahr 1953 die Enteignung der privaten Hotelbesitzer an der Mecklenburgischen Ostseeküste ein. Vom 10. Februar bis zum 10. März wurden von fünf eigens zusammengestellten Volkspolizei-Einsatzgruppen (insgesamt 400 Mann) Hunderte von Hotels, Pensionen und Gaststätten durchsucht.

Viele der Geschäftsinhaber wurden unter dem Vorwand der Wirtschafts-

kriminalität oder Agententätigkeit für den Westen in Schnellverfahren verurteilt, daraufhin enteignet und ins Zuchthaus gesteckt oder in von der Küste entfernte Regionen umgesiedelt. Einige konnten in den Westen fliehen. Für die Durchführung der Verhaftungen und der Ermittlung gegen die Betroffenen wurde ein ganzer Jahrgang von Polizeischülern eingesetzt. Außerdem bildete man Strafkammern aus ausgesuchten Staatsanwälten und Richtern. Viele der Besitzer und Kleinunternehmer wurden anschließend im Zuchthaus Bützow-Dreibergen inhaftiert.

Ich weiß nur noch, dass sich sehr viel später meine Mutter mal mit Peter Balzer und Hertha Kienow über diesen Vorfall unterhielt, als wir einmal gemeinsam in eben diesem Kurhaus feierten.

Meine nächste Erinnerung an das Kurhaus liegt in der Mitte der fünfziger Jahre, als ich während der Spätpubertät eifrig damit beschäftigt war, zu jeder sich bietenden Möglichkeit das Tanzbein zu schwingen. Wie schon zuvor im *Café Namenlos*, so spielte die Kapelle Rolf Hurdelhey im Kurhaus zur Unterhaltung der Gäste auf. Ich hatte mich mit diesen für diese Zeit der strengen Überwachung der Interpretation von Tanzmusik aus der DDR, die immer 60 zu 40 Prozent überwiegen musste, sehr fortschrittlichen Musikern angefreundet.

Um diese Prozentregelung möglichst zu umgehen, zumindest aber die langweiligen DDR-Tanzmusik-Rhythmen modern aufzupolieren, arrangierte Rolf Hurdelhey die Titel neu und spielte zwischendurch immer mal wieder südamerikanische Musik. Mit einem Wort, Hurdelhey war die bekannteste Band, die in den Fünfzigern und Sechzigern an der Ostseeküste der DDR spielte.

Wann immer ich kam, gab ich den Mannen einen aus und anlässlich eines besonderen Tages erinnere ich mich, dass ich ihnen eine Flasche sowjetischen Cognac auf den Flügel stellen ließ. Im Nachhinein war das natürlich ein Fehler.

Denn diese Art der Präsentation brachte die gleichaltrigen Dorfjungen, die zum Teil mit mir in eine Schulklasse gegangen war und nun zu jungen Männern herangewachsen waren, gegen mich auf. Nur kurze Zeit später würde ich das noch zu spüren bekommen.

Ich war wieder einmal im Kurhaus, um Mittag zu essen. Da alle Tische belegt waren, musste ich eine kurze Zeit in einem kleinen Raum, neben dem Zimmer des neuen Direktors Erich Kalweit warten.

An diesem Tag aber saß ich an einem kleinen runden Tisch in diesem eher winzigen Durchgangszimmer, als zwei meiner früheren Klassenkameraden, die offensichtlich einen Frühschoppen eingenommen hatten, herauskomplimentiert wurden. Einer von ihnen war der Sohn des Schusters, Josef Klein, der zweite, wenn mich mein Erinnerungsvermögen nicht im Stich lässt, der Sohn des Fischers Bernutz.

Durch den Rausschmiss verärgert, steigerte sich die Wut noch mehr, als sie mich dort seelenruhig sitzen sahen. Der Fischerssohn, mir körperlich bei weitem überlegen, kam auf mich zu, zog mich aus dem Sessel hoch und begann, auf mich einzuschlagen, während Josef Klein kaum versuchte, die Situation zu deeskalieren. In dem Augenblick, als ich über den zweiten Tisch gedrückt wurde und mit meiner freien Hand den gläsernen Aschenbecher über den Kopf meines Widersachers schwang, um diesen außer Gefecht zu setzen, kam Kalweit aus seinem Büro heraus. Was dann geschah, war typisch für den Gerechtigkeitssinn des Mannes. Er verwies die beiden trunkenen Angreifer aus dem Hotel und sorgte dafür, dass ich unverzüglich einen Platz zum Essen bekam.

Dennoch war der Mann eine ambivalente Persönlichkeit: Genialer, weitsichtiger Geschäftsführer des Hotels und natürlich strammer ‚Genosse', der stets sein Parteiabzeichen am Revers trug; er war ein Mann, den die Frauen mochten, erfolgreicher, ja ehrgeiziger Tonnenreiter mit dem Zertifikat eines Tonnenkönigs 1954; leider hat Ahrenshoop Kalweit an das FDGB-Heim Walter Ulbricht in Friedrichroda verloren, wo er sechs Jahre lang die Geschicke des Hauses leitete, bevor er 1961 nach Ahrenshoop zurückkam.

Einer der Nachfolger Kalweits im Kurhaus in Ahrenshoop aber war ein

Mann Namens Bollow; diesem Mann fehlte einfach alles, was einen erfolgreichen Geschäftsführer eines so bedeutenden Hauses auszeichnete: Weitsicht, Großzügigkeit, Ausstrahlung. Bollow war eine schmierige Figur, ein unterwürfiger Parteibüttel, der jegliche

1953 kam Kalweit, rechts im Bild, erstmals nach Ahrenshoop. Er sah das Tonnenreiten und sagte: „Im nächsten Jahr werde ich Tonnenkönig!" Und so geschah es dann auch. Kalweit zog durch, was er sich vornahm.

positive Ausstrahlung vermissen ließ. Er zeigte den Ahrenshoopern deutlich, was sie an Kalweit verloren hatten.
Kalweit, daran besteht kein Zweifel, war ein Macher, um den ihn jede Hotelgruppe in Westdeutschland beneidet hätte. Das hatten auch die verantwortlichen Direktoren für die staatlichen Spitzenrestaurationen in Berlin erkannt und machten ihn 1975 zum Chef der neu erbauten „Bonzenschleuder" ***Käpt'n Brass*** in Dierhagen, um den Genossen der Staatsführung und ranghohen Mitgliedern des MfS das Leben in dem neu erbauten Gästehaus des Bezirks Rostock zu versüßen.

Erich Kalweit war aber nicht nur ein Gastronom mit Leib und Seele, der seinen Mitarbeitern beibrachte, wie man sich Gästen gegenüber respektvoll verhält, und der nicht nur aus diesem Grund den Ausdruck Gastronom verdient – er hat auch im Rahmen seiner Möglichkeiten immer versucht, etwas für die Bevölkerung des Ortes zu tun, an dem er tätig war. Und dafür zollten ihm seine Mitmenschen Respekt und Anerkennung.

Übergabe des Hauses Käpt'n Brass am 29. Juni 1975 an den neuen Hausherrn Erich Kalweit

Bei der Recherche zu diesem Buch habe ich einen engen Mitarbeiter Kalweits kennen gelernt, der als junger Mann aus Thüringen gekommen war und im Käpt'n Brass als Koch angefangen hat. Günter Finhold war ein guter Beobachter und er erzählte, viel von Kalweit gelernt zu haben: Pünktlichkeit, Fleiß, Gerechtigkeit gegen jedermann und Hilfestellung und Lenkung der Angestellten. Und so war es mir, der ebenfalls Erich Kalweit beobachtet und noch gut in Erinnerung hatte, einfach, Finhold zu erspähen und zu erkennen, obwohl ich ihn nie zuvor gesehen hatte. Ich saß beim Frühstück in seinem Haus, als ein großgewachsener, tadellos gekleideter Mann den Raum betrat, mit seinen Mitarbeitern sprach, das Frühstücksbüfett inspizierte; die Art erinnerte mich im Detail an Erich Kalweit.

Und Finhold hat es tatsächlich zu etwas gebracht. Zuerst avancierte er im Käpt'n Brass zum Küchenmeister. Doch das reichte ihm nicht, und er lernte fleißig weiter. Als Kalweit 1985 in Rente ging, übernahm er als Chef dieses - zu damaliger Zeit - legendäre Haus und führte es erfolgreich bis zur Wende weiter. Dann wurde das neue Ostseehotel Dierhagen gebaut und Käpt' Brass geriet in Vergessenheit. Das Haus verfiel. Ursprünglich als Klinik gedacht, wurde das Ostseehotel schließlich zum Dreisterne-Hotel umfunktioniert, das von den Gästen allerhöchstes Lob erhält. Und Finhold führt nicht nur akribisch die Aufzeichnungen weiter, die Kalweit begonnen hatte, auch das neue 162-Zimmer-Haus wird perfekt in dessen Sinn von 54 Angestellten weitergeführt.

„Die Ruine des Käpt'n Brass haben wir gesichert und werden dem Haus wieder Leben einhauchen", sagt Finhold zum Abschied zu mir und verweist stolz darauf, dass trotz des schlechten Wetters zu dieser Jahreszeit 282 Gäste zum Frühstück an den Tischen saßen.

Im Kurhaus, das natürlich über viel zu wenig Betten verfügte, später würde man es abreißen, um es durch einen widerwärtigen, hässlichen Bau sozialistischer Prägung ersetzen, der seinerseits nun endlich abgerissen wurde, stellte das Restaurant einen wichtigen Beitrag zur Versorgung der urlaubenden Bevölkerung, auch speziell der Künstler dar.

So traf ich während der Zeit meiner Ahrenshooper Umtriebigkeit auf so manchen Künstler, der heute entweder schon das Zeitliche gesegnet oder beispielsweise als ehrbarer Schauspieler große Leistungen vollbracht hat. Und manchmal erlebte ich Leute, die in ihrer Jugend ebenso lässig mit ihrem Erfolg umgingen, wie heutzutage sorgsam.

Eines Tages saßen die beiden Schauspieler Hilmar Thate und Armin Mueller-Stahl am Nebentisch in der Glasveranda. Sie waren relativ laut und durchaus sehr von sich und ihrem Auftreten überzeugt. Bei der Beliebtheit der beiden Schauspieler war das auch kein Wunder. Heute sind beide sehr viel zurückgenommener, aber ebenso erfolgreich über die Grenzen Deutschlands hinaus.

Am Strand traf ich auf die Sopranistin der Komischen Oper, Kammersängerin Elisabeth Ebert, die mit einem guten Bekannten von uns in Dresden befreundet war. Mit dessen Tochter Heidi wiederum war ich kurzzeitig liiert und so blieb es nicht aus, dass ich von ihr erfuhr, dass sie unter der akuten Versorgungsnotlage litten. Speziell Butter sei eine Mangelware. Nun ergab es sich, dass ich mit einem Lebensmittelhändler zusammen in die Sauna ging. Wolfgang Riemer, der einen wirklich kleinen Lebensmittelladen von seinen Eltern in der Strelitzer Straße in Berlin-Mitte übernommen hatte, stellte mir die Butter kartonweise zur Verfügung, da, wie er sagte, die Rentner ihre Zuteilung aus finanzieller Not nicht abholen konnten. Daraufhin versorgte ich die Ebert mit Butter, was wiederum mir Freikarten für die Komische Oper einbrachte. Es blühte der Tauschhandel á la DDR.

Der Opern-Kritiker der DDR, Ernst Krause, zählte zu unseren Freunden, der später am Hohen Ufer bauen sollte und unser Nachbar wurde, und über dessen Charisma des Schreibens der Journalist Manfred Schubert anlässlich Krauses Tod 1997 schrieb:

„Schreiben ist eine Kunst. Schwätzen können viele. Aber eine Sache gedanklich und sprachlich prägnant auf den Punkt, auf die denkbar brillanteste Formel zu bringen, das will schon gelernt sein. Zwei Dinge sind dazu vonnöten: die Fähigkeit, Sprache wie ein Florett zu handhaben, und tiefgründige Kenntnis vom Gegenstand der Darstellung. Niemandem wird das in die Wiege gelegt. Auch Ernst Krause, der nun 86jährig gestorbene Nestor der deutschen Musikkritik und in mancherlei Hinsicht so etwas wie die graue Eminenz des Opernlebens der DDR, hat es sich im Laufe der Zeit erarbeiten müssen.

Man hat Krause, diesem Kritiker aus Leidenschaft, der so plastisch beschreiben konnte, dass man nach der Lektüre genau wusste, was man gehört und gesehen hätte, wäre man selber dabei gewesen, auch bei seinen Büchern „Feuilletonismus" vorgeworfen: als ob ein gutes Feuilleton keine literarische Gattung wäre! Dieser uralte Vorwurf an die Adresse geschickter Schreiber kommt mir immer vor wie das Gebaren des Fuchses ange-

sichts der saftigen Trauben. Mit seinen in mehrere Sprachen übersetzten Standardwerken über Strauss und Puccini hat Krause nämlich den Beweis erbracht, dass wissenschaftlich fundierte und ernstzunehmende Musikgeschichtsschreibung durchaus nicht trocken wie Fichtenholz und stilistisch holperig wie Kopfsteinpflaster sein muss. Die Bücher lesen sich in der Tat wie Romane!

Jeder hat seine Tagesarbeit zu absolvieren, die ihn ernährt. Zeugnisse von Ernst Krause (etwa aus der „Weltbühne", dem „Sonntag", „Musik und Gesellschaft", „Theater der Zeit", der „Sächsischen Zeitung" und dem „Neuen Deutschland") sind in den beiden Kritiken-Bänden des Henschelverlages nachzulesen. Aber es geht den Musikkritikern offensichtlich wie den Mimen: als den Gefragten des Tages flicht ihnen die Nachwelt keine Kränze. Also muss man nachhelfen, soll etwas bleiben, soll die Spur von unseren Erdentagen nicht in Äonen untergehen. Krause schrieb Bücher. Man vergesse nicht, welchen erheblichen zusätzlichen Kraftaufwand das bedeutet.

Aber das Musiktheater war und blieb für den Mitbegründer der „Opernwelt" die ureigenste Domäne: Ich könnte nicht sagen, wie viele Stunden seines Lebens dieser Besessene, dieser geradezu Opernsüchtige in den großen Häusern der Welt zugebracht hat. Er litt es nicht, irgendetwas Wichtiges nicht gesehen zu haben, nicht dabei gewesen zu sein, etwas nicht zu wissen.

Und dieses im Laufe der Jahre angesammelte profunde Wissen nutzten viele: Intendanten und Dramaturgen konsultierten ihn in heiklen Besetzungsfragen, Dirigenten ließen sich interpretationsgeschichtliche Vorschläge geben, die Jüngeren erweiterten in den ausführlichen Gesprächen und hochgestochenen Telefonaten ihren zeitgeschichtlichen Horizont. Für das breite Leserpublikum schlugen sich dieses Metier-Wissen und die praktische Erfahrung in dem seit 1961 mehrfach erweiterten Opernführer „Oper von A- Z" nieder.

Vieles gäbe es noch zu berichten: bei seiner konzilianten liebenswerten Art mit Leuten umzugehen, wäre dieser exzellente Geist sicherlich ein guter Intendant gewesen, wenn man ihn nur gelassen hätte. Krause reiste gern, um in Sonderheit für seine Bücher Landschaft und Leben, Land und Leute genau zu studieren, das Ambiente seiner Gegenstände zu kennen.

Er war ein streitbarer Geist, der sich mit Auguren, die prinzipiell alles besser wussten, anlegte und treffend argumentierte. So etwas schafft verständlicherweise nicht nur Freunde. Er ertrug es mit Würde. Er hatte seinen eigenen Kopf. Sollte es so etwas wie Charisma des Schreibens und des Stils geben, Ernst Krause besaß es."

In die Riege der ganz Großen, die ich in Ahrenshoop persönlich kennen lernen durfte, und so manches Gespräch am Nacktbadestrand mit ihm führen konnte, gehörte der Leipziger Organist Robert Köbler.

Ansicht um 1890, links der Kirche das Augusteum

„Sagen Sie bloß, da ist \`ne Orgel drin?" Mit diesen Worten reagierte Chefarchitekt Hermann Henselmann, als ihn der Organist Robert Köbler beschwor, sich für eine Rettung der Orgeln in der Leipziger Universitätskirche St. Pauli einzusetzen. Schon seit Ende der 50er Jahre waren Befürchtungen laut geworden, die Kirche könnte zerstört werden, mutwillig und von oberster Stelle angeordnet. Doch Köblers Bemühungen blieben erfolglos wie viele andere Protestaktionen.

Am 30. Mai 1968 um 10 Uhr wurde das Gotteshaus gesprengt. Tausende Leipziger standen am Augustusplatz, ohnmächtig vor Wut, dass ein solch barbarischer Akt mitten im Frieden geschehen konnte. Sogar die verheerende Bombennacht im Dezember 1943 hatte St. Pauli unbeschadet überstanden. Mit der Sprengung der Paulinerkirche wurde der Universität ihr kulturelles Zentrum genommen. Theologische Fakultät, Studentengemeinde und Universitätschor verloren ebenso ihre traditionsreiche Wirkungsstätte wie Robert Köbler. 1949 war er zum Universi-tätsorganisten berufen worden.

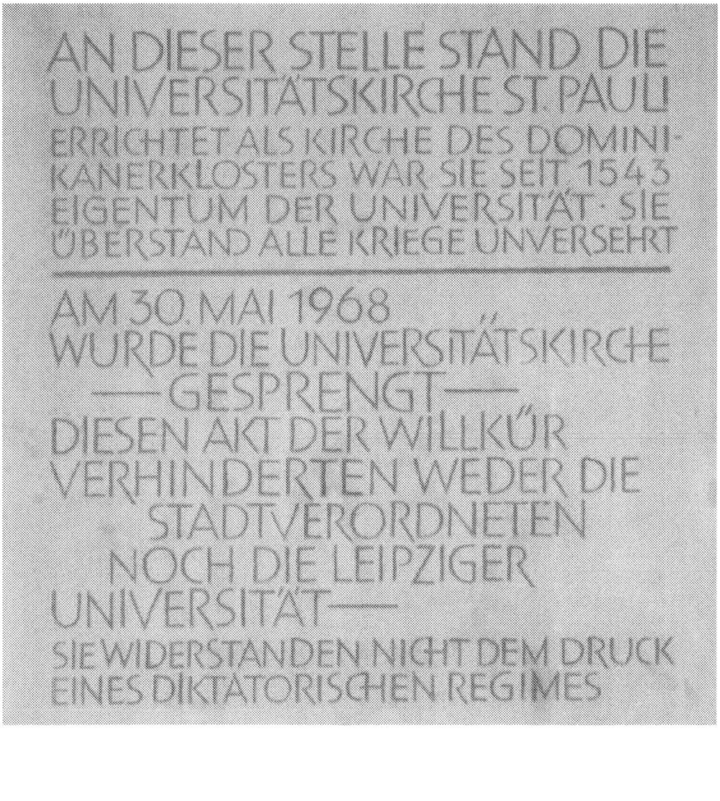

Gedenktafel am Gebäude der Universität

Seitdem hatte er das musikalische Leben in der Kirche maßgeblich geprägt und weit über Leipzig hinaus Beachtung gefunden. Ältere Leipziger erinnern sich noch heute wohl vor allem an seine lebendigen Improvisationen, denen es an Witz und Ironie nicht fehlte. Im Gegenteil: Humor war für Köbler eine göttliche Selbstverständlichkeit. Denn wer den Frosch erschaffen habe, könnte nicht ohne Humor sein, lautete eine seiner Weisheiten. Oftmals waren es alltägliche Dinge, die ihn zu Ad- hoc-Schöpfungen anregten, beispielsweise Speisekarten oder ein Gang durch den Leipziger Zoo. Geradezu legendär wurden Stücke, in denen er Tonbuchstaben zu assoziationsreichen Wörtern verband und diese musikalisch verarbeitete. Dazu gehörten etwa die *d-a-s-c-h-e,* sächsisch für *Tasche, die h-a-g-e-b-u-d-d-e* sächsisch für *Hagebutte* oder die *D-E-F-A* das volkseigene Filmstudio der DDR. Auch *S-E-D*, das Kürzel für *Sozialistische Einheitspartei Deutschlands,* oder *F-D-G-B* für *Freier Deutscher Gewerkschaftsbund machte* Köbler zu musikalischen Themen und kombinierte sie mit *b-a-g-a-g-e*. Das war sein Stück Freiheit in politisch spannungsreichen Zeiten. Mit seinem Weimarer Kollegen Johannes Ernst Köhler regte Köbler Organisten-Wettstreite an, bei denen beide Musiker ihre Künste in der Interpretation und besonders der Improvisation vorführten. Die Zuhörer durften in diesen begehrten Veranstaltungen nicht nur Schiedsrichter spielen, sondern den Interpreten häufig auch die Themen vorgeben, über die sie fantasieren sollten. Denkbar verschieden waren die Wünsche. Sie reichten von Motiven aus klassischen Werken über Volkslieder bis hin zu Schlagern. Neben diesen äußerst publikumswirksamen Konzerten, die auch viele Gäste anzogen, spielte er regelmäßig bei den wöchentlichen Sonntagsgottesdiensten. Diese fanden in unmittelbarem Anschluss an die Messe der katholischen Propsteigemeinde statt, welche nach der Zerstörung ihres Gotteshauses im Zweiten Weltkrieg ebenfalls in der Universitätskirche betete. So konnte es passieren, dass das Nachspiel des einen Gottesdienstes zugleich zum Vorspiel des anderen wurde. Auch bei Festgottesdiensten, Hochzeiten, Trauerfeiern oder bei den Übungspredigten der Theologischen Fakultät war Köbler für die musikalische Gestaltung verantwortlich. Darüber hinaus gestaltete er immer wieder Orgelvespern und -konzerte. Und er unterstützte den Leipziger Universitätschor, dem er sehr verbunden war, bei seinen Konzerten und reiste regelmäßig zu Konzertreisen mit. Nicht zu vergessen bleibt Köblers Lehrtätigkeit am Kirchenmusikalischen Institut der Leipziger Musikhochschule. Der Unterricht im Fach Orgel fand bevorzugt in der Universitätskirche statt, wo die Studenten auch üben konnten. Dadurch entstand bei vielen heranwachsenden Kirchenmusikern ein enger Kontakt zu dem Gotteshaus. Seit den späten fünfziger Jahren verschärfte sich das politische Klima zunehmend. Studenten und unangepasste Lehrkräfte gerieten mehr und mehr unter Druck. Die Zwangsemeritierung von Ernst Bloch zeugte von dem ideologischen Wind, der auch den Literaturwissenschaftler Hans Mayer veranlasste, 1963 im Westen zu bleiben. Vergeblich suchte Köbler in diesen Jahren, die Universität für dringend nötige Reperaturen an der großen Mende-Eule-Orgel ihrer Kirche zu gewinnen. Die zuständigen Stellen reagierten ausweichend und vertrösteten den Organisten auf die Perspektivplanung bis 1970. Längst war die Sprengung der Kirche beschlossene Sache. Oft wird in diesem Zusammenhang der damalige Regierungschef Walter Ulbricht zitiert, der 1960 bei einem Besuch in Leipzig gesagt haben soll: „Das Ding kommt weg!"

Die Konzerte mit Robert Köbler in der Ahrenshooper Dorfkirche waren immer ein Ereignis., Leider ist Köbler 1970 viel zu früh an Krebs verstorben. Er wird mir immer in Erinnerung bleiben.

*

Dass nahezu alle relevanten Bevölkerungsgruppen zu unseren Besuchern und Kunden zählten, beweist auch die Anhänglichkeit von Ärzten. Nicht nur Professor Garten, einer der Chefärzte, der meine Mutter in der Charité in Berlin behandelte und der später, nach dem Bau der Berliner Mauer, mit seiner großen Familie auf unbekannte Weise in den Westen geflohen ist und fürderhin an einer Klinik in Frankfurt am Main tätig war, auch die Zahnärztin Ruth Bernau, natürlich aus Bernau bei Berlin, gehörte dazu. Als Oberärztin ebenfalls an der Charité, war es ihr möglich, uns ohne

Wartezeiten mit vernünftiger zahnmedizinischer Technik zu versorgen.

Und Prof. Dr. Erich Bahrmann, Chefpathologe am Städtischen Krankenhaus im Friedrichshain in Berlin, und Professor Otto Münch, ebenfalls Pathologe und von Bahrmann empfohlen, besuchten uns regelmäßig in Ahrenshoop.

Hänschen Bahrmann, der kleine Sohn des Professors war ganz wild darauf, im Wartburg-Camping meiner Mutter mitzufahren. Und das hatte seinen Grund.

Da er noch sehr klein war, musste er durch die hintere Tür einsteigen, um bei einem eventuellen Crash durch die hintere Sitzbank geschützt zu sein. Dieser kleine Raum in dem Fahrzeug nannten wir Schweineställchen, weil wir einmal ein Ferkel damit befördert hatten. Seitdem wollte

Hänschen immer im Schweineställchen gefahren werden. Bei der Recherche zu diesem Buch habe ich im Internet nach Fakten über Professor Bahrmann gesucht und bin auf Hänschen - pardon- Hannes Bahrmann gestoßen, der, wie könnte es bei der Fürsorge dieser Eltern anders sein, zu einem sehr erfolgreichen Geschäftsmann avanciert ist.

Hannes Bahrmann tudierte Lateinamerikanistik und Allgemeine Geschichte. Er ist Journalist und Medienberater, war langjähriger Medienkorrespondent der Deutschen Presse-Agentur (dpa), Sachbuchautor sowie Co-Autor der 167-teiligen ARD-Dokumentation „Chronik der Wende". Er berät und beriet u.a Thomas Middelhoff, die Arcandor AG, die führenden privaten

Fernsehsender Deutschlands, das israelische Telemedizin-Unternehmen PHTS sowie die Nachrichtenagentur dpa.

Hannes Bahrmann sieht auf dem Bild seinem Vater so ähnlich, als sei er ihm aus dem Gesicht geschnitten. Folglich habe ich mich unmittelbar mit ihm in Verbindung gesetzt und ihn gebeten, einige Sätze zu Ahrenshoop und seiner Verbundenheit mit dem Fischland zu schreiben. Er zählt zu den Menschen, die sich gern an die Zeit und das Fischland erinnern und die mir keinen Korb gegeben haben. Dafür danke ich ihm.

Was kann ich zu meinem Vater sagen: Er war ein hoch respektierter, aber auch gefürchteter Pathologe in Berlins größtem Krankenhaus – dem Krankenhaus im Friedrichshain. Wöchentlich wurden im großen Saal der Pathologie die strittigen Fälle verhandelt, bei Nennung von Ursachen und Namen der Verantwortlichen. So hielt man die Qualitätsstandards hoch, doch wird wohl der eine oder andere Kollege den „postmortalen Klugscheißer" verflucht haben. Er arbeitete bei vielen Fällen eng mit dem aus Wien gekommenen Gerichtsmediziner Otto Prokop zusammen, der erst kürzlich verstarb.

Mein Vater lebte nahezu bedürfnislos – mit einer Ausnahme: Er brauchte seinen Sommerurlaub in Ahrenshoop. So fuhren wir jahrein, jahraus aufs Fischland.

In der Tat kann ich mich gut an Ihre Mutter und ihren „Wartburg" Camping mit den gelben Dachscheiben erinnern! Sie kleidete die ganze Familie mit ihren Jacken, die im Falle meiner Eltern auch bis ans Lebensende getragen wurden und zum unentbehrlichen Kleidungsstück wurden.

Ahrenshoop war für mich Kindheit und ist heute aus diesem Grund ein wichtiges Stück Heimat. Wir trieben uns auf dem Schifferberg, an der Schwedenschanze herum, bauten aus Holunder Blasrohre, tauchten gar im Bunker an der Steilküste und einer von uns fand dort sogar noch eine verrostete Parabellum 08! So ist der Ort in der Erinnerung etwas ganz Besonderes – und deshalb entschlossen wir uns, hier ein Haus für uns, unsere Kinder und Enkelkinder zu bauen.

Doch zurück zu Professor Erich Bahrmann, der mir eine Lektion in Punkto Rauchen erteilte, die glücklicherweise mein Leben lang anhielt. Bahrmann zählte in der DDR zu einer Gruppe engagierter Pathologen, die sich dem Kampf gegen den Lungenkrebs verschrieben hatten.

1953 widmete der Dresdner Internist und Sozialhygieniker Prof. Dr. med. habil. Fritz Lickint sein Werk „Ätiologie und Prophylaxe - Entstehung und Verhütung - des Lungenkrebses"..." den 100 000 bis 200 000 Deutschen, die im besten Alter ihres Lebens in den nächsten zehn Jahren dem Lungenkrebs zum Opfer fallen werden, wenn wir Ärzte nichts unternehmen".

Seine Voraussagen hatten sich leider bewahrheitet. Die Lungenkrebssterbeziffern waren bisher bei beiden Geschlechtern von Jahr zu Jahr weiter angestiegen. Aber der Lungenkrebs macht nur ein Siebentel der Mehrsterblichkeit der Raucher gegenüber den Nichtrauchern aus. Im Vordergrund der Raucherkrankheiten stehen Herz- und Kreislauferkrankungen, in erster Linie der Herzinfarkt in jüngeren und mittleren Jahren, die Beinarterienerkrankungen und nicht zuletzt die chronische Bronchitis mit dem Lungenemphysem. Alle diese bei Rauchern gehäuften Krankheiten sind bisher ständig angestiegen. So sterben an den Folgen des Rauchens in der Bundesrepublik Deutschland jährlich ca. 140 000 Menschen. Dagegen fordert der Straßenverkehr jährlich „nur" etwas über 6 000 Tote.

All das führte mir Professor Bahrmann ganz deutlich vor Augen. Da meine zweite Frau leider eine Raucherin war, die erst nach etwa zwanzigjähriger Intervention meinerseits mit dem Rauchen aufgehört hat, habe ich natürlich versucht, hin und wieder einmal eine Zigarre oder eine Pfeife zu paffen. Doch jedes Mal ermahnte mich die Erinnerung an die Ausführungen des Professors über die Wahrscheinlichkeit, elendiglich an Lungenkrebs einzugehen, und ich legte dieses Teufelszeug schon nach den ersten Versuchen weg.

*

In der Regel waren die Erfahrungen mit unseren Besuchern in Ahrenshoop wesentlich angenehmer als jene, die mit einheimischen Machtträgern, manchmal auch mit Einheimischen gemacht wurden.

Ich erinnere mich noch deutlich an den ‚Dorf-Sheriff', Unterleutnant Otto Blumenthal, den ich eigentlich als einen recht angenehmen Menschen kennen gelernt hatte, der mit mir in wilder Fahrt mit dem Auto nach Teterow zum Moto-Cross-Rennen gefahren war. Er änderte sein Verhalten mir gegenüber schlagartig, als es zu einer Diskussion über die Deutschlandfahne kam. Ich sagte, dass ich es ablehnen würde, eine Fahne mit Hammer und Zirkel zu hissen. Eine deutsche Fahne sei für mich schwarz, rot, gold und sonst gar nichts. Ich erinnere mich noch an seinen Ausraster, der auf einem Parkplatz gegenüber dem Ostseehotel in Althagen stattgefunden hatte. Seit diesem Tag sind wir uns erfolgreich aus dem Weg gegangen. Nach meiner Verhaftung hatte mir die Staatssicherheit alle möglichen und unmöglichen Vorhaltungen gemacht. Dieser Vorfall war nicht dabei.

Danke Otto!

Dafür allerdings hatte eine Brigitte F. - in Verbindung mit Heiderose und Manfred M., mit denen ich befreundet war ausgesagt. Und zwar in einer sehr miesen, sehr belastenden Art.

Um meine Freunde nicht zu gefährden, habe ich es wohl wissend, dass ich nach der Amnestierung der DDR-Flüchtlinge von 1972 bei meiner Einreise unter Beobachtung stand, vermieden, Kontakte *zu allen* Freunden aufzunehmen.

Lediglich mit meinem Freund Klaus Läuter traf ich mich mehrfach in Berlin, meist auf einem Parkplatz in der Nähe des Hotels

Newa. Ohne mich zu fragen, hatte Läuter mit ‚Alex' über mich gesprochen und ihn gefragt, ob er mich für den Einkauf beispielsweise von Wein etc. im Westen einsetzen könne. So war er. Er hatte versucht, mir etwas Gutes zu tun.

Noch heute, und im Wissen um die tödlichen Schicksale auch einiger Westmitarbeiter der Koko, die dem Regime ungelegen waren und für immer mundtot gemacht wurden, bin ich aber überaus froh darüber, dass ‚Alex' diesem Ansinnen nicht näher getreten ist.

Diese Ablehnung war möglicherweise meine Lebensrettung. Das wird umso deutlicher, wenn man sich mit dem Überwachungsapparat „Staatssicherheit" der DDR näher befasst. Die Grundsätze der Arbeit des MfS hießen:

1. Jeder ist ein potenzielles Sicherheitsrisiko.
2. Um sicher zu sein, muss man ALLES wissen.
3. Staatliche Sicherheit geht vor individuelles Recht.

So gerüstet, wurde das Ministerium Anfang der achtziger Jahre von der SED-Führung beauftragt, einen Teil des Außenhandels der DDR „bei der Erfüllung seiner Aufgaben zu unterstützen". Dieser Teil war ein ganz besonderer und wie geschaffen für die Zusammenarbeit, da sein Vorgehen ohnehin weitgehend von konspirativen Methoden geprägt war: der Bereich Kommerzielle Koordinierung.

Wegen der politischen Brisanz seiner Geschäfte besaß der Bereich KoKo nunmehr eine enge personelle Verflechtung mit dem **MfS**. Fast alle KoKo-Führungskader waren **Offiziere** im besonderen Einsatz (**OibE**) **oder** Informelle Mitarbeiter des **MfS**, oder sie wurden minutiös von **MfS**-Mitarbeitern überwacht. Die „**OibE-/IM**-Dichte" in der **KoKo-Zentrale** lag mit ca. 20 - 25% der Beschäftigten beim Zehnfachen des Durchschnitts in wichtigen Kombinaten und ermöglichte es teilweise gar, dass Angestellte unter gleichzeitiger Aufsicht mehrerer MfS-Mitarbeiter standen bzw. diese sich gegenseitig kontrollierten.

Auch vor Liquidierungen dem Staat der Arbeiter und Bauern unbequemer Personen schreckte das MfS nicht zurück.

Hier möchte ich nur drei Beispiele einer Reihe von Liquidierungen anführen. So berichtet die Berliner Zeitung vom 07.06.1997:

Am Abend des 30. Mai 1985 trainieren Taucher des schwedischen Küstenschutzes in den trüben Fluten des Hammarby-Kanals in Stockholm. Gegen 20.40 Uhr meldet einer der Taucher, er habe unter Wasser das Wrack eines Autos entdeckt. Zweieinhalb Stunden später hebt ein Kran das Fahrzeug aus dem Kanal. Im Fonds des Wagens liegen zwei Leichen - die schwedische Journalistin Cats Falk und ihre Freundin Lena Graens. Beide Frauen wurden seit sechs Monaten vermisst.

Gut anderthalb Jahre später, am 15. Januar 1987, stürzt um 17.54 Uhr ein Mann auf der Stockholmer U-Bahn-Station Östermalmstorg vor den einfahrenden Zug. Er ist sofort tot. Bei dem Opfer handelt es sich um Carl-Fredrik Algernon, den obersten schwedischen Rüstungskontrollinspektor. In beiden Fällen kommen die schwedischen Untersuchungsbehörden nach kurzer Zeit zu dem Urteil, dass ein Mord auszuschließen sei.

Es gab aber eine Spur nach Kiel. Zwei Jahre zuvor hatte die Berliner Zeitung schon einmal über den rätselhaften Tod der beiden Frauen und des Regierungsbeamten berichtet. Anlass für unsere Recherchen war ein anonymes Schreiben aus dem Jahre 1993, in dem die drei in eine vage beschriebene „Rostock-Kiel-Stockholm-Connection“ eingeordnet wurden. Es ging um angeblichen Waffen- und High-Tech-Schmuggel über die Ostsee, um KoKo- und Stasi-Firmen und den Tod Uwe Barschels.

Anfang April 2009 haben sich die anonymen Informanten nach vierjährigem Schweigen wieder gemeldet. Diesmal schickten sie einen in englischer Sprache abgefassten Brief an die schwedische Sicherheitspolizei SÄPO. Der Inhalt: Cats Falk, Lena Graens und Carl Algernon seien durch ein Mordkommando der Stasi liquidiert worden. Seit eine Stockholmer Tageszeitung den Brief vor einigen Tagen publizierte, hören die Spekulationen in Schweden über die Hintergründe der mysteriösen Tode nicht auf.

Die in Schweden sehr populäre Fernsehreporterin Cats Falk hatte im Herbst 1984, kurz vor ihrem Tod, in den Kreisen internationaler High-Tech- und Waffenschmuggler recherchiert. Dabei habe sie etwas aufgedeckt, was noch von keinem Journalisten vor ihr herausgefunden worden sei, rühmte sie sich damals einer Freundin gegenüber.

Aus ihren von der Polizei sichergestellten Notizen geht hervor, dass Cats Falk den Geschäften des schwedischen Unternehmers Sven-Olof Haakansson nachspürte. Haakansson betrieb in Stockholm die Computerfirmen Isotronic und Fannyudde, über die Hochtechnologie und elektronische Waffensysteme in den Ostblock geschmuggelt wurden.

Doch der Schwede war nur ein Mittelsmann, um die Lieferung über das neutrale Land abzusichern.

Dann gab es den Fall des Fußballers Lutz Eigendorf. Die Staatsanwaltschaft ermittelt seit Juni 1998 erneut im Fall des tödlich verunglückten DDR-Fußballers. Der frühere DDR-Nationalspieler Eigendorf, der bis zu seiner Flucht im Stasi-Fußballklub BFC Dynamo kickte, war Anfang März 1983 bei einem Verkehrsunfall in Braunschweig ums Leben gekommen. In seinem Buch „Tod dem Verräter!" räumt Autor Schwan allerdings ein, für seine These vom Auftragsmord der Stasi keine „harten Beweise" zu haben. Kernstück seiner Indizienkette ist allerdings ein handschriftliches Dokument vom 19. September 1983, das kürzlich in der Gauck-Behörde aufgefunden worden ist und in dem der Name Eigendorf auftaucht. Das Papier stammt aus einem 32seitigen Konvolut der für „Terrorabwehr" zuständigen MfS-Hauptabteilung XXII, in dem es um Fallbeispiele des Einsatzes chemischer Substanzen wie Gase und Gifte geht.

In dem handschriftlichen Dokument mit der Überschrift „Für Personengefährdung" heißt es an einer Stelle: „z.B. E - was im Raum führt langfristig zum Tode?". Einige Zeilen weiter heißt es: „Unfallstatistiken? von außen ohnmächtig? verblitzen, Eigendorf". Für TV-Autor Schwan ist dieses Dokument „bislang der einzige schriftliche Hinweis darauf, dass der Tod Eigendorfs bewusst herbeigeführt worden ist". Nach seiner Theorie lauerte ein Stasi-Spitzel Eigendorf am späten

Abend des 5. März 1983 vor dessen Stammkneipe auf und flößte ihm unter Todesdrohungen mit Gift versetzten Alkohol ein. Nach einer Stunde habe der IM Eigendorf ziehen lassen, der daraufhin in Todesangst nach Hause raste. An einer leichten Rechtskurve habe ein zweiter Stasi-Mann in einem Fahrzeug gelauert und Eigendorf durch plötzliches Aufblenden eines Scheinwerfers „verblitzt". Der Fußballer habe daraufhin die Gewalt über sein Fahrzeug verloren und sei an einen Baum gerast. Drei Tage nach dem Unfall erlag Eigendorf seinen schweren Kopfverletzungen.

Eine Planung für „Einsatzgruppen und Einzelkämpfer", die sowohl terroristische Anschläge gegen Einrichtungen als auch die Liquidierung von Personen im westlichen Ausland durchführen sollten, hat es bei der Stasi tatsächlich gegeben. Das geht aus einem als „Geheime Verschlussache" deklarierten Papier von 1981 hervor, das von dem für Spezialaufgaben zuständigen Arbeitsgebiet „S" aus Mielkes „Arbeitsgruppe des Ministers" (AGM) verfasst wurde. Das Dokument belegt die Existenz von Sonderkommandos der Stasi, die mit „aktive(n) Aktionen gegen den Feind und sein Hinterland" beauftragt waren. Und das nicht nur im Kriegsfall schon unter „relativ friedlichen Bedingungen" seien die Terrorkommandos für nicht näher definierte „spezifische Einzelaufgaben" sowie für die „Liquidierung oder Beibringung von Verrätern, die Liquidierung bzw. Ausschaltung führender Personen von Terrororganisationen, deren Tätigkeit gegen die staatliche Sicherheit der DDR gerichtet ist" einzusetzen. Auf keinen Fall dürften bei den Aktionen „Rückschlüsse und Zusammenhänge für den Feind erkennbar werden". Das könne unter anderem erreicht werden „durch Tarnung und Vortäuschung von Havarien, Unfällen und anderes".

Und einen Fall aus der Wirtschaft möchte ich stellvertretend für mehrere dieser Ungeheuerlichkeiten nennen.

Zu den mysteriösen Todesfällen, die in eine Verbindung mit

dem möglichen Mordkommando der DDR-Führung gebracht werden können, gehört auch der Unfalltod des DDR-Außenhändlers Manfred Politzer. Politzer war in der Nacht auf den 19. März 1988 in seinem Leipziger Messe-Quartier umgekommen. Die genauen Umstände seines Todes sind bis heute nicht eindeutig geklärt, was vor allem daran liegt, dass die Ermittlungen der Volkspolizei 1988 auf Weisung der Stasi schnell beendet wurden. In einem Polizeibericht von damals heißt es zum „Unfallhergang" lediglich, Politzer sei betrunken gewesen und eine Kellertreppe heruntergefallen. Nachdem er sich wieder aufgerappelt habe, sei er verletzt aus dem Haus gewankt, um sich vor der Garageneinfahrt zu übergeben. Dort habe er das Gleichgewicht verloren und sei kopfüber auf einen Betonweg gefallen, wobei er sich tödliche Verletzungen zuzog.

Politzer war zwischen 1982 und 1986 Generaldirektor der Ost-Berliner Außenhandelsfirma ASIMEX, die der Stasi-Hauptverwaltung A (HVA) unterstellt war. Der einstige Firmengründer Günter Asbeck hatte sich vor Politzers Übernahme in den Westen zum BND abgesetzt. Die HVA bekam aber bald Probleme mit Politzer, der nicht bereit war, die krummen Geschäfte und finanziellen Unregelmäßigkeiten seiner Firma zu decken. 1986 zog ihn die HVA deshalb bei der Asimex ab und steckte ihn in die Kammer für Außenhandel.

Die ASIMEX war einer der Koko-Handlesbetriebe, die sich mit Embargogeschäften, sprich illegaler Beschaffung unter anderem von Spezialelektronik befasste.

Nicht auszudenken, was passiert wäre, wenn ich tatsächlich zum Mitwisser beispielsweise von Embargoaktionen geworden wäre.

Es hätte meinen sicheren Tod bedeutet.

12

Primadonnen, Musiker, Schriftsteller und Bobby Schumann …

Das erste Mal begegnete ich Schumann, sie werden es schon gelesen haben, als er gerade seine Frau Gisela kennen gelernt hatte und mit ihr in dem kleinen Sport-BMW von seinem Haus abfuhr, nachdem er seinem Busfahrer, Hans Sadoni, Anweisungen gegeben hatte.

Als ich das zweite Mal bewusst von ihm hörte, war das aus einem weniger angenehmen Anlass. Gisela Schumann war mit ihrem Bruder und dessen Freund, dem Sohn des uns gut bekannten Arztes Dr. Weiler aus Berlin, auf dem Bodden verunglückt. Die beiden Jungen verloren dabei ihr Leben. Gisela konnte am kommenden Morgen von einer kleinen Erhöhung im Wasser geborgen werden. Sie hatte Stunden in dieser verzweifelten Lage zugebracht, bevor man sie lebend retten konnte. Ich erinnere mich noch gut daran, dass meine Mutter und ich in der Wohnung Dr. Weilers in Berlin unweit der Volksbühne am Rosa-Luxemburg-Platz zu Gast waren. Der Sohn Weilers, dessen Vorname mir entfallen ist, besaß etwas, das ich noch nie gesehen hatte – einen kleinen, benzinbetriebenen Motor für ein noch zu bauendes Modellflugzeug. So etwas gab es nur im Westen und entlockte mir die allergrößte Bewunderung. Aber nun war er tot, und es bewegte mich sehr, weil es kein anonymer Mensch war, sondern ein Junge, den ich selbst kannte.

Er gehörte zweifellos zu den Institutionen Ahrenshoops in den Nachkriegjahren, jener Robert Schumann, von seiner Frau und Freunden Bobby genannt. Relativ klein und untersetzt war Bobby ein von seiner Intelligenz unterforderter nahezu genialer Kraftfahrzeugmeister und ein gewiefter Geschäftsmann, der zeitweise nicht nur die Buslinie von Ribnitz-Damgarten nach Ahrenshoop betrieb, sondern in seiner Wartburgwerkstatt nahezu alles heranschaffte, was die Wartburg-Wägelchen aus DDR-Produktion am Leben hielt. Ich erinnere mich sehr genau daran, dass er hin und wieder mit seinem Auto nach Eisenach fuhr, um Ersatzteile zu besorgen und stolz präsentierte, was er, natürlich durch Beziehungen, an schwer erhaltbaren Teilen seinem Lager zufügen und mit gutem Gewinn wieder losschlagen konnte.

Roberts Mutter, Käthe Gatz, hatte ihm das Anwesen in Althagen übergeben und befuhr mit ihrem Mann, dem Kapitän Karl Gatz, mit einem eigenen Küstenmotorschiff Nord- und Ostsee. Und genau dieses Anwesen mit seinem imposanten Haus war es, das Robert auch einsetzte, um wichtige Geschäfte am Laufen zu halten. So trafen sich bei ihm im Haus nicht nur die Disponenten der zu verteilenden Ersatzteile der Handelszentrale aus Berlin.

Als Freund der Familie Schumann war ich auch dann gern gesehen, wenn Leute wie Edith Löffler, Solotänzerin an der Dresdner Staatsoper, und ihr Mann Horst Wiedner, der als 1. Fagottist ebendort tätig war, im Haus der Schumanns ihren Urlaub verbrachten.

Wir hatten einen regen Interessenaustausch und diskutierten über alle auch strittigen Fragen die DDR als Staat betreffend. Später bekam Edith Zwillinge, Mädchen, von denen eins bei der Geburt starb. Leider. Obwohl ich auch später noch die beiden mehrfach in ihrem Haus in Dresden besuchte, versandeten die Kontakte, als ich nach dem Westen gewechselt war.

Sehr viel später erst, als ich an diesem Buch arbeitete, würde ich erfahren, dass mein Cousin Egon mit Horst Wiedner in die gleiche Klasse der 63. Volksschule in der Wägnerstraße in Dresden ging. Wie klein ist doch diese Welt!

In jener Zeit arbeitete bei Robert Schumann ein junger Kfz-Meister namens Rainer Düring aus Kyritz an der Knatter. Aus welchem Grund er Kyritz den Rücken gekehrt hat, ist mir über die Jahrzehnte entfallen.

Es hatte zwar ein Gerichtsurteil gegeben. Weshalb, das war nicht aus Rainer herauszukriegen und auch Arno, dessen Vater, ließ nichts darüber vernehmen.

Nur dass ihm meine Mutter mal ihren Wagen geliehen hat, damit er am Wochenende zu seiner Verlobten nach Hause fahren konnte, ist mir deutlich in Erinnerung, denn ich hatte mich mit ihm angefreundet und half ihm später bei seiner Flucht in den Westen.

Damals lag unsere Berliner Winterwohnung in einem großen Restgebäude an der Heinrich-Heine-Straße. Schräg dem Haus gegenüber war der Eingang zur U-Bahn. Es war die letzte Haltestelle im Ostteil der Stadt. Eine Station weiter befand man sich am Moritzplatz, der bereits im freiheitlichen Westen lag. Ich selbst habe mitgeholfen, Rainers Koffer nach dem Westen zu bringen, und ihm damit eine gelungene Flucht ermöglicht. Zu Fuß ging ich an diesem Tag zum Bahnhof Jannowitzbrücke. Zu unterschiedlichen Zeiten musste ich zweimal den Weg zurücklegen und U-Bahn fahren, bis ich feststellen konnte, dass der Zoll seinen Dienst, der damals immer noch sehr unregelmäßig verlief, für diesen Tag eingestellt hatte. Dann schnell die Straße überquert, Rainer und die Koffer geholt und ab ging die Post. Erst Ende 1966, nach meiner erfolgreichen Überwindung des „Eisernen Vorhanges" mit einem Schlauchboot über die Ostsee sollte ich ihn im niederbayrischen Aschaffenburg wiedersehen. Aber das ist eine andere ganz Geschichte, die mich schmerzlich an das jüdische Sprichwort erinnert: „Jede Gefälligkeit rächt sich!"

Bei Robert Schumann gaben sich alle diejenigen die Tür in die Hand, die eine dringende Reparatur an ihrem Wartburg vorhatten und die in ihrem Heimatort nicht der Ersatzteile fündig geworden waren, die aber dringend eingebaut werden mussten, um das Wägelchen am Laufen zu halten. Oft war es so, dass diese Menschen in jedem Jahr schon von zu Hause aus anriefen, um sich die Ersatzteile einschließlich der Reparatur während ihres Urlaubs zu sichern. Mit einem Wort, die Werkstatt Schumann war beides - eine geradezu märchenhaft gehende Werkstatt und Kontaktbörse für jene, die diese Börse nutzen wollten und die Schumann geeignet genug erschienen, diesen Kontakt zu fördern. So wurden mir Leute vorgestellt, die in mein Schema „interessant und durchaus ausbeutbar“ passten. Dieses ‚ausbeutbar‘ bezog sich natürlich ausschließlich auf die Möglichkeit, intellektuellen Nutzen aus dieser Bekanntschaft zu ziehen.

Jahre später ist mir bei den Schumanns der Schriftsteller Stefan Heym über den Weg gelaufen, den ich leider nur sehr kurz kennen gelernt habe, was ich im Nachhinein sehr bedauere. Aber zu der Zeit war ich wohl zu sehr mit der Vorbereitung meiner Flucht über die Ostsee beschäftigt.

Während meiner ausführlichen Recherchen zu diesem Buch verstarb Gisela Schumann leider, sodass ich nur noch auf die drei letzten Telefonate, die ich mit ihr während ihrer schweren Krankheit führte, und mein Gedächtnis zurückgreifen kann.

*

Meine Mutter litt plötzlich unter Atemnot, bedingt durch irgendein Herzrasen, und ließ sich von Robert Schumann, der inzwischen einen schwarzen Chevrolet Bel Air fuhr, mit diesem – für meine damaligen Begriffe – herrlichen Auto nach Berlin in die Charité bringen.

Auch wir hatten unseren alten Opel P4 gegen einen wunderbaren Mercedes ‚MB 200 lang‘, einen Sechszylinder mit einem synchronisierten Schnellgang, der ohne zu kuppeln einzulegen war, eingetauscht. Dieser Wagen, von dem nur etwa 7000 gebaut wurden, interessierte mich natürlich brennend. Wohl wissend, dass ich für alles, was Räder hatte und mit einem Verbrennungsmotor zu bewegen sei, überaus starkes Interesse zeigte, hatte meine Mutter unsere Haushälterin Hannah Laabs damit beauftragt, nächtens für eine abgeschlossene Garage zu sorgen. Nun war ich mit dieser Regelung sehr einverstanden, denn so konnte meine Mutter ohne Sorgen, dass ich mich des Autos bemächtigte und ohne Führerschein in der Gegend herumfuhr, ihrer Rekonvaleszenz in der Berliner Klinik entgegensehen.

Nun begab es sich, dass einige Freunde mich überredeten, mit ihnen nach Wustrow zu irgendeinem Schwof zu fahren. Die Frage war, wie kommen wir dort hin? Busse fuhren am Abend nicht mehr, und die Heimreise per Pedes erinnerte mich noch immer unangenehm an die Zeit, in der ich Willi Seek mit der Kuhherde die rund acht Kilometer begleitet hatte. Was haben mir die Beine geschmerzt. Also brauchten wir ein Fahrzeug. Was lag aber näher als ein Mercedes, der ungenutzt in der Garage verrottete, während ich ihn dringend benötigte. Er musste nur aktiviert werden, und nach der kleinen Spritztour würde ich ihn wieder in die Garage stellen, und niemand könnte Anstoß daran nehmen.

Am Tag war die Garage offen, weil ich den Rasenmäher holen musste. Ich legte zwei Schlaufen um die Riegel des Tores und ließ die Enden

Mercedes MB 2000 lang - mit kupplungsfreiem Schnellgang, von dem nur ca. 7000 gebaut wurden.

der Strippe jeweils oben beziehungsweise unten leicht aus dem Tor hervorlugen. Fräulein Laabs, ein sehr freundliches, aber sogenanntes spätes Mädchen, möglicherweise ein Blaustrumpf im Montagu´schen Sinn also – *der Begriff in der späteren Bedeutung geht auf England Mitte des 18. Jahrhunderts zurück: Um 1750 eröffnete die Londoner Literatin Elizabeth Montagu ihren Salon für „schöngeistige Partys" und lud Gäste zu literarischen Themenabenden und Diskussionen. Einer der dort verkehrenden Herren war der Botaniker Benjamin Stillingfleet, der statt der zur Herren-Abendgarderobe üblicherweise getragenen schwarzen Seidenstrümpfe stets blaue Garnstrümpfe trug. Dieses skandalöse modische Vergehen sprach sich herum und die Teilnehmer der intellektuellen Feste wurden allesamt als ‚Blue Stockings', ‚Blaustrümpfe' bezeichnet* – prüfte kurz das Tor und fand es abgeschlossen vor. Dann ging sie beruhigt nach Hause, während ich mich daran machte, an den beiden Strippen zu ziehen, und damit das Tor öffnete.

Was für ein herrliches Gefühl, einen satten Sechszylinder leise flüsternd in den Schnellgang zu schalten und über die Betonstraße gen Wustrow zu fahren. Auch der Wind, der uns entgegenkam, konnte der Kraft des Motors nichts entgegensetzen. Dennoch unterschätzten wir ihn.

Natürlich hatten wir organisiert, dass der Wagen hinter einem Tor direkt an der Hauptstraße verschwinden sollte, um ihn nicht unnötigerweise irgendwelchen Interessenten zu offerieren. Und das wurde uns jetzt zum Verhängnis. Gerade als ich in den Hof fahren wollte und dicht an dem Tor war, erfasste der Wind den Torflügel und schob ihn so ungünstig zur Mitte der Einfahrt, dass ich ihn voll mit dem rechten Kotflügel erwischte. Meine Ausgehlaune war dahin, die große Beule im Kotflügel unübersehbar.

Am Tag darauf begann ich, mit Farbe den Kotflügel auszubessern. Zwar fielen die Schrammen auf Anhieb nun nicht mehr so auf, die Beule aber blieb und war nicht wegzuleugnen. Meine Mutter hat es, nach ihrer Rückkunft aus der Klinik, sportlich genommen und nicht allzu sehr mit mir geschimpft.

*

Eine ganz neue Freundschaft tat sich auf, als Klaus Läuter und seine Frau Helga mit einem schwarzen Mercedes 190 vor die Werkstatt fuhren. Klaus war zehn Jahre älter als ich, seine Frau in meinem Alter. Ich habe Zeit meines Lebens nur wenige für mich bedeutende Männerfreundschaften kennengelernt, Peter Görrissen aus Garbsen - Schloss Ricklingen gehört dazu, und Uwe Bodenstein aus Hamburg. Beide kenne ich seit dem Jahr 1966.

Doch die älteste Freundschaft bestand mit Klaus Läuter. Er, der zum Bekanntenkreis Schalck-Golodkowskis gehörte, den er vor mir stets bei seinem Kurznamen Alex nannte und der ihm so manches Ersatzteil, seine Pkw-Mercedes-Flotte, und auch die komplette Ölheizanlage für sein Ahrenshooper Haus aus dem Westen beschafft hatte, verdient auch nach seinem allzu frühen Tod

Mein Freund Klaus Läuter mit Pudelhündin Peggy vor unserem Garagenhaus, der mich durch seine Beziehungen zu Schalck-Golodkowski vor einer langen Haft bewahrte.

unter dem Namen *ein wahrer Freund* Erwähnung zu finden. Denn während ein anderer, so genannter Freund versuchte, mich in eine Stasi-Falle zu locken, was Gott sei Dank nicht gelang, rief mich Klaus, der zu einer Beerdigung nach dem Westen reisen durfte, an und sagte mir, dass der Staatsapparat hinter mir her sei. Diese Auskunft kann er nur vom Stasi-Oberst Alexander Schalck-Golodkowski bezogen haben. Dass er sie an mich weitergab, war für ihn nicht ungefährlich, und ich bin ihm im Nachhinein unendlich dankbar dafür. Klaus Läuter hat mich damit vor einer langjährigen Haftstrafe bewahrt.
Später, als ich geheiratet hatte, kamen sich auch unsere Frauen näher, sodass wir gute freundschaftliche Kontakte pflegten, die keinerlei Geheimnisse voreinander kannten. Leider war es mir nicht vergönnt, ihn nach der Einheit Deutschlands noch einmal zu sehen, denn er starb genau zur Wendezeit 1990 in einer Hamburger Spezialklinik. Ich hätte mich allzu gern für seine Freundschaft noch einmal bedankt. Nahezu jedes Mal, wenn ich in Ahrenshoop bin, besuche ich den kleinen Friedhof hinter der Kirche und meinen Freund Klaus Läuter, mit dem ich mich dann auf meine Weise unterhalte.

*

Ich war auf den Schauspieler Eckart Friedrichson getroffen, der ob der Ähnlichkeit meiner Person zu ihm verblüfft war und mich spontan zu sich in sein Haus nach Berlin-Karow einlud. Er gebe eine Party und Fred Frohberg sei auch dort. Ob ich nicht mit meiner Frau kommen wolle.

Frohberg war eine ganz große Nummer im DDR-Schlagergeschäft, hatte bereits 1947 als Bandsänger beim Leipziger Tanzorchester Kurt Henkels begonnen, dem er zehn Jahre lang – unterbrochen von Touren in die Bundesrepublik Deutschland und Osteuropa – treu blieb. In den Jahren 1961-63 nahm er an internationalen

Schlagerfestivals teil und gewann 1962 das Schlagerfestival der Ostseeländer in Rostock mit dem Titel *Am Kai wartest du.* Für seine Fans, schrieb die Sächsische Zeitung, war Fred Frohberg ein Künstler zum ‚Anfassen'.

Also war es für mich ganz klar, dass ich an der Party teilnehmen wollte. Genau dieser Besuch sollte mir sehr missfallen. Doch das wusste ich zum Zeitpunkt meiner Zusage noch nicht.

Friedrichsons Märchengestalt Meister Nadelöhr jedenfalls gehörte zu den allerersten Gesichtern des DDR-Kinderfernsehens. Nadelöhr erschien zum ersten Mal Ende November 1955 auf dem Bildschirm. Das Drehbuch charakterisierte ihn als kleine, schlanke, flinke Erscheinung, mit einem Spitzbart versehen, sitzt im Schneidersitz auf einem rechteckigen, schmalen Tisch. Und genau diese Figur füllte Friedrichson perfekt aus. Er moderierte auch die nachmittäglichen „Märchenland"-Sendungen des DDR-Kinderfernsehens, mit ihm war seit Februar 1958

Meister Nadelör am 24.12.1963 in: „Wartet nur, wartet – Abend wird`s bald!

das Bärchen Bummi – bis irgendwann im Sommer 1959 bei den beiden die Schnatterente auftauchte. Von Oktober 1959 an war das schnattrige Entchen auch in den Abendgrüßen zu sehen. Alle Kinder warteten gespannt auf diese Abendsendung und sangen begeistert mit:

Sandmann, lieber Sandmann,
es ist noch nicht soweit!

Wir sehen erst den Abendgruß,
ehe jedes Kind ins Bettchen muss,
du hast gewiss noch Zeit.

Kinder, liebe Kinder,
es hat mir Spaß gemacht!

Nun schnell ins Bett und schlaft recht schön,
dann will auch ich zur Ruhe gehn,
ich wünsch' euch Gute Nacht.

Als meine Frau und ich in Karow ankamen und das kleine, ein wenig versteckt liegende Haus Friedrichsons fanden, war Frohberg noch nicht da. Während Friederike sich mit der Frau Friedrichsons über deren Säugling unterhielt und ich mit dem Nadelörmeister, erfuhr ich das erste Mal, wie krank der junge Vater war. Er hatte hochgradig Zucker und musste sich mehrfach am Tag Insulin spritzen. Er zog die Spritze auf und stach die Nadel durch die Hose in seinen Oberschenkel, als wäre es nichts Besonderes.

Wenig später kamen die ersten Gäste. Unter ihnen war einer der Chefärzte des Polizeikrankenhauses mit seiner jungen und überaus hübschen Frau. Nahezu zum Schluss kam Fred Frohberg. Er strahlte Frohsinn aus und schien die gute Laune mitgebracht zu haben. Frohberg war wirklich ein vielseitiger Künstler, der eine musikalische Ausbildung hatte. Aufgrund seiner Schlager war er in der

DDR sehr beliebt und erreichte mit seinem Fred-Frohberg-Ensemble ein großes Publikum. Darüber hinaus hatte er diverse Auftritte in Sendungen des Deutschen Fernsehfunks wie *Da lacht der Bär* oder *Ein Kessel Buntes* und spielte mehrere kleine Rollen in Musikfilmen der DEFA. Frohberg studierte von 1946 bis 1947 Gesang und Gitarre am thüringischen Landeskonservatorium in Erfurt. Nach dem Gewinn eines Gesangswettbewerbes in seiner Heimatstadt, erhielt Frohberg 1948 einen dauerhaften Vertrag beim Rundfunk-Tanzorchester Leipzig Kurt Henkels, dem er zehn Jahre lang angehörte.

In den Jahren 1961-63 nahm er an internationalen Schlagerfestivals teil und gewann 1962 das Schlagerfestival der Ostseeländer in Rostock mit dem Titel *Am Kai wartest du.*

Zwei gute Freunde – dieser Titel aus dem Jahr 1958 gehört zu den absoluten Top-Hits der DDR-Schlagergeschichte. Besonders bekannt wurde er aber mit seinen Seemannsliedern – *Einsam liegt ein Schiff im Hafen* und anderen. Sein Repertoire umfasste außer den Schlagern aber auch Gospel und Blues.

So sehr ich mich auf die Zusammenkunft mit diesem profilierten Künstler gefreut hatte, so sehr enttäuschte sie mich. Denn mit jedem Schluck Whisky, den Froh-berg zu sich nahm, wurde er nicht nur aufgelöster; er ver-suchte auch in unschöner Weise vehement meine Frau anzumachen, was mir so weit missfiel, dass ich vor dem Ende der Party mit meiner Frau das Haus verließ und nie wieder einen Fuß in Ekkes Haus gesetzt habe.

*

Der Beginn des Naturismus in der DDR lag in den frühen 1950er Jahren in Ahrenshoop. In dem Badeort an der Ostsee entstanden Bereiche, in denen Künstler und Intellektuelle erstmals das Nacktbaden einführten. Die Region war ein Badeort der gesellschaftlichen Avantgarde der DDR, ein Urlaubsort für zahlreiche Schriftsteller, Schauspieler und Politiker.

Die Nackten und die Roten – titulierte schreiend eine der Illustrierten. Ich erinnere mich nicht mehr genau, ob es der *Stern* war, der unter dieser *ketzerischen* Headline einen interessanten Artikel publizierte oder die *Quick*. Richtig aber ist, dass die Bürger der DDR ihre kleine Freiheit innerhalb der Republik dazu nutzten, um demonstrativ nackt zu baden. Doch wer da glaubte, die Rechnung ohne die Partei machen zu können, irrte.

Es kam in den folgenden Jahren zu Konflikten zwischen bekleideten und unbekleideten Badegästen. Aus dieser Zeit stammt auch die später bekannt gewordene Anekdote, wonach Johannes R. Becher eine nackt badende Frau mit den Worten: „Schämen Sie sich nicht, Sie alte Sau?“ anschrie. Es handelte sich dabei um keine geringere als Anna Seghers, die er jedoch nicht erkannte. Die Begebenheit wurde öffentlich, als Seghers die Laudatio Bechers bei der späteren Verleihung des Nationalpreises unterbrach und zu diesem meinte: „Für Dich, Hans, immer noch alte Sau!“

Schont die Augen der Nation! Mit absurden Argumenten und seltsamen Mitteln versuchten DDR-Behörden in den fünfziger Jahren, die massenhafte Ausbreitung des Nacktbadens zu verhindern – allerdings erfolglos. Die Gegenwehr der Nudisten wurde immer wilder. Zu Beginn der Saison im Mai 1954 fiel dann ein kühler Schatten auf das Badeparadies an der Ostsee.

Wir freuen uns, Sie auch in diesem Jahr in Ahrenshoop als Feriengast begrüßen zu können, verkündete der örtliche Ferien-dienst des Kulturbundes: *Bevor die Saison beginnt,*

halten wir es für notwendig, unsere geschätzten Gäste darauf aufmerksam zu machen, dass die für die Verwaltung der Ostseebäder zuständigen Stellen wegen verschiedener Ausschreitungen, die es im Vorjahre leider gegeben hat, in dieser Saison das Nacktbaden nicht mehr gestatten.

Mit meiner ersten Frau Friederike 1963 am Weststrand von Ahrenshoop

Ab sofort galt ein Nacktbadeverbot, an das sich in Ahrenshoop zumindest keiner hielt. Doch man sprach von Ausschreitungen in der Künstlerkolonie?

Was war passiert?

Die Badegäste konnten es nicht glauben. Der Direktor des Progress-Filmverleihs, Rudolf Bernstein, erklärte, er habe von Ausschreitungen nichts bemerkt. Außerdem sei er überzeugt, dass die Organe unseres Staates gemeinsam mit den moralisch gesunden und ideologisch klaren Feriengästen sicher jederzeit in der Lage gewesen wären, solche Außenseiter in die gebührenden Schranken zu weisen. Auch der Dramaturg an der Komischen Oper Berlin, Werner Otto, wollte von Krawallen nichts bemerkt haben. Er könne sich auch nicht vorstellen, dass diese vom Tragen oder Nichttragen einer Badehose abhängig sein könnten. Nach heftigem Protest der elitären Nacktbadegemeinschaft - hohe Funktionäre eingeschlossen – blieb der FKK-Strand der Künstlerkolonie Ahrenshoop eine geduldete Ausnahme.

Wenngleich die Nacktbaderei nicht jedermanns Sache war, so konnte diese große Nudistenbewegung einen Sieg gegen die Spießigkeit der Apparatschiks für sich geltend machen und mit diesem Zugeständnis schaffte die Partei wiederum ein sinnvolles Ventil, den Unmut wegen der Reise-Unfreiheit zu öffnen.

*

Robert Schumann war immer für eine Überraschung gut. Als ich eines Tages – wie so oft – bei ihm vorbei kam, stand wieder ein riesiger amerikanischer Wagen vor seinem Werkstatttor im Hafenweg in Althagen. Es war ein Buick. Ein solcher Wagen war eine absolute Ausnahme in der ganzen DDR, und so verwunderte es niemanden, dass sich in kurzer Zeit sämtliche Kinder der Umgebung staunend um das Fahrzeug scharten.

Dass der amerikanische Schlitten aber auch die Erwachsenen beeindruckte, die in der Mehrzahl entweder alte Schrottkisten, hin und wieder sowjetische Moskwitsch oder aber Fahrzeuge aus der heimischen Produktion wie Trabant und Wartburg fuhren, ließ sich nicht verleugnen. Auch mein Autofahrerherz schmolz anlässlich des vielen Chroms und der beeindruckenden Größe dahin. Robert schloss das Auto auf, und ich durfte hinter dem Steuer Platz nehmen. Was für ein Gefühl!

„Hast du dir ein neues Fahrzeug zugelegt, Robert?", fragte ich ehrfurchtsvoll.

Schumann lachte spitzbübisch. „Es ist der Wagen von Bärbel Wachholz", sagte er und zwinkerte mit den Augen. „Sie ist drinnen im Haus und trinkt mit Gisela Kaffee."

Er musste meinen Gedanken erraten haben. „Du glaubst es nicht?"

Nun befand ich mich in einer Zwickmühle. Einerseits wusste ich, dass bei ihm nichts unmöglich schien. Auf der anderen Seite aber war er ein anerkannt großer Flunkerer, der schon so manches Gerücht als Wahrheit verkauft hatte.

Sorgfältig schloss er den Wagen wieder ab. „Das gute Stück hat eine Macke im Motor", sagte Bobby grinsend. „Keine andere Werkstatt hier kann es reparieren. Die finden nicht einmal den Fehler."

„Aber du."

„Klar doch." Und dann erklärte er mir, welches Teil er neu besorgen müsse, um den Buick wieder zum Laufen zu bringen.

Wir gingen ins Haus. Sorgfältig ließen wir die Schuhe am Eingang zurück, denn Gisela, die *jeden* Tag das Haus sorgfältig putzte, legte Wert darauf, dass die Schuhe draußen blieben. Zu viel Schmutz werde so hereingetragen, sagte sie jedes Mal.

Aus dem Wohnraum drangen Stimmen. Ich unterschied die Stimme Giselas, die einer anderen Frau und die eines Mannes.

Wir gingen hinein. Der junge Mann neben Bärbel Wachholz war Armin Kämpf, der mir durch seinen Schlager – *Kann denn Liebe Sünde sein …* – bekannt war. Ich musste mir eingestehen, dass der Kerl verdammt gut aussah. Schön musste man wohl sein, um bei einer solchen Frau landen zu können.

Robert stellte mich kurz vor. Beider Interesse aber zu erfahren, was ihrem Auto fehle, war größer als die Beachtung, die sie einem unbekannten jungen Mann entgegenbrachten. Ich gebe zu, mich ärgerte das in diesem Moment sehr.

Aber was für eine Frau! Bildschön und mit ihren Liedern begeisterte sie die ganze Republik. Alles schmolz dahin, wenn sie sang: *Damals … damals ... damals war alles so schön … doch wir waren viel zu jung, viel zu jung … um unser Glück zu verstehn!* Oder man jodelte heimlich ihre Lieder zu Hause. Die Wachholz war ein echter Star.

Als erste Schlagersängerin der DDR wurde Bärbel Wachholz 1962 mit dem Kunstpreis ausgezeichnet und vom Publikum zum Fernsehliebling gewählt – ebenfalls als erste Schlagersängerin der DDR.

Und Armin Kämpf? Im Augenblick als ich ihn sah, konnte ich zwar nichts mit ihm anfangen. Tatsächlich aber war Kämpf ein Mann, der seine eigenen Qualitäten hatte. Auf der Bärbel Wachholz-Fan-Seite, die liebevoll und sachkundig von Joachim Lang in Auerbach im Vogtland gestaltet wurde, fand ich folgendes zu Armin Kämpf, Zitat:

Im Mai 1958 verbrachte der bei *Holiday on ice* engagierte Eistänzer, Sänger und Conferencier Armin Kämpf nach großer Welttournee seinen Urlaub in Berlin. Der 31jährige Weltenbummler befand sich auf der Fahrt von Berlin in seine Heimatstadt Leipzig, als 11.05 Uhr bei Michendorf im Autoradio eine Stimme erklang, die ihm sein Leben lang nicht mehr loslassen sollte ...! Sein Herz war verwirrt, wer sang dieses *Verliebt und geliebt sein ist herrlich*! Wem gehörte diese einprägsame, wunderbare, warme Stimme?

Die Wochholz bei einem ihrer großen Auftritte

Kurz entschlossen fuhr er zurück nach Berlin und erkundigte sich beim Berliner Rundfunk: „Wer hat heute gegen 11.05 Uhr gesungen?"

Man sagte ihm, es sei Bärbel Wachholz gewesen, und er könne sie am nächsten Tag im Funkhaus treffen, und er traf sie dann auch. Für Armin Kämpf war es Liebe auf den ersten Blick. Er wurde der musikalische Mentor der Wachholz, bereitete ihr den Weg von der Sängerin in Tanzsälen zur Solistin auf den ganz großen Bühnen. Dafür kündigte er sogar seinen Vertrag bei *Holiday on ice*.

Mit ihrem musikalischen Erfolg zog die Wachholz nach Berlin um und lebte im Ortsteil Buchholz, wo sich auch ihr Haus befand.

In den folgenden Jahren nahm Bärbel Wachholz insgesamt 40 Singles und zwei LPs auf. Sie wurde zu einer der populärsten Schlagersängerinnen der DDR, die neben zahlreichen Auftritten in Fernsehen und Rundfunk in den Jahren 1962 bis 1969 auch mit zwei eigenen Bühnenshows auf Tournee ging. Darüber hinaus gab sie Gastspiele in Frankreich, Syrien, den Niederlanden und in den osteuropäischen Staaten.

Am 9. April 1962 heiratete sie Armin Kämpf. Bärbel Wachholz litt seit 1970 an Diabetes, hatte schwere Probleme mit Leber und Bauchspeicheldrüse und wurde zweimal operiert. Im Januar 1984 erschien sie mit einem Auftritt in Heinz Quermanns Fernsehshow Spiel mir eine alte Melodie zum letzten Mal vor Publikum.

Da sie sich ihr Insulin nicht mehr gespritzt hatte, starb sie im November desselben Jahres. Sie wurde am 12. Dezember 1984 auf dem Friedhof in Berlin-Buchholz beigesetzt.

Am 25.Oktober 2007 fand ihr Ehemann, Armin Kämpf, seine letzte Ruhestätte an ihrer Seite.

13

Johannes Tralow – das besondere Ereignis in meinem Leben!

Berlin/Ahrenshoop 1959

Im Frühjahr überraschte mich meine Mutter mit der Nachricht, wir seien von einem sehr bekannten Schriftsteller zum Essen in den Johannishof eingeladen worden. Eine Einladung in dieses Haus war in der Tat etwas ganz Besonderes, denn dieses Restaurant war ein Gästehaus des Ministerrats. Hier verkehrten nur Funktionäre und besondere Günstlinge des Regimes der DDR, zu denen auch Schriftsteller nur dann zählten, wenn sie dem Staat freundlich gegenüberstanden.

Zuerst nörgelte ich etwas herum, weil mich im Alter von 20 Jahren Schriftsteller aus dem Osten nur wenig bis gar nicht interessierten. Natürlich hatten wir in der Schule den Roman *Nackt unter Wölfen* von Bruno Apitz gelesen und waren einfach als Nachkriegskinder sehr beeindruckt von der Schilderung der letzten Wochen des KZs Buchenwald. Und auch Anna Seghers Beschreibung des Ausbruchs Georg Heislers aus dem Konzentrationslager Westhofen bei Worms, verfehlte seine Wirkung nicht. In diesem Roman befiehlt der KZ-Kommandant Fahrenberg, die Entflohenen innerhalb von sieben Tagen zu fangen. Er lässt die Kronen von sieben Bäumen kappen und an den Stämmen in Schulterhöhe je einen Querbalken anbringen, so dass sieben gleiche Kreuze entstehen – eines für jeden Flüchtigen. Sechs der Entflohenen werden entweder gefasst oder kommen auf der Flucht um, doch das siebte Kreuz bleibt frei, denn Georg Heisler gelingt die Flucht.

Jeder der sieben Flüchtigen mit ihren unterschiedlichen Berufen und Biographien steht für eine soziale Schicht. Auch die Vertreter des Nationalsozialismus, allen voran der Lagerkommandant SA-

Scharführer Fahrenberg, verkörpern politische Haltungen in Hitlerdeutschland. Zusammen mit den Randfiguren des Romans entsteht ein Querschnitt durch die Gesellschaft dieser Zeit. Der Roman schildert in sieben Kapiteln die siebentägige Flucht Heislers, die nur gelingen konnte, weil Heisler bei all seinem Mut kein Individualist wie die anderen Flüchtige ist, sondern Rückhalt bei seinen Genossen im Untergrund findet. Aber auch gutwillige Deutsche, politisch nicht organisiert, helfen ihm auf seiner Flucht. Dass wir Deutschen das - bei der Biografie unseres Volkes - mehrfach über uns ergehen lassen mussten war sicher ganz heilsam und hat dazu beigetragen, dass in meinem Leben jede braune Politikrichtung keine Plattform hat.

Dennoch las ich zu jener Zeit lieber die Detektivgeschichten John Klings, der gemeinsam mit seinem besten Freund Jones Burthe im Auftrage verschiedener Geheimdienstorganisationen und Polizeidienststellen verzwickte Fälle löst oder für sie in geheimer Mission unterwegs ist. Je skurriler die Geschichten waren, desto besser gefielen sie uns. Ich habe John Kling geliebt und die Schwarten verschlungen. Wir haben die Abenteuer immer nachgespielt. Mein Freund Clemens und ich haben uns extra Spielzeugpistolen mit Schalldämpfer gebaut, die aussehen sollten wie die von John Kling und Jones Burthe, aber wahrscheinlich unhandliche Monster waren. Unter dem Titel *John Kling* erschien ab 1924 eine Groschenromanreihe, die drei Jahrzehnte lang eine einschlägige Fangemeinde fand. Bis 1954 schrieben unterschiedliche Autoren mehrere hundert Bände um einen Helden, der stets für Recht und Ordnung kämpfte. Geschichten mit verheißungsvollen Titeln *wie Ruf aus dem Jenseits, Das Tödliche Wissen, Grünes Gift, Der Geier von New York* oder *Der Mann mit der Narbe* fanden reißenden Absatz. Ich versuchte, die Büchlein mit Freunden zu tauschen oder besorgte sie bis zum Bau der Mauer im Westteil Berlins. Dann hatte ich mein Interesse von John Kling auf Johannes Mario Simmel gelegt und las mit Begeisterung *Gott schützt die Liebenden*, ohne freilich zu wissen, dass ich 1985 zu Gast bei Simmel im Haus in der Bellevuestraße in Zug in der Schweiz sein würde, um eine Zeitungsreportage mit ihm zu machen. Würde er sich mit mir einlassen? Ich zweifelte daran. Aber ich hatte nun einmal die Idee, für die Zeitung, für die ich damals arbeitete, einen Artikel mit dem Bestsellerautor zu machen, und da Telefonnummern in der Schweiz immer angezeigt werden müssen, machte ich ihn auch in Zug ausfindig – und erhielt nach einem langen Telefonat eine Einladung. Mit meiner Frau Ulla machte ich mich auf den Weg zu einer eindrucksvollen Begegnung, für die ich im Nachhinein noch dankbar bin.

Meine Frau Ulla - hier mit Johannes Mario Simmel, Tenner schießt das Foto

Aber was also sollte ich mit nun einem Autor wie Tralow anfangen, der vielleicht neue sozialistische Literatur in die Welt setzte?

„Nein, nein. So einer ist der Hanns Tralow nicht. Er schreibt bürgerliche Bücher; historische meist, die einen reißenden Absatz finden. Seine Osmanische Tetralogie: *Roxelane, Irene von Trapezunt, Malchatun* und *Der Eunuch* sind Weltliteratur", sagte meine Mutter schließlich.

Obwohl ich weder von Roxelane noch von Irene von Tarpezunt je etwas gehört hatte, ging ich schließlich mit meiner Mutter zu dem Treffen. Der Grund war mehr in den kommenden Gaumenfreuden zu sehen als in einer intellektuellen Unterhaltung, zu der es sicher kommen würde.

Wir kamen gerade die Johannisstraße entlanggelaufen, als ein hellfarbener Opel-Kapitän einbog und auf den Parkplatz des Restaurants fuhr.

„Das ist er."

Sofort war mein Interesse geweckt. Ein Mann, der in der DDR einen solchen Westwagen besaß, musste zwangsläufig eine große Nummer sein.

Als wir den Parkplatz erreichten, stiegen sie gerade aus. Ich taxierte schnell, dass der korpulente Mann jenseits der Siebziger sein musste, während seine blonde Frau um die Fünfzig war. Artig begrüßte ich sie, gab jedem die Hand. Auch dem Chauffeur. Dann gingen wir hinein. Gespannt hörte ich, wie der greise Autor einige Artigkeiten zu meiner Mutter sagte und wunderte mich, dass Astrid, so hieß die blonde Frau, das widerspruchslos hinnahm. Sie schien das gewöhnt zu sein. Jedenfalls prallte das an ihr ab, als würde es die Unterhaltung gar nicht geben.

Tralow nannte meine Mutter Annemarie und sie ihn vertrauensvoll Hanns. Während der Kellner, der die Tralows wohl des Öfteren zu bedienen hatte, die Bestellungen aufnahm, studierte ich den Chauffeur. Ich schätzte ihn auf unter fünfzig. Er tat gelangweilt, aber ich merkte, dass er die Gespräche sehr genau verfolgte.

Tralow selbst erzählte vom PEN-Zentrum Ost und West, dessen geschäftsführender Präsident er seit 1951 war, und von den Zeiten, als er noch in Lübeck gewohnt hatte. Er erzählte, dass er nach einer kaufmännischen Ausbildung mehrere Jahre als Volontär im Nahen Osten unter anderem in den Jahren 1899 bis 1904 in Ägypten gearbeitet hatte. Später sattelte er um, wurde Chefredakteur des Lübecker Tageblatts. Und niemand wagte ihn zu unterbrechen. Außer seiner Frau Astrid, die dafür einen vernichtenden Blick erntete.

Ich hörte wahrscheinlich mit offenem Mund diese Berichte. Waren sie doch mindestens ebenso spannend erzählt wie die Bücher, die ich über meinen Lieblingsdetektiv John Kling verschlang.

„Ab 1914 begann ich meine achtzehnjährige Tätigkeit am Theater", sagte Tralow. „Das war eine wunderbare Zeit, die von einer sehr schweren Zeit abgelöst wurde. Die Nationalsozialisten kamen 1933 an die Macht. Nun änderte sich alles. Juden wurden verfolgt und Freunde aus dem Theater, nur weil sie nicht nach den allgemein gültigen Normen lebten. Ich zog mich zurück und lebte als freier Schriftsteller. Dank meiner kleinen Behinderung wurde ich nicht gemustert." Er spielte auf seinen verkürzten linken Arm an.

Dann musterte ich Astrid, die Frau Tralows. Sie war blond und hatte basedowsche Augen, die sie vergeblich hinter einer Sonnenbrille zu verstecken hoffte. Das Verhältnis zu ihrem Mann war äußerst gespannt, was sich auch während unserer mehrjährigen Bekanntschaft nicht änderte. Erst später, als ich schon mittels eines Schlauchbootes den Eisernen Vorhang überwunden hatte, würde ich erfahren, dass er sich tatsächlich von Astrid getrennt und eine sehr junge Frau, die er bei gemeinsamer Arbeit an der Staatsbibliothek kennen lernte, geheiratet hatte.

Wir bestellten die unterschiedlichsten Gerichte. Ich entschied mich für Forelle blau, und ich erinnere mich noch sehr gut, dass Johannes Tralow darauf bestand, dass mir als Nachtisch ein wunderbarer Eierkuchen gebracht wurde. Er war ein Genießer, der freilich unter einer Fettleibigkeit zu leiden hatte, die jedem zu Eigen ist, der sich nicht angemessen bewegte. Ich selbst würde das später zu spüren bekommen. Schreiben macht nicht nur einsam, es verhindert auch die allzu nötige Bewegung. Leider. Aber so ist nun einmal das Leben.

Als wir uns verabschiedeten, hatten wir vereinbart, dass die Tralows im Sommer während zweier Wochen zu uns nach Ahrenshoop kommen würden. Darüber hinaus wurden wir für ein

Abendessen im Haus Tralows nach Friedrichshagen eingeladen.

Wir winkten ihnen nach, als sich das prächtige Auto entfernte, und meine Mutter sagte: „Na, habe ich dir zu viel versprochen? Er ist doch ein wahnsinnig interessanter Mann!“

Was meine Mutter zu dieser Äußerung hinreißen ließ, wusste ich nicht genau. Damals bin ich wohl darüber hinweggegangen und dachte nur an die Ausstrahlung des West-Autos auf die Menschen, die in der Regel zwölf bis vierzehn Jahre auf einen mickrigen Wagen aus der DDR-Produktion warten mussten, der sie dann noch ein Vermögen kosten würde. Im Nachhinein aber glaube ich, dass es die Intellektualität war, in der Johannes Tralow, schon allein wegen seiner ungeheuren Erfahrung, die er im Nahen Osten gesammelt hatte, schwelgte, und der Bedeutung, die eine solche Bekanntschaft mit sich brachte. Einen so beachtlichen Freund zu haben, bedeutete Aufwertung in der Gesellschaft derer, die intellektuell genug waren, seine Bücher zu lesen, und die darüber hinaus noch das Glück hatten, ein solches Buch zu ergattern.

Tenner Ende der 50er mit dem Wartburg seiner Mutter in Ahrenshoop

Die Tage und Wochen gingen dahin, und ich hatte das Treffen mit Johannes Tralow im Johannishof schon wieder vergessen und mich zum zweiten Mal *Gott schützt die Liebenden* gewidmet, als ein Anruf mit der termingerechten Fixierung zum Besuch der Tralows in Friedrichshagen kam. Ausdrücklich wurde darum gebeten, dass ich mitkommen möge.

„Siehst du, Hanns hat Wort gehalten und einen Termin gefunden, an dem er Zeit für uns hat. Und du *sollst* unbedingt auch mitkommen."

In dem Augenblick empfand ich mich als ungeheuer wichtig. Tatsächlich war es das Treffen auch und in diesem Zusammenhang ich ebenso, denn genau dieses Treffen würde schon früh den Wunsch in mir erwecken, Schriftsteller zu werden. Nur wusste ich nicht, wie man das angeht. Und worüber man schreiben sollte, wusste ich gleich gar nicht. Aber das würde ich - allerdings sehr viel später - noch herausfinden. Schließlich war ich in meiner Schulzeit, entgegen allen anderen Fächern, ein recht guter Aufsatzschreiber.

Was meine Mutter damals als Gastgeschenk mitgenommen hatte, ist mir nicht mehr erinnerlich. Nur, dass wir eine Kleinigkeit mitgenommen hatten, ist sicher. Niemals würde sie ohne ein passendes Mitbringsel zu so einer wichtigen Verabredung fahren. Ich denke, es war etwas für Astrid Tralow.

Wir wurden sehr freundlich in der Zweifamilienvilla in Friedrichshagen empfangen, in der Tralow die untere Etage gemietet hatte. Der Schriftstellerverband, so hörten wir, habe ihm diese Wohnung beschafft, nachdem er signalisiert hatte, dass er bereit wäre, in die DDR umzuziehen.

Ich war schon immer neugierig. Aber wenn einer freiwillig aus München nach Berlin-Ost zieht, will ich natürlich wissen, warum.

„Ich bin Mitbegründer der Friedenbewegung in der Bundesrepublik", sagte Tralow, während seine Frau Astrid einen Kaffee servierte. „In den Jahren 1950 bis 1953 gab es eine *„Ohne-mich-Bewegung"*. Wellen von Demonstrationen und Kundgebungen gegen die Wiederbewaffnung Deutschlands. Es waren die Vorläufer der Anti-Atomwaffen-Bewegungen. Als sich die Gerüchte über eine mögliche deutsche Wiederaufrüstung verdichteten, entstand spontan diese Bewegung, in der massenhaft die eigene Verweigerung angedroht wurde. Diese Bewegung begann sich ab Februar 1951 stärker zu koordinieren, blieb jedoch weiterhin in ihrer Motivation sehr diffus. Ich habe die Entwicklung beobachtet, dass die „Ohne mich!"- Bewegung sowohl von der SPD als auch von der KPD kritisch gesehen wurde, und während die SPD sich in Richtung Verteidigungsbereitschaft entwickelte, orientierte sich die KPD auf den Kampf für die Durchführung einer Volksbefragung."

Tralow stieß ein für ihn typisches Stoßen von Luft durch die Nase aus, bevor er fortfuhr. „Mit dem NATO-Beitritt der Bundesrepublik Deutschland 1954 endete die erste Bewegung gegen die Remilitarisierung. Es folgte der Protest gegen die Atomwaffen, der in der zweiten Hälfte der 50er Jahre von SPD, Gewerkschaften, evangelischer Kirche und einzelnen Persönlichkeiten in der Kampagne *Kampf dem Atomtod* organisiert wurde. All das war praktisch der Beginn der Friedensbewegung. Und ich hatte mich dazu entschlossen, dort mitzumachen. Allerdings außerhalb der Kirche."

„Warum?" Diese Frage konnte nur von einem total apolitischen jungen Menschen kommen, wie ich es zu der Zeit auch war.

„Der II. Weltkrieg war von Deutschland ausgegangen. 20 Millionen Tote sind Motivation genug dafür zu kämpfen, dass sich so etwas nie wiederholen darf. Vor zwei Jahren sprachen sich 18 Atomwissenschaftler in der *Göttinger Erklärung* dafür aus, dass sich ein Land wie die Bundesrepublik Deutschland am besten schützt und den Weltfrieden am ehesten fördert, wenn es ausdrücklich und freiwillig auf den Besitz von Atomwaffen jeder Art verzichtet", sagte Tralow. „Sie erklärten, sie seien nicht bereit, sich an der Herstellung, der Erprobung oder dem Einsatz von Atomwaffen in irgendeiner Weise zu beteiligen. Tatsächlich gab es 1957 auch von Seiten des Deutschen PEN-Zentrums Ost und West Bestrebungen, sich für den Weltfrieden einzusetzen. Wir traten an den bundesdeutschen PEN heran, um in Friedensfragen zu kooperieren. Konkreter Vorschlag an den bundesdeutschen PEN war eine gemeinsame Erklärung gegen atomare Aufrüstung in Ost- wie Westdeutschland. Die Erklärung wurde aber vom Westen abgelehnt, weil man schon eine entsprechende Verlautbarung an die Öffentlichkeit gegeben hatte."

Tralow, ein Mann, der für den Frieden eintritt? Das kann ja nichts Schlechtes sein. Schließlich reichen die christlichen Wurzeln der Friedensbewegung bis ins Mittelalter zurück. Dann, im 19. Jahrhundert kam eine bürgerlich-liberale Friedensbewegung hinzu, die den Frieden als Ziel der Außenpolitik durchsetzen wollte. Während die Friedensbewegung sich bis in die Mitte des 20. Jahrhunderts damit zufrieden geben musste, wohl auf das Wissen und das Bewusstsein einwirken, nicht aber die praktische Politik verändern zu können, gelang es ihr seitdem, das Ziel des Friedens politikfähig werden zu lassen.

„Ich habe eine Frage an dich", sagte Tralow. „Du kennst meinen Wagen. Würdest du es fertig bringen, mich damit zu euch nach Ahrenshoop zu fahren? Mein Chauffeur steht mir derzeit nicht zur Verfügung."

Für einen Augenblick blieb mein Herz fast stehen. Hatte ich richtig gehört? Ich sollte Tralow mit dem schönen Opel Kapitän, der mich bei unserer ersten Zusammenkunft so begeistert hatte, von Berlin nach Ahrenshoop fahren? Ich weiß nicht, was ich damals zusammenstotterte, aber meine Mutter sagte ihm zu, dass ich das gern übernehmen würde. Und in der Tat, ich würde das allzu gern machen. Nicht nur, dass ich als Chauffeur bei einem der bekanntesten Autoren der Deutschen Demokratischen Republik fungieren sollte, sondern ich würde dem Mann näher kommen, den eine ganz besondere Aura umgab.

„Warum fährt ein Mann wie Sie nach Ahrenshoop und nicht nach ..."

Schnell überlegte ich, wo ein solcher Mann wohl hinfahren könne. „Schweden!"

„Ich habe noch eine Wohnung in Gauting", sagte er. „Diese Wohnung ist 1953 wegen des *Verdachts der Förderung verfassungs-*

feindlicher Vereine durchsucht worden. 1954 wurde das PEN-Zentrum vom Bundesamt für Verfassungsschutz als Tarnorganisation bezeichnet und 1956 in einem *System der kommunistischen Hilfsorganisationen* erfasst. 1957 versuchte ich leider ohne Erfolg, eine Klage gegen das Bundesamt für Verfassungsschutz anzuregen, beziehungsweise die Streichung des PEN aus der Liste der kommunistischen Tarnorganisationen zu erreichen. Wenn ich die Grenze nach dem Westen passiere, rufe ich erst meinen Anwalt an und frage, ob ich gefahrlos einreisen kann. Im vorigen Jahr habe ich auf Teneriffa Urlaub gemacht. Nun ich stehe unter Aufsicht des bundesdeutschen Geheimdienstes, der mich als eine Art Spion sieht. Und ich muss immer befürchten, inhaftiert zu werden. Es gibt zu viele Altnazis, die dem Fortschritt hinderlich sind."

Jetzt war ich wissbegierig geworden. Das Wort Spion setzte in mir eine ungeahnte Neugier frei. „Wieso kann man dort einen Mann wie Sie als eine Art Agent ansehen, wo Sie doch ein Schriftsteller sind?"

Als Tralow nichts antwortete, sondern nur die Schultern hob, insistierte ich nicht weiter. Aber sehr viel später würde ich erfahren, dass der gesamte Kulturbund seitens des Westens zu dieser Zeit als eine Art Spionagezentrale angesehen wurde. Das Verhältnis zwischen den beiden deutschen Sektionen gestaltete sich wechselhaft: Die vom *P.E.N.-Zentrum Deutschland* und dem *P.E.N.-Zentrum Ost und West* zunächst angestrebte Überwindung der Spaltung im deutschen P.E.N. erwies sich als unmöglich. Alle Vorstöße in diese Richtung blieben vom *Deutschen P.E.N.-Zentrum* in der Bundesrepublik unbeantwortet. Bei einem ersten Treffen beider Zentren 1956 signalisierte dieses die kategorische Ablehnung der Wiedervereinigung. Johannes Tralow verstand sich als Mittler zwischen Ost und West; er bezeichnete sich selbst als *Mauerhaken zwischen Ost und West.*

Aus dem Wohnzimmer sah ich in einen kleinen weiteren Raum, von dem eine Tür abging, die keine Klinke hatte. Vielmehr starrte mich ein mir ungewohnter Rundknauf an, der mich neugierig machte.

„Was ist denn hinter der Tür mit dem Knauf?", fragte ich naiv.

„Sein geheimes Reich!" Es war die Stimme Astrids, die sich Unheil kündend vernehmen ließ. „Hinter diese Tür zieht er sich zurück, wenn er arbeitet. Und das ist immer! Oder wenn er an irgendwelche Frauen schreibt. Und ich muss hier allein rumhocken."

„Aha", sagte ich nur. „Aha."

„Willst du mein Arbeitszimmer sehen?", fragte Tralow.

Ich folgte ihm zu der Tür, die er mit einem Sicherheitsschlüssel aufschloss, während im Hintergrund eine Schimpfkanonade auf ihn losging. Ich war erstaunt über einen Raum, der fast zur Hälfte mit einem großen langen Tisch ausgestattet war. Tralow schrieb alles mit der Hand, wie er mir erklärte, und so lagen auch Papier, Stifte und ein Füllfederhalter parat. Diverse dicke Bücher waren sorgfältig auf dem Tisch aufgereiht. Sehr viel später erst, als ich selbst an einem Buch über das Attentat auf Papst Johannes Paul II. schrieb, würde ich mich daran erinnern, dass diese Bücher mit Sicherheit aus der Staatsbibliothek stammten, denn ich sah arabische Schriftzeichen. Als ich selbst im Lexikon des Islam recherchierte, konnte ich feststellen, wo Tralow die Sprache der damaligen Zeit herhatte, die alle so bewunderten. Auch ich würde mich dieser Sprache noch bedienen, allerdings sehr viel später. Tralows Mohammed erschien 1967 und da ich exakt ein Jahr zuvor die DDR verlassen hatte, war es sehr wahrscheinlich, dass er zu der Zeit, als ich in seinem Arbeitszimmer sein durfte und diese Bücher sah, daran arbeitete.

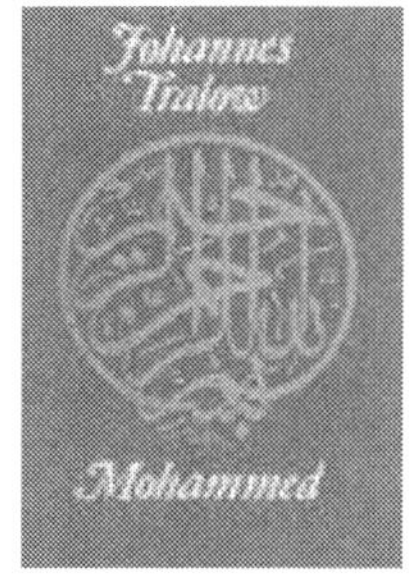

Ich erinnere mich, dass es das geheime Zimmer mit dem Türknauf war, das mich innerlich überzeugte, so leben zu wollen wie Johannes Tralow, mit einem Zimmer, in das nur ich hinein konnte und einem so langen Tisch, der die Arbeitsutensilien beherbergte. Es war ein geheimnisvolles Zimmer, in dem fiktive Figuren das Leben eingehaucht bekamen und wirkliche Personen aufzutauchen pflegten, zu dem Frauen prinzipiell keinen Zutritt hatten, mit Ausnahme der Sekretärin. Ja, das alles war es, was ich ebenfalls anstreben wollte.

In der kommenden Zeit waren wir hin und wieder bei den Tralows in Friedrichshagen. Und mit jedem Besuch, den wir dort machten, festigte sich mein Entschluss, Schriftsteller zu werden. Eines Tages fragte Tralow, ob ich denn schon ein Buch von ihm besäße. Statt meiner antwortete meine Mutter.

„Deinen Roman *Aufstand der Männer* – fand ich noch zu schwer für den Jungen."

„Unsinn, zu schwer. Aber das werden wir ändern. Wenn wir zusammen in Ahrenshoop waren, habe ich neue Exemplare des Buches bekommen, das ich dir als erstes meiner Bücher empfehle. Das Mädchen von der grünen Insel." Und dann bat er mich, ihn beim Vornamen zu nennen. Schließlich betrachte er sich als meinen väterlichen Freund.

Und er hat Wort gehalten. Ich besitze es noch heute mit einer ganz persönlichen Widmung, die auf ein Vorkommnis zurückgeht, das sich im Anschluss an eine Lesung ereignete, die Johannes Tralow im Kunstkaten gab. Es waren etwa zwanzig bis dreißig Personen anwesend. Tralow las, soweit ich mich erinnern kann, aus seinem 1951 erschienenen Roman *Aufstand der Männer,* und die Zuhörer waren begeistert. Sie feierten ihn regelrecht, und um ehrlich zu sein, war das ein weiterer Punkt dafür, dass auch ich unbedingt Schriftsteller werden müsse.

Als Tralow schließlich geendet und viele Fragen der Anwesenden beantwortet hatte, sagte eine der Frauen, dass sie den Weg nicht gescheut habe, an dieser Veranstaltung teilzunehmen, denn sie sei eine große Verehrerin von ihm. Im Gespräch fiel dann, dass sie aus Barth komme, rund 35 Kilometer von Ahrenshoop entfernt, und ehrlich noch nicht wisse, wie sie nach Hause käme, da sie mit dem Bus angereist sei. Nun kam der Augenblick, allen zu zeigen, was der Autor für seine Leser empfand. Er bat mich laut und vernehmlich, jene Frau in seinem Wagen nach Hause zu fahren.

Damit erntete Tralow allgemeine Bewunderung, und ich konnte eine weitere Spritztour mit diesem herrlichen Gefährt unternehmen. Am wichtigsten für mich aber war, dass ich meine damalige

Freundin, Marie-Luise R., genannt Marlies, die ich überaus zu lieben glaubte, mitnehmen konnte. Herrlich, der Wagen flog nur so dahin. Und auf der Rückfahrt machten wir eine kleine Siesta auf einem Waldweg im Darß. Das heißt, wir hatten das vor. Ich war rückwärts in diesen Weg gefahren und plötzlich steckte ich in einer Vertiefung fest, in der noch Reste von Wasser waren. Damit war das Malheur perfekt. Die angepeilten und schon fest eingeplanten Liebesspiele lösten sich augenblicklich in Luft auf. Leider. Dafür aber brauchte ich mehr als eine Stunde, um die Karre aus dem Dreck zu holen. Dabei ruinierte ich das dicke Abschleppseil, das ich unter das Rad des aufgebockten Wagens gepackt hatte, um wieder flott zu werden. Ich ließ es im Darß zurück, denn so dreckig konnte ich es unmöglich in den gepflegten Kofferraum legen. Auch konnte ich den Dreck, der sich am Unterboden und in den Radläufen gesammelt hatte, nicht unbemerkt beseitigen.

Doch nun zurück zu der Widmung in dem Buch *Das Mädchen von der grünen Insel*, das mir Tralow einige Tage nach unserer Rückkehr nach Berlin mit einer Widmung geschenkt hatte. Er vervollständigte meinen Namen mit dem Zusatz, *dem Pannendreher …*, und das zeigte mir, dass er nunmehr Bescheid wusste, ohne mich sonderlich zu rügen.

Obwohl ich also Johannes Tralow vieles außer den Spritztouren mit seinem Auto zu verdanken habe, am meisten aber, dass ich nun ebenfalls Autor geworden bin, komme ich ehrlicherweise nicht umhin, auf die ambivalente Figur Tralows als *Wanderer zwischen den Welten* hinzuweisen. Als Journalist hatte ich immer Dinge hinterfragt, an denen ich arbeitete, bevor ich sie publiziert habe. Und genau das machte ich, weil es mich als jungen Mann die ganze Zeit nicht losgelassen hatte, wieso ein Autor aus dem ‚goldenen Westen' in den ‚ärmlichen Ostteil' des Landes kam.

Aufmerksam auf diese Doppelwertigkeit des bedeutenden Autors historischer Figuren und Abläufe geworden bin ich, nachdem ich das von Hiltrud Häntzschel publizierte Buch über dessen dritte Ehefrau, Irmgard Keun, gelesen hatte. Ich verglich die Darstellung Tralows in diesem Buch mit den Ausführungen über seine Person als allzeitiger Kämpfer gegen Krieg und Nazismus und dabei bezog ich manchen - damals unverständlichen - Ausbruch Astrids über ihren Mann mit ein. Und nun muss ich zu dem Schluss kommen, dass mein väterlicher Freund Johannes Tralow nicht nur ein guter Autor, sondern auch ein brillanter Selbstdarsteller gewesen ist und durchaus in der Lage war, gutgläubige Menschen hinters Licht zu führen. Leider, denn manchmal ist eine solche Erkenntnis schmerzhaft.

Tralow Nationalsozialist? Ich konnte das nicht glauben. Aber die Beweislage von Hiltrud Häntzschels Recherchen sind so erdrückend, dass ich ihr Glauben schenken und als Journalist zumindest recherchieren muss.

Zitat aus Hiltrud Häntzschels Monografie ***Irmgard Keun***, erschienen 2001 bei rororo:

SCHEIDUNG AUF NATIONALSOZIALISTISCH

Die Modalitäten der Scheidung sollten in der Lebensbeschreibung einer Autorin nicht mehr Raum einnehmen als eine biographische Notiz. Bei Irmgard Keun und Johannes Tralow liegt der Fall anders. Die Scheidung ihrer Ehe wird einerseits zum Politikum, andererseits zum Pfand in der schwierigen Beziehungskonstellation Tralow - Strauss - Roth.

Nach Tralows späteren Beteuerungen ebenso wie nach Keuns-Darstellung gegenüber Arnold Strauss scheint der Wunsch nach Trennung allein von ihr ausgegangen zu sein.

Am 7. April 1937 berichtet sie Strauss von ihren anstrengenden Bemühungen, um seinetwillen Tralow zur Einwilligung in die Scheidung zu bewegen: Ich verspreche mir diesmal davon Erfolg. Ich kenne ihn und weiß, was ich sagen muss. Es ist mir peinlich, aber ich will es tun.

Aber bereits am 24. Mai 1936 hatte Johannes Tralow an den Präsidenten der Reichsschrifttumskammer geschrieben:

Sehr geehrter Herr Präsident! Für meine Personal-Akten erlaube ich mir folgende Ergänzung ganz ergeben zu überreichen: Mit dem heutigen Tage habe ich beim Landgericht Frankfurt am Main die Scheidungsklage gegen meine bisherige Ehefrau Irmgard Charlotte, geb. Keun eingeleitet. Um Missdeutungen aus dem Wege zu gehen, erlaube ich mir, auszugsweise einen Brief von Frau Irmgard Keun an mich zu überreichen, der mir für keinen deutschen Mann etwas anderes übrig zu lassen scheint.

Heil Hitler! Johannes Tralow.

Als Anlage folgt in Auszügen die Abschrift ihres vermutlich ersten Briefes aus der Emigration an den Ehemann:

***Amsterdam, grande poste restante i8/Mai** (1937)*

Mein lieber Johannes - diesen Brief an Dich zu schreiben, fällt mir weiß Gott nicht leicht. Ich will nicht mehr nach Deutschland zurückkommen. Ich werde von jetzt an in Holland leben und mit einem führenden Verlag dort arbeiten. Du fühlst Dich als deutscher Nationalsozialist. Gut. Aber dann wirst Du mich auch verstehen. Ich gehorche endlich dem Wunsch der Reichsschrifttumskammer. Man wollte mich nicht, und man will mich nicht. Du weißt, dass ich mich Jahre und Monate verzweifelt bemühte, den Grund zu erfahren. Ich erfuhr lediglich unbegründete Ablehnungen, nachdem mir vorher Hoffnungen gemacht wurden. [. . .] Es ist sinnlos, Dir mehr zu schreiben, Du wirst mich ja doch nicht verstehen - kein Nationalsozialist wird mich verstehen. [...] Ich darf ja atmen, ich darf ja arbeiten - in Holland, Dänemark, Schweden, Norwegen, Frankreich, England, Italien, Polen, Tschechei, Rumänien, Bulgarien - überall in Europa. Schreibe mir, lieber Hannes - an obige Adresse, was Du nun denkst und tun willst, (gez.) Irmgard.

Demgegenüber steht ein Auszug aus einem Brief Tralows an Claire Goll: Berlin Friedrichshagen, undatiert (vermutlich Ende 1959)

[es geht um eine Manuskriptsuche von Ivan Goll]

Mag ich sonst sein, was immer ich sein mag - ein unverbesserlicher Antifaschist bin ich immer noch, und das ist auch heute noch, oder heute wieder, das Gefährlichste, was man in der Bundesrepublik sein kann.

Mit herzlichen Grüßen
stets Ihr
Johannes Tralow

Ein unverbesserlicher Antifaschist? Jetzt werden bei mir Äußerungen Tralows ins Gedächtnis geholt, die so in seiner Wohnung in Berlin-Friedrichshagen gefallen sind.

„Ich war mit Astrid das letzte Mal auf Teneriffa zum Urlaub. Der Abflug war aus Frankfurt am Main. Aber jedes Mal, wenn ich nach Westdeutschland einreisen will, muss ich um meine Freiheit bangen. Ich frage immer bei meinem Anwalt nach, ob ich ohne Gefahr, meine Freiheit betreffend, einreisen kann. Deshalb will ich an der Ostsee hier im Land Urlaub machen.

Und dann findet sich im Nachlass Kesten, [Monacensia München] ein anderer Brief:

- Dr. Hanns Braun (Geiselgasteig) an Hermann Kesten (undatiert):

Lieber Hermann Kesten,

Gleich gestern nach Erhalt Ihres Briefes vom 17. Juli – auch her-wärts scheint's a long way to Tipperary' für die Post – habe ich veranlaßt, dass Ihnen nicht nur die Süddeutsche mit meinem Nizzabericht zugeht, sondern auch, via Sekretärin Kästners, das Exemplar der 'Deutschen Woche', in der Herr Tralow Sie schon vor zehn Tagen eines Offenen Briefes gewürdigt hat.

Als Sie mir schrieben, wußten Sie es noch nicht.

Was das für ein Blatt ist, können Sie an der Bildseite hinten unschwer erkennen, auch wenn es hier in München redigiert wird, und vielleicht noch sonstwo. Es wird sich mit Herrn Tralows CSU-Mitgliedschaft nicht anders verhalten: gedeckt sein nach allen Seiten, um entrüstet tun zu können, wenn jemand etwas von Tarnmanövern schreibt. Ein Witz ist: dass dieser von Joh. R.Becher und seiner Gruppe in Düsseldorf gekürte Präsident Tralow drei Jahre vorher in Göttingen auf Antrag des gleichen Herrn Becher aus dem PEN ausgeschlossen werden sollte, weil T. ihm zu sehr mit den Nazis verbandelt gewesen zu sein schien. Undsoweiter! Für heute so viel. Falls es zum Prozeß kommt, schreibe ich Ihnen rechtzeitig.

Ich nehme nicht an, dass Sie Herrn Tralow erwidern wollen; wenn ja, kann Ihnen Friedenthal, Edschmid, Kästner noch verschiedenes erzählen, und ich natürlich auch.

Für heute nur dies und sehr herzliche Gutebesserungswünsche für Ihre

liebe Frau [Š]

Ihr Hanns Braun

Richtig aber ist, dass Becher seine Vorwürfe nicht untermauern konnte und die Klage deshalb zurückgewiesen wurde. Eine genauere Untersuchung des Sachverhaltes wäre sicher notwendig, um der ambivalenten Persönlichkeit Tralows das richtige Licht zu verleihen.

Auch einem sehr ergebenen Mann wie mir fällt es nach diesen aus der Zeit überlieferten Originalzeugnissen schwer, seine gefasste Meinung über Tralow vollständig beizubehalten.

Aber bestimmt werden Teile von ihm immer in meiner Erinnerung bleiben, die mir damals sehr gefallen haben, wie er, ‚Buddha' gleichend, beispielsweise nackt und nur mit einem großen Strohhut bekleidet, der seinen Kopf vor den mörderischen Strahlen der Sonne schützen sollte, am Strand entlang lief. Oder wie er, nach der Lesung im Kunstkaten, damit anfing, interessierten Lesern - jungen Frauen meist - am Strand aus seinen Büchern vorzulesen. Freilich war das erst nach der Amtszeit Tralows als geschäftsführender Präsident des P.E.N.-Ost-West im Jahr 1960.

Beeindruckend für mich jungen Burschen war, wenn er lauthals verkündete: „Man reiche mir ein Weib zu schnöder Lust, auf dass ich mich an ihres Busens schlotternder Masse weidlich ergötze!" Und dann etwas leiser, entschuldigend hinzufügte: „Ist nicht von mir, sondern von Shakespeare."

Dennoch beschließe ich, eine weitere Stimme zu Tralows Ambivalenz einzuholen. Bei meinen Recherchen stoße ich auf Dorothée Bores. Die studierte Buchwissenschaftlerin, die auch Deutsche Philologie und Kunstgeschichte in Mainz studierte und nach dem Abschluss des Studiums mit einer Magisterarbeit zum „deutschsprachigen Exil in Paris" brillierte, war wissenschaftliche Mitarbeiterin am Institut für Buchwissenschaft, Mainz mit Schwerpunkte innerhalb der Forschung und Lehre u. a. der Buchkunst des 20. Jahrhunderts und Literatursystem der DDR.

In dieser Eigenschaft befasste sie sich ausführlich mit der Entwicklung des P.E.N. und war deshalb auch mit der Person Johannes Tralow befasst. Sie stellt in ihrer Arbeit u.a. fest, Zitat:

Die mit zunehmender Schärfe diskutierte Kontroverse um die grundsätzlich unterschiedlich ausgerichteten politischen Orientierungen der beiden deutschen Staaten belastete schon bald nach der Wiederbegründung (1948) die Atmosphäre des P.E.N.-Zentrums Deutschland, das für einen kurzen Zeitraum eine der wenigen verbliebenen gesamtdeutschen Institutionen darstellte. Der Grundsatz „No politics at all", den einer der englischen Gründungsväter, John Galsworthy, formuliert hatte, war nicht zu halten. Auch ein scheinbar neutrales Gebiet wie das der vielfach beschworenen einen deutschen Literatur blieb von der staatlichen Entzweiung nicht dauerhaft unberührt. Nach vereinzelten Austritten westdeutscher Mitglieder 1950/51 führte das Ergebnis der Präsidiumswahl auf der Mitgliederversammlung im Oktober 1951 zur Separation einer Gruppe bundesdeutscher P.E.N.-Mitglieder. Der neubegründeten Sektion, die 1952 vom Internationalen P.E.N. offiziell anerkannt wurde, schloss sich bald eine Mehrzahl der westdeutschen Autoren an. Das ursprüngliche P.E.N.-Zentrum Deutschland existierte jedoch weiter. Kurioserweise bestand das Präsidium des P.E.N.-Zentrums Deutschland zunächst vorwiegend aus westdeutschen Autoren. Lediglich Johannes R. Becher, an dessen

Person sich die der Teilung vorangegangenen Kontroversen entzündet hatten, bekleidete als DDR-Autor eines von drei Präsidentenämtern. Das Präsidium reduzierte sich jedoch rasch: Die Hamburger Autoren Günther Weisenborn (Präsident), Hans Henny Jahnn (Generalsekretär) und Axel Eggebrecht (Schatzmeister) zogen sich teils ideologie-, teils krankheitsbedingt schon Ende Oktober bzw. Ende November 1951 zurück. Übrig blieben als Präsidenten der Münchener Schriftsteller Johannes Tralow und Johannes R. Becher. Tralow engagierte sich in der Folgezeit für die Fortexistenz des P.E.N.-Zentrums Deutschland; er hielt an der seiner Meinung nach alleinigen Existenzberechtigung des P.E.N.-Zentrums Deutschland fest und stellte die Legitimität der bundesrepublikanischen Sektion in Frage. Auf dem Internationalen P.E.N.-Kongress in Dublin 1953 wurden aufgrund der allgemeinen Verwirrung über die Existenz zweier deutscher Zentren differenzierende Kennzeichnungen festgelegt: Die westdeutsche Sektion erhielt die Bezeichnung Deutsches P.E.N.-Zentrum (Bundesrepublik). Das ursprüngliche P.E.N.-Zentrum Deutschland wurde umbenannt in Deutsches P.E.N.-Zentrum Ost und West (Sitz München).

Tralow trat in den Folgejahren bis zu seinem Rücktritt 1960 beständig für die gesamtdeutsche Struktur des von ihm als geschäftsführendem Präsidenten geleiteten Zentrums ein; er war stetig bestrebt, die Zahl der westdeutschen Mitglieder im Deutschen P.E.N.-Zentrum Ost und West zu vergrößern. Gleichwohl verschob sich das interne politische Gewicht durch die Verteilung der übrigen Präsidiumssämter schon früh mehr und mehr in Richtung DDR.

Das Interesse des P.E.N.-Präsidiums an den Mitgliedern in der Bundesrepublik schwand nach Tralows Ausscheiden merklich. Schon während Tralows Amtszeit war die Diskussion zur staatspolitischen Kennzeichnung des Zentrums aufgekeimt.

Tralow war also, und daran ist kein Zweifel, ein Befürworter und Förderer für einen einheitlichen P.E.N.-Deutschland, ein Rufer in die Nacht des Ignorantentums, das beiden deutschen Staaten zu eigen war.

Was immer sich während der Zeit des Nationalsozialismus abgespielt haben mag, wir werden es vielleicht nie ganz klären können. Aber er wird als Förderer und Mittler für die Einheit der deutschen Autoren der Nachkriegszeit seinen Platz haben. Das zeigt ein Brief, den ich deshalb abschließend zitieren möchte, den Johannes Tralow an Claire Goll geschrieben hat und der darauf hinweist, dass es einige deutsche Autoren gab, die in der DDR verlegt, während sie in der Bundesrepublik nicht beachtet wurden. Er war einer von Ihnen.

[Auf Kopfbogen "Der Deutsche P.E.N. Zentrum Ost und West (Sitz München)] Gauting bei München, Waldpromenade 50, zur Zeit Berlin Friedrichshagen

J.Tralow an Claire Goll, 8.9.1959

Sehr verehrte gnädige Frau!

[Š] Obwohl ich - abgesehen von meiner sehr großen Leserschaft, die ich bis zur Verlängerung des amerikanischen Boykotts in Westdeutschland hatte und habe - allein in der DDR nach der Behauptung der Statistik an 5 Millionen Leser haben soll, so bilde ich mir gar nicht ein, dass man mich nun überall kenne. Dazu kommt, dass die Umstände (siehe Boykott) mich den westlichen Schöpfungen ein wenig entfremdet haben.

Die meisten deutschen Schriftsteller unseres Zentrums verlegen in der DDR, weil ihre Lage in der Bundesrepublik hoffnungslos ist. Ich stütze mich dabei auf die Berichte der westdeutschen Schriftstellerverbände und u.a. auch auf Theodor Heuss, den Bundespräsidenten. Ich bin mir bewußt, dass diese Anmerkungen gar nicht von mir gemacht werden dürften, weil es die geistigen Werte, auf die es allein ankommen sollte, nicht berücksichtigen. Aber verzeihen Sie bitte meinem Alter (77 Jahre), meiner Arbeit (ich schließe gerade einen neuen Roman ab) und der großen Bürde, die mir mein PEN-Amt auferlegte, dessen ich mich leider nicht entledigen kann.

Mit den herzlichsten Grüßen

Ihr Johannes Tralow

Johannes Tralow

- Geb. am 2. August 1882 in Lübeck, kaufmännische Ausbildung
- 1908-1910 Redakteur des «Lübecker Stadt- und Landboten»
- 1910-1915 Journalist in Berlin
- Seit 1915 viel beachteter Regisseur in Halle, Mainz, Berlin, Nürnberg
- Von *1914* bis *1923* als Schauspieler, Oberspielleiter und Direktor an Theatern in Köln, Bekanntschaft mit Irmgard Keun
- 1923-1933 Theaterarbeit in Frankfurt, Hamburg, Kassel, Hannover
- 17. Oktober 1932-25. Juni 1937 in 3. Ehe verheiratet mit Irmgard Keun
- 1933-1945 freier Schriftsteller, Staatsaufträge für Filmdrehbücher und Romane
- 1945-1947 Vorsitzender der Spruchkammer in Starnberg
- 1951 bis 1960 Präsident des Deutschen P. *E.* N-Zentrums Ost und West mit Sitz in Ostberlin. Feste Wohnsitze in beiden deutschen Teilstaaten. Hohe Auflagen seiner historischen Romane im Verlag der Nation, Berlin
- 27. Februar 1968 Tod in Berlin/DDR

14

Fensterln bei Itas Mädchen und der geplante Versuch, eine Leiche auszugraben ...

1953 war ich mit meiner Mutter zu einer Art Kongress vom Verband Bildender Künstler gefahren, der in einem der Außenbezirke Dresdens stattfand. Während Apparatschicks die edlen Ziele des Verbandes Punkt für Punkt zelebrierten, schrieb ich eifrig mit. Was ich nicht wusste, war freilich, dass sich niemand mehr für mein Geschreibsel interessieren würde, am allerwenigsten meine Mutter. Dann setzten mir irrsinnige Magenschmerzen zu, eine Folge des überreichlichen Eisgenusses, das ich meiner Mutter abgetrotzt hatte. Neben uns saß eine Frau, die eine kleine Firma in Cottbus betrieb, eine Handweberei, wie sie meine Mutter besaß. Ita Rost, die mit ihrer Lebensgefährtin Inge Wolf, genannt Wölfchen, zu dieser Veranstaltung dort war, nannte uns ein Mittel, das wir in der nächsten Apotheke besorgen sollten. Tatsächlich halfen diese Tropfen, denn innerhalb einer halben Stunde waren die Schmerzen wie weggeblasen. Die gemeinsame Interessenlage, beispielsweise die Beschaffung von Rohmaterialien betreffend und unser interessanter Standort am hohen Ufer in Ahrenshoop, ließ schnell eine interessant werdende Bekanntschaft entstehen.

Es gab die Frage, ob die Möglichkeit bestünde, Ita ein Baugrundstück in Ahrenshoop zu besorgen. Und so versuchten wir über den Bauer Nagel, dessen Landwirtschaftsfläche direkt neben unserem Grundstück verlief, eine Bauparzelle für Ita Rost zu ergattern.

Meine Mutter hätte gewarnt sein müssen. In einer Konstellation, in der zwei Frauen miteinander leben, kommen allzu schnell Spannungen auf, wenn ein Dritter irgendwelche Begehrlichkeiten weckt. Und die führten dann auch sehr schnell zum Bruch. Und der kam ganz profan plötzlich aus heiterem Himmel.

Wir hatten uns natürlich einen Brunnen bohren lassen, da zu es zu der Zeit noch keine Wasserleitung in Ahrenshoop gab und die Sickergruben des Abwassers leider immer wieder ihre giftige Fracht bis zu den Brunnen brachten, was dann auch viele Kurgäste mit einem andauernden Durchfall quittierten.

Ita Rost, die dringend Bauwasser brauchte, bezog ihr Wasser natürlich von uns und natürlich kostenfrei. Wozu sind Freunde da, wenn nicht zur Hilfe. Doch dann bekamen wir Material für unseren Garagenneubau, der so angelegt war, dass in ihm eine Werkstatt und zwei weitere Zimmer einzurichten geplant war. Der Fahrer hatte Probleme mit dem Abladen und benötigte eilig eine Hilfe, die meine Mutter sich in Form eines Bauarbeiters von Itas Bau holte und der für eine Dreiviertelstunde beim Abladen geholfen hat. Der anschließende Streit eskalierte so, dass meine Mutter Ita des Grundstückes verwies, und alle späteren Versuche, das Ärgernis beizulegen, schlugen fehl.

Schließlich war das Rost`sche Haus fertig gestellt, und Ita arbeitete mit ihren Lehrlingen, während die Lebensgefährtin Wolf die Weberei, bis zu deren Verkauf viele Jahre später, in Cottbus leitete und nur hin und wieder einmal da war.

Eines Tages verreisten die beiden einmal gemeinsam, und die beiden Lehrmädchen Maidlin Boock aus Jena und Ellen Graber aus Zingst waren begehrte Ansprechpartnerinnen für mich. Mit dem Sohn des Bäckers Saatmann, Jürgen, der nahezu gleichaltrig war und mit dem ich mich angefreundet hatte, schmiedete ich einen verwegenen Plan, den wir auch an einem Nachmittag umsetzten. Wir schleppten eine Leiter über den Zaun, stellten diese an das Haus, kletterten bis zum Fenster hoch und begannen zu singen: *„Komm mach dein Fensterl auf, ich wart schon lang darauf!"*

Es muss grauenvoll geklungen haben. Das Fenster ging in der Tat auf, aber erhört wurden wir nicht. Leider, aber so ist nun einmal das Leben. Dennoch hatten wir viel Spaß dabei, und alle Beteiligten mussten sehr über diese komische Situation sehr lachen. Doch dieser Spaß hatte Folgen. Die Mädels verloren beide ihre Lehrstelle im Rost`schen Haus.

Die Mutter von Ellen betrieb in Zingst ein Kunstgewerbegeschäft im ehemaligen Arzthaus. Da wir Frau Graber in Zingst auch mit Erzeugnissen von uns belieferten, war ich hin und wieder dort zu Gast. Ich erfuhr, dass ihr Mann, Dr. Karl Graber, Arzt auf einem U-Boot der deutschen Kriegsmarine gewesen war und in Opposition zur DDR gestanden habe.

Doch damit zog er sich den tödlichen Zorn der Mächtigen zu.

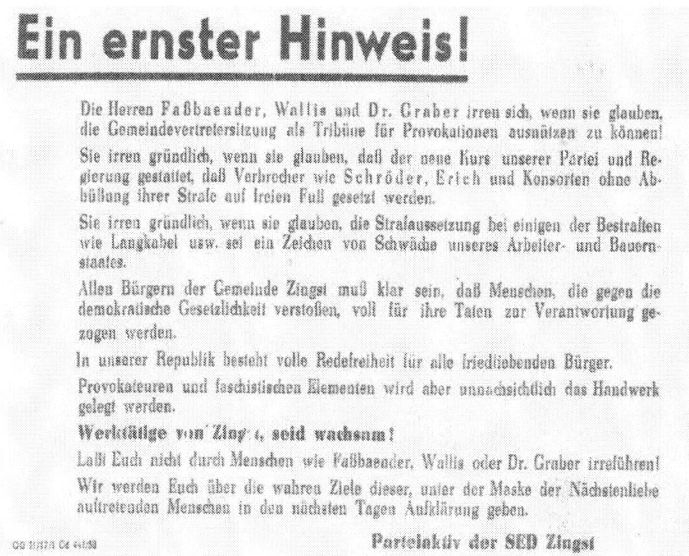

Ein ernster Hinweis!

Die Herren Faßbaender, Wallis und Dr. Graber irren sich, wenn sie glauben, die Gemeindevertretersitzung als Tribüne für Provokationen ausnützen zu können!

Sie irren gründlich, wenn sie glauben, daß der neue Kurs unserer Partei und Regierung gestattet, daß Verbrecher wie Schröder, Erich und Konsorten ohne Abbüßung ihrer Strafe auf freien Fuß gesetzt werden.

Sie irren gründlich, wenn sie glauben, die Strafaussetzung bei einigen der Bestraften wie Langkabel usw. sei ein Zeichen von Schwäche unseres Arbeiter- und Bauernstaates.

Allen Bürgern der Gemeinde Zingst muß klar sein, daß Menschen, die gegen die demokratische Gesetzlichkeit verstoßen, voll für ihre Taten zur Verantwortung gezogen werden.

In unserer Republik besteht volle Redefreiheit für alle friedliebenden Bürger.

Provokateuren und faschistischen Elementen wird aber unnachsichtlich das Handwerk gelegt werden.

Werktätige von Zingst, seid wachsam!

Laßt Euch nicht durch Menschen wie Faßbaender, Wallis oder Dr. Graber irreführen!

Wir werden Euch über die wahren Ziele dieser, unter der Maske der Nächstenliebe auftretenden Menschen in den nächsten Tagen Aufklärung geben.

Parteiaktiv der SED Zingst

In jenen schweren Tagen, in denen das Ulbricht-Regime in der Aktion „Rose“ enteignete und mordete, bot auch der ständig im Widerspruch zum Staat der DDR stehende Arzt eine breite Angriffsfläche, die die *Diktatur des Proletariats* sofort nutzte, um ihn nicht nur zu diffamieren, sondern brutal zu ermorden. Sorgfältig und in Flugblättern und Anschlägen wurde seine Verhaftung vorbereitet.

Ich fragte mich, wer war Dr. Karl Graber wirklich? Und vor allem, was bezweckte er damit, sich so evident gegen das herrschende Regime zu stellen? Und nun machte ich mich auf nach Zingst, um die Nachkommen und unabhängige Gemeindemitglieder zu befragen.

Meinen Recherchen zufolge gibt es nur eine Antwort. Dr. Graber

Wer ist Dr. Graber

und was wollte er?

Dr. Graber war Mitglied der Nazipartei und hat nach 1945 seine faschistische, menschenfeindliche Ideologie weiter verbreitet. Er glaubte, seine schamlose und gemeine Hetze gegen unsere demokratische Ordnung ungestraft ständig weiter führen zu können.

Sein wahrer, schmutziger und geldgieriger Charakter ist vielen Einwohnern aus Zingst bereits bekannt.

Ein Beweis dafür ist folgender Vorfall: Im Sommer ereignete sich ein Unglücksfall beim Baden in Prerow.

Die Hilfeleistung des Dr. Graber bestand darin, daß er ohne Untersuchung durch einen „Blick" den Tod des Kindes feststellte.

Ein Kind war bereits von FDJlern durch Wiederbelebungsversuche gerettet.

Zwei Berliner Ärzte vertraten die Meinung, daß auch das andere Kind eventuell noch durch längere Zeit anhaltende (1—1½ Stunden) Atemübung zu retten sei.

Dr. Graber jedoch stellte sofort den Tod fest und forderte im gleichen Atemzuge frech von den erschüttert dabei stehenden Angehörigen 8.— DM für die Ausstellung des Todesscheines. Gefühlsroh, ohne ein Wort des Beileides fuhr er wieder davon.

Dieser Vorgang liegt aktenkundig in Ribnitz-Damgarten.

Das ist Dr. Graber!!!

Wenn es um Menschenleben geht interessiert diesen „sauberen" Herrn Dr. Graber in erster Linie das Geld.

Mit geschickten Phrasen über Kinderliebe und baldiges Weihnachtsfest versuchte er Stimmung unter der Bevölkerung für seine schmutzigen Pläne zur Befreiung von Verbrechern wie Schade usw. zu machen. (Über die Verbrechen von Schade und Konsorten erfolgt weitere Aufklärung.)

Auf der letzten öffentlichen Gemeindevertretersitzung versuchte Dr. Graber unter der Drohung: „Die Regierung solle nicht die Lehren des 17. Juni und des 6. September vergessen" die Forderung auf völlige Freilassung aller Agenten und Banditen zu erheben.

Herr Dr. Graber hat jetzt Zeit, darüber nachzudenken, wie schnell unser Staat seinem Hinweis in Bezug auf die Lehren des 17. Juni Folge geleistet hat. Allerdings nicht im Sinne des Dr. Graber und seiner Trabanten.

Werktätige von Zingst, seid wachsam!

In den nächsten Tagen wird weiteres Material veröffentlicht.

Parteiaktiv der SED Zingst

war, geprägt von seiner Herkunft und Ausbildung – vor seinem Medizinstudium hatte er einige Semester Jura studiert – nicht nur ein Mann, der sich für die Patienten seiner Region als Arzt und

Mitbürger einsetzte, Er war auch geprägt von seien Erfahrungen, die er während der Kriegszeit als Arzt auf einem U-Boot gemacht hatte.

Eine braune Nazidiktatur nein. Aber zu einer roten, einer so genann-ten Diktatur des Proletariats, sagte er ebenfalls nein. Und für ihn stand fest, dass er sich des einzigen schriftlichen Widerspruchs gegen die Aktion Rose, die es in der DDR gegeben hat und die von der aktivsten Ortsgruppe des Nordens, des Zingster Kulturbundes zur demokratischen Erneuerung Deutschlands ausging, anschließen würde.

Ein intelligent diskutierender Mann aber war in diesen Zeiten eine den Staat bedrohende Gefahr. Und so war man sich seitens der SED sofort einig darüber, Graber als ein subversives Element abzustempeln.

Gleich den Herren Faßbender und Wallis wurde der Arzt am 28.10.1953 verhaftet.

Zitat aus dem Zingster Strandboten, einer Publikation der Gemeinde vom Juni 2003:

Demokratieverständnis und Loyalität waren vielen Zingstern zu eigen, gelernt aus dem Zusammenleben in guten wie auch schlechten Zeiten und hauptsächlich aus der Tatsache heraus begründet, dass viele Zingster durch die Schifffahrt andere Sitten und Gebräuche fremder Länder mitbrachten. So ist der Begriff „Der swatte Darss" kennzeichnend für die Einstellung zu totalitären Maßnahmen jeweiliger Staatsführungen. Die Empörung über die „Aktion Rose" schlug hohe Wellen. Man erwartete von den gewählten Volksvertretern eine Klärung. Der damalige Gemeinderatsvorsitzende Herr Wallis verfasste eine Petition an den Präsidenten der DDR Wilhelm Pieck, die auf einer Gemeinde-versammlung im ehemaligen „Deutschen Haus" von ca. 400 - 500 Einwohnern zustimmend abgesegnet wurde.

Gegen die sogenannten Rädelsführer und Aufwiegler Herrn Wallis, Herrn Faßbender und Herrn Dr. Graber wurde von Seiten des Staates, insbesondere von dem Zingster Parteiaktiv der SED, zum Kesseltreiben geblasen.

Verleumdungen, Rufmord, Lügen und Verrat wurde ihnen nachgesagt, ein Akt der Unmenschlichkeit. Wer nicht für uns ist, ist gegen uns - gleiches Gedankengut wie bei den Nationalsozialisten. Nur die Farbe wechselte von „Braun" auf „Rot" (siehe vorstehende Flugblätter).

Höhepunkt dieser abscheulichen Kampagne war die Inhaftierung und Verurteilung von Herrn Wallis und Herrn Faßbender sowie der bis heute nicht aufgeklärte Tod von Herrn Dr. Graber während seiner Untersuchungshaft.

Das Aufbegehren der Bevölkerung nicht nur in Zingst, sondern in der gesamten damaligen DDR führten dann zum Volksaufstand am 17. Juni 1953, wobei die „Aktion Rose" nur ein Mosaikstein im Gebilde der Ungerechtigkeiten des SED-Regimes war. Dass dieser dann mit Hilfe der Roten Armee blutig niedergeschlagen und die Bevölkerung weiter gedemütigt wurde, ist nach 50 Jahren unbestritten.

Während die Herren Faßbender und Harry Wallis sich während ihrer Untersuchungshaft mit dem Ministerium für Staatssicherheit aller Wahrscheinlichkeit nach *einigten*, war Graber zu keiner Zeit zu einem Handel Freiheit gegen Redeverbot bereit und verstarb während der U-Haft auf rätselhafte, ungeklärte Weise.

Das erfuhr ich etwa Anfang 1960 in Gesprächen mit Frau Graber und sie meinte, sie glaube nicht, dass ihr Mann in dem angegebenen Grab sei.

So schmiedeten wir abenteuerliche Pläne. Wir erwogen tatsächlich, das Grab nachts zu öffnen, um festzustellen, ob die sterblichen Über-reste des Doktors dort wirklich ihre letzte Ruhestätte gefunden hatten und in welchem Zustand sie waren, wenn man ihn hingerichtet hatte.

Wir können von Glück sagen, dass wir dem Wunsch nach Aufklärung nicht nachgegeben haben, denn wir wären die nächsten gewesen, die dann wahrscheinlich auf Nimmerwiedersehen in einem der Zucht-häuser dieser Deutschen ***Demokratischen*** Republik verschwunden wären. Die rote Brut gebärdete sich nicht anders als die braunen Schergen des Naziregimes nur gut zwei Jahrzehnte zuvor.

Gesundheitswesen in den ersten Stunden der DDR: Noch war Dr. Graber mit dem Dienstfahrzeug für seine Kranken unterwegs. Später wurde er im Zusammenhang mit der „Aktion Rose" für sein mutiges Auftreten inhaftiert. Er wurde nicht mehr lebend gesehen.

Doch wer den Finger hebt, um auf die DDR zu zeigen, kommt

nicht umhin, die Bundesrepublik Deutschland zu kritisieren. Die nach der Wiedervereinigung ins Bodenlose gesunkene Moral und die Gier nach Reichtum, die unser Land zu einer Bananenrepublik verkommen lässt, hat auch im Fall Graber eine unverständliche Entscheidung getroffen.

Wie mir der Sohn des ermordeten Dr. Karl Graber, Paul Graber, auf Anfrage mitteilte, habe er mit seiner Mutter nach der Wende beantragt, die Leiche zu exhumieren, um aufgrund des vorhandenen Zahnstatus und diverser Knochenbrüche festzustellen, ob Graber tatsächlich dort begraben sei. Sie baten, dabei sein zu dürfen, wenn der Sarg geöffnet werde. Das wurde abgelehnt. Es hieß nur, dass es sich bei der Leiche tatsächlich um die Dr. Grabers handle. Paul Graber kam nicht umhin, mir zun erklären, dass die gleichen Leute, die früher SED-Schergen waren, für diesen schwammigen und durchaus nicht bindenden Bescheid zuständig waren.

Was für eine verkommene Gesellschaft sind wir Deutschen doch geworden?

So manches Mal bewundere *ich* im Nachhinein die Revolution in Rumänien, wo gleich ein sauberer Schlußstrich gezogen wurde. Die Deutschen taten sich aber schon immer schwer, saubere Trennungen zu vollziehen. Das war nach dem Zweiten Weltkrieg ebenso wie nach dem Untergang der DDR.

Braun und Rot haben überlebt und sich glänzend in das jeweils neue Regime integriert. Mich würde es nicht wundern, wenn diese Art rot-braune Brut eines Tages die Herrschaft über Deutschland wieder antritt.

Ich hoffe, dass das in Zukunft unserem Land ebenso erspart bleibt wie die Auswüchse des unkontrollierten Turbokapitalismus.

15

Edmund Kesting

Zu den Künstlern, die mich die größte Strecke meines Lebens begleiteten, gehörte zweifellos Edmund Kesting. Meine Erinnerungen an ihn gehen zurück bis zum Jahr 1942. Damals war er bei uns in Swinemünde - wie im 1.Kapitel kurz angerissen - und hielt sich gerade über Wasser.

Aber er war ein beachteter Maler und ein überaus interessanter Fotograf. Die Filmwirtschaft der DDR erkannte die Möglichkeiten und holte Edmund Kesting 1955 an die Hochschule für Film und Fernsehen der DDR in Potsdam-Babelsberg, wo er als Lehrbeauftragter für die Fachrichtung Kamera und zum Professor berufen wurde.

Ich erinnere mich, dass ich in Dresden allzu gerne zu Fotoaufnahmen bei den Kestings war, denn Edmund Kesting experimentierte mit Doppelbelichtungen, seinem Spezialgebiet. Aber noch interessanter als die Lichtquellen und die Schatten war für mich Dreikäsehoch das kleine viereckige Loch im Keller der Kestings, durch das die Briketts einzeln in den Kohlenkeller geschoben werden konnten. So etwas hatte ich noch nicht gesehen, und deshalb faszinierte mich das. Gerda, Kestings Frau, die bei ihm als Malschülerin war, bevor er sie ehelichte, erklärte mir immer wieder und mit sehr viel Geduld, warum dieses Loch so wichtig für sie war - sie mussten die wenigen Briketts, die es damals gab, nicht durch das ganze Haus schleppen. Vielmehr konnte sie einer von draußen reinschieben, während man sie hier entgegennahm und gleich aufstapelte. Ich war fasziniert und hätte den ganzen Tag mit Gerda in dem Raum bleiben können. Wie bescheiden ist man doch, wenn man jung ist.

Seit etwa 1925 beschäftigt sich Kesting schon intensiver mit der Fotografie. Er erprobt experimentelle Fototechniken wie Mehrfachbelichtungen, Fotogramme und Negativmontagen; dabei verwendet er Kameras mit großen Mattscheibenformaten. 1926 kommt es zur Gründung der Berliner Schule ***Der Weg*** und der Gründung der Gesellschaft der Sturmfreunde in Dresden. Kesting ist nun auch international erfolgreich. Er nimmt an Ausstellungen in Moskau und New York teil. Das Museum of Modern Art erwirbt Schnittcollagen von ihm. Er beginnt mit den Mehrfachbelichtungen, in denen er ausdrucksstarke Möglichkeiten der Fotografie erkundet. Seit 1930 beschäftigt sich Kesting mit Porträtaufnahmen und Tanzfotografien. Anfang der dreißiger Jahre tritt er in den Werkbund ein. 1933 finden bei ihm erste Hausdurchsuchungen statt; Kesting vernichtet daraufhin einige seiner Werke. Er erhält Mal- und Ausstellungsverbot; die Fotografie ist davon nicht betroffen. Daher arbeitet Kesting zunächst als Werbefotograf für Foto- und Autofirmen. 1937 werden zwölf seiner Werke als » entartet«

aus Museen entfernt; in der Folgezeit fotografiert er Architektur in Dresden und dokumentiert die Kunstschätze im Grünen Gewölbe. Kesting entwickelt eine Technik der „Chemischen Malerei", bei der er mit Fotosubstanzen auf lichtempfindlichem Papier unter Einbringung verschiedener Mal- und Kratztechniken experimentiert.

1945 gründet Kesting mit Karl von Appen und meinen Vater, Helmut Schmidt-Kirstein, Hans Christoph und anderen in Dresden die Künstlergruppe ***der ruf*** *- befreite Kunst*. 1945/46 entsteht nach der Zerstörung Dresdens eine Serie von experimentellen Fotoarbeiten mit dem Titel ***Dresdner Totentanz***. 1946 wird Kesting an die Akademie für Werkkunst in Dresden berufen; er übernimmt die Leitung der Lehrwerkstatt »Photographie und Film«; ein Jahr später wird er entlassen. 1948 wird er Leiter der Fachklasse für Fotografie an der Hochschule für Bildende und Angewandte Kunst in Berlin-Weißensee. 1953 kommt es zur fristlosen Kündigung im Zuge des Formalismusstreits. Zwischen 1949 und 1959 findet keine Ausstellung seiner Werke in der DDR statt. Kesting zählt zu den Vertretern der Informellen Malerei. 1955 wird er als Professor an die Hochschule für Film und Fernsehen in Potsdam-Babelsberg berufen als »Lehrbeauftragter für die Fachrichtung Kamera«; er wird 1960 emeritiert. Ende der 50er Jahre ist er als Prominentenfotograf tätig und 1958 wird sein Buch ***Ein Maler schaut durch's Objektiv*** veröffentlicht.

Erst 1960 kehren seine sichergestellten Arbeiten aus der Sowjetunion zurück. Er erhält den Auftrag, die Mitglieder der Akademie der Künste zu fotografieren. Mit dem Bau seines Sommerhauses in dem durch seine Künstlerkolonie bekannt gewordenen Ahrenshoop wird 1961 begonnen. Kesting hält sich in den kommenden Sommern auf dem Darß und Fischland auf. Die Landschaft inspiriert ihn zu zahlreichen Werken.

In dieser Zeit trafen wir uns hin und wieder, wenngleich die ganz alte Vertrautheit, wegen der Scheidung meiner Eltern, wohl nicht mehr bestand. Das Leben ging weiter und forderte durch seine ständigen Veränderungen seine Tribute. Dennoch malte Edmund während des Baus seines Sommerhauses unseren Hund

Asko vor dem Haupthaus.

Edmund Kesting stirbt 1970 in Birkenwerder bei Berlin. Das Werk Kestings findet in der DDR leider erst seit etwa 1980 offizielle Anerkennung.

Ahrenshoop würdigt ihn, indem eine Straße nach seinem Namen benannt wurde.

16

In der Vorbereitung liegt der Erfolg ...

Ich hatte ein Jahr und zehn Tage eingesessen. Zuerst in Frankfurt an der Oder im Untersuchungsgefängnis der Staatssicherheit, in dem der berüchtigte Major Karl Heinz Gudlowski als Chef der Ermittlergruppe IX *(Bearbeitung von Ermittlungsverfahren in der Zuständigkeit des MfS: sämtliche Ermittlungsverfahren wegen Verbrechen gegen die DDR und deren Souveränität, den Frieden, die Menschlichkeit und die Menschenrechte sowie Ermittlungsverfahren wegen anderer Straftaten, die auf Grund ihrer politischen Bedeutung bzw. bestimmter Zusammenhänge eine Bearbeitung durch die Organe für Staatssicherheit erforderlich machten)* das Sagen hatte, ein ganz übler Tschekist, der an Zynismus nicht zu überbieten war. Nach den acht Monaten Untersuchungshaft wurde ich nach Rüdersdorf überführt. Dort stattete man das Zementwerk mit Arbeitern aus, die ihre Haftstrafe in diesem Lager verbüßten. Einer dieser Arbeiter verunglückte am Kalkofen tödlich. Schnell hatte sich das im Lager herumgesprochen.

Auch Klaus Richter, mit dem ich in der U-Haft lange Zeit in einer Zelle verbracht habe, durfte ich hier wieder begrüßen und einen anderen Häftling namens Dieter Schwinn, der für mich ab und zu in Berlin gearbeitet hatte und der hier wegen Scheckreiterei einsaß. Damals wusste ich noch nicht, dass es die Frau dieses Dieter Schwinn, Fina Barsam aus Wandlitz war, die mich bei der Staatssicherheit angeschwärzt hatte, um Hafterleichterung für Ihren Mann zu erwirken. Was für unglaubliche Schweine es doch unter meinen so genannten *Freunden* gab. Ich würde das schmerzhaft feststellen, wenn ich nach der Wende bei der Gauck-Behörde in meine Unterlagen schaute. Dort stand, dass Barsam sich am 24. und 25. August mit Leutnant Faulhaber auf dem Bahnhof in Bernau traf, um konspirativ gegen mich vorzugehen. Am 9. September wurde ich dann aus einen Bus heraus, der nach Polen fuhr, verhaftet. Barsam bekam als Judas-Lohn 200,00 Mark der DDR. Dieser Ratte kann man zu dieser Sondereinnahme nur gratulieren.

Spätestens mit meinen Hafterlebnissen gab es für mich ein Weiterleben in dieser Republik, dem so genannten *demokratischen* Deutschland, das seine Menschen einsperren musste, nicht mehr. War ich vor meinem gescheiterten Versuch, meine Freiheit zu erlangen, absolut kein Feind meines Staates gewesen, hatte man mich nun gelehrt, was die *Diktatur des Proletariats* beinhaltete: rücksichtsloses Vorgehen gegen Andersdenkende.

Vorurteile gegen Arbeiter, also gegen das Proletariat als solches, waren mir fremd. Aber ich hasste Proleten im abwerteten Sinn. Und mit denen hatte ich es zu tun. Einer solch lausigen Bande, die sich im Schutz des Antifaschismus artikulierte und die massenweise Verbrechen an Andersdenkenden verübte, würde ich niemals wieder vertrauen können. Schon während der U-Haft hatte ich mit Klaus Richter, der auch wegen eines missglückten Fluchtversuches einsaß, vereinbart, dass wir nach der Haftentlassung von unserem Grundstück in Ahrenshoop starten würden.

Doch zuvor kam die Entlassung aus der Haft. Ein Jahr und zehn Tage hatte ich in Gefängnissen der DDR zugebracht.

Man hatte mich anlässlich irgendeiner Amnestiewelle zur vorzeitigen Haftentlassung von Frankfurt an der Oder in die berüchtigte Zentrale des Mielkeschen Machtapparates verlegt, die im Geviert zwischen der heutigen Frankfurter Allee, der Magdalenen-, Normannen- und Ruschestraße in Berlin-Lichtenberg gelegen war und heute die „Öffentlichen Einrichtungen" beherbergt: die Bundesbeauftragte für die Unterlagen des Staatssicherheitsdienstes der DDR www.bstu.de, den Berliner Landesbeauftragten für die Unterlagen des Staatssicherheitsdienstes der DDR www.berlin.de/lstu/ sowie die Stiftung zur Aufarbeitung der SED-Diktatur **www.stiftung-aufarbeitung.de** .

Nach etwa zwei Tagen wurde ich in einen Raum gebracht, in dem zwei Offiziere des MfS saßen. Ich staunte nicht schlecht über deren perfekte Top-Westkleidung. Über derartige Anzüge konnte man im *sozialistischen* Deutschland nicht einmal wunschweise nachdenken. Top-Manager im freien Teil Deutschlands waren mit Sicherheit nicht besser gekleidet. Wie auch. Hatten sie doch mit Sicherheit die gleichen Lieferanten. Die beiden Herren eröffneten mir, dass ich - anlässlich der Amnestie, deren Grund mir entfallen ist - vorzeitig entlassen werde. Ich müsse mich noch etwa eine Woche gedulden, weil man die Zeit für die Aufbereitung der Entlassungspapiere brauche.

Ich erinnere mich daran, dass ich ihnen auf diese Eröffnung wörtlich geantwortete habe: „Die Botschaft hör ich wohl - allein mir fehlt der Glaube!" - woraufhin es zu einer lebhaften, aber durchaus nicht unangenehmen Diskussion über die Glaubhaftigkeit des Staatsapparates kam.

Anerkennend muss ich zugeben, dass die Kleidung der Herren durchaus ihrem Bildungsstand entsprach. Ich war erstaunt darüber, was für witzreiche und gebildete Personen mir gegenübersaßen. Sie waren das krasse Gegenteil des widerwärtigen Major Gudlowski, dem Leiter der Abteilung IX des Stasi-Untersuchungsgefängnisses in Frankfurt an der Oder. Aber nichts desto weniger dienten sie auch diesem - in weiten Teilen - verbrecherischen Staat.

Ich ging die Ruschestraße in Richtung U-Bahnstation Magdalenenstraße. Der Lärm der fahrenden Autos, dem ich über ein Jahr entzogen war, hatte mich wieder eingeholt und versetzte mich in Erstaunen. Ich kam mir vor, als wäre ich auf einem anderen Planeten gelandet. In meiner Wohnung in der Neuen Grünstraße befand sich meine Schwiegermutter. Sie war aus Thüringen hier, um ihre Tochter zu besuchen, und sagte, dass Friederike sich zurzeit in Rostock aufhalte, wo sie Freunde besuche. Einer dieser Freunde, Otto Weitendorf, der ein Elektrofachgeschäft und einen dazugehörigen Handwerksbetrieb besaß, der kaputtgegangene Motoren neu wickelte, freundete sich nun auch mit mir an. Er war zwar zum Liebhaber meiner Frau avanciert, was ich ihm nicht verübeln konnte, zeigte sich aber nun bereit, mir bei den Vorbereitungen zur Flucht zu helfen. Das war nicht ungefährlich. Wäre das Unternehmen aufgeflogen, hätte es Otto eine mehrjährige Gefängnisstrafe eingebracht. Bei ihm in der Werkstatt spritzten wir das kleine Schlauchboot, das ich aufgetrieben hatte, mit grauer Farbe um. Ich wollte keinesfalls in einem leuchtend roten Boot in einer nebligen Nacht über die Ostsee schippern und wachsamen DDR-Häschern eine sichere Zielscheibe bieten.

Später würde ich bei der Einsicht in meine Stasi-Unterlagen in einem Bericht der Staatssicherheit über meine gelungene Flucht lesen müssen, dass ich wohl von einem größeren Schiff auf hoher See erwartet worden wäre. Meine Mutter wurde sogar damit konfrontiert, es könne ein bundesdeutsches U-Boot gewesen sein. Ich hatte in den Berichten der *ach so wachsamen* Staatssicherheit über mich schon viel Blödsinn gelesen, der mich einige Male zum Lachen gebracht hatte. Dies aber war so abwegig, dass ich an dem Verstand des Verfassers dieses Märchens zweifelte. Ich glaubte an eine U-Boot-Phobie der DDR-Wächter. Tatsächlich sind wir auf das Gedser Feuerschiff gestiegen und wurden am Tag darauf vom dänischen Versorgungskutter abgeholt und aufs Festland gebracht.

Doch soll es tatsächlich wohl mehrfach Kontakte mit Klein-U-Booten gegeben haben, wie die Ostseezeitung vom 07. Januar 2009 in ihrem Artikel: *Der Spion kam mit dem U-Boot* berichtete. Ich werde im Teil 2 des Buches, der sich mit meinen Aktivitäten auf Usedom befasst, darauf zurückkommen.

Meine erste Frau und ich trennten uns.

Eine Zeit später wurde ich benachrichtigt, dass Klaus Richter aus der Haft entlassen werde. Man teilte mir den Tag mit, und anders als ich, der beim MfS in Berlin entlassen wurde, entließ man Klaus in Rüdersdorf. Schließlich wurde er nicht vorzeitig entlassen. Also holte ich ihn dort ab. Den kommenden Sommer waren wir nun dabei, unsere Flucht sogfaltig vorzubereiten. Klaus, der schon vor der Haft einem Tauchklub angehörte, besorgte uns Neoprenanzüge. Ich kaufte das besagte Gummiboot in einem Sportgeschäft, das am Strausberger Platz in einem der Zuckerbäckerhäuser aus der Stalinära der DDR in eben dieser Stalinallee residierte, die nun wieder Frankfurter Allee heißt.

In der Zwischenzeit hatte ich geheiratet und den Namen meiner zweiten Frau angenommen. So führte die Vorlage des Personalausweises, die beim Kauf eines jeden Bootes wegen der gegebenen Gefahr einer möglichen Republikflucht bestand, nicht zu einer sofortigen Überprüfung *meiner* Person, da der neuerliche Adressat bisher nicht aktenkundig geworden war. Neben einer sorgfältigen Vorbereitung eines solchen Unterfangens gehörte auch eine Portion Glück dazu: *Gott schützt die Tüchtigen!* Was die Vorbereitung des Unternehmens *Seelift* anging, wie ich die Aktion taufte, hatte der Allmächtige tatsächlich seine Hand über uns gehalten. Eine Seltenheit zwar, von der wir drei Glücklichen allzu gern profitierten.

Den Sommer verbrachte ich, wie in den Jahren vor meiner Inhaftierung, in Ahrenshoop. Ich hatte den neuen Freund meiner Mutter kennen gelernt. Professor Erich-Alexander Winds war der Chefregisseur der Staatsoper unter den Linden. Der Mann war mir sympathisch. Dass selbst so eine erfahrene Frau, wie meine Mutter es ohne Zweifel war

Regina Kochendörffer, Prof. Erich-Alexander Winds, Annemarie Schmidt-Kirstein

daran glaubte, dass Winds – wegen seines Aussehens Nussknacker genannt – sich von seiner Frau, der Schauspielkollegin Gisela Bestehorn scheiden ließe, hielt ich für blauäugig. Ich selbst habe die Frau, die krankheitsbedingt nicht mehr laufen konnte, kennen gelernt, als ich einmal bei ihm kurz zu Besuch in seiner Wohnung ‚Am Treptower Park' war. Und um ganz ehrlich zu sein, es zeichnet den alten Schwerenöter aus, dass er eine so kranke Frau einer Geliebten wegen nicht verlassen hat.

Doch der Sommer ging vorüber, und die Zeit des Abschieds von meinem geliebten Ahrenshoop, das mir in den Jahren zur Heimat geworden war, näherte sich.

17

16. Oktober 1966, Flucht

Wer eine gut bewachte Diktatur verlassen will, und die DDR war eine solche, muss gute Vorarbeit leisten. Das hatte ich, nicht zuletzt wegen meiner Inhaftierung im Jahr 1964, gelernt. Deshalb waren wir, meine zweite Frau Ulla und ich, seit einigen Tagen in unserem Haus in Ahrenshoop. Nicht, um uns zu erholen. Vielmehr um die zeitlich genauen Abläufe der Grenzpatrouillen zu studieren und diese genau festzuhalten. Hier am Wasser wurden diese Wachrundgänge nicht von den allgemeinen Grenzeinheiten der DDR-Streitkräfte ausgeführt, sondern von den Seestreitkräften, die zu diesem Zweck im Ort eine Niederlassung betrieben. Diese Häuser würden nach der politischen Wende in zivile Wohnhäuser umgewandelt werden. Doch davon war 1966 noch nichts zu spüren. Vielmehr ging von dort die Gefahr aus, bei der Flucht abermals festgesetzt zu werden. Um ehrlich zu sein, der gut einjährige Aufenthalt in einem Gefängnis der DDR war nicht so berauschend schön, dass es mich dort wieder hinzog. Speziell der über achtmonatige Aufenthalt im Untersuchungsgefängnis der Abteilung IX des Ministeriums für Staatssicherheit der DDR in Frankfurt an der Oder gemahnten mich zu äußerster Vorsicht. Die speziellen Verhörspezialisten der Abteilung IX des MfS, soviel hatte ich gelernt, waren in der Tat überwiegend kaltschnäuzige und fanatische Büttel des SED-Regimes. Diesen Tschekisten vertraute die Stasi die aktive Bekämpfung der Feinde der Diktatur des Proletariats an.

Während meines Aufenthaltes in der U-Haft in Frankfurt hatte ich einen Mann in meinem Alter kennen gelernt, der ebenfalls bei einem Versuch, den Eisernen Vorhang zu überwinden, festgesetzt worden war. Noch im Gefängnis vereinbarten wir, unseren Abgang aus dem friedliebenden, demokratischen Deutschland gemeinsam und gut vorbereitet durchzuführen, sobald wir wieder in

Freiheit waren. Und nun, an einem Spätherbsttag waren die Voraussetzungen erfüllt. Dichter Herbstnebel lag über der Ostsee. Der Wind war total eingeschlafen und nur leichte Dünungswellen brachen sich am Strand.

Klaus Richter aus Fürstenwalde an der Spree, wegen seines ersten Fluchtversuches und der damit verbundenen Haft abgebrochener Ingenieurstudent, hatte nach seinem Gefängnisaufenthalt im Reifenwerk seines Heimatortes Arbeit gefunden. Und so rief ich ihn dort an, als der Nebel dicht genug war, um eine Grenzverletzung möglichst erfolgreich zu gestalten.

Ich sagte: „Die Reifengröße soundso – es war eine Übergröße, die ich zuvor für meinen SIM gebraucht hatte – brauchst du nicht mehr zu besorgen. Ich habe hier zwei Reifen bekommen."

Dieser Satz war ein Code, der hieß: *Nimm den nächsten Zug nach Rostock. Ich hole dich von der Bahn ab.*

Natürlich hatte ich längst herausgefunden, dass der nächste Schnellzug aus Berlin gegen null Uhr in Rostock sein würde. Und so machten wir uns auf, um den Freund, der diese Flucht über Monate mit vorbereitete, vom Bahnhof abzuholen. Der Zug lief im Rostocker Bahnhof ein. Wie nicht anders zu erwarten, stieg Klaus aus und wir begrüßten uns freundlich. Jetzt würde stattfinden, was wir uns in der Zeit der Teilung unserer diversen Zellen in Frankfurt und später im Gefangenenlager in Rüdersdorf ausgemalt hatten. Es gibt Menschen, die nehmen sich etwas vor und dann, wenn sich die Vorzeichen änderten, vergessen sie ihr Vorhaben. Bequemlichkeit? Sicher nicht immer. Eher die Angst vor einem neuerlichen Gefängnisaufenthalt.

Und dann gibt es die andere Gruppe von Männern, die nehmen sich etwas vor und ziehen das dann auch rücksichtslos durch. Zu dieser Gruppe gehörten Klaus und ich. Und auch meine Frau, die bis dahin eine artige DDR-Bürgerin gewesen war und als Reisebürokauffrau in der Fernabteilung des DRR-Reisebüros am Alexanderplatz saß, ließ sich nicht davon abhalten, die Tour gen Westen mit anzutreten. Die verantwortliche Vorbereitung lag in meinen Händen. Ich hatte darauf bestanden, weil ich der Geldgeber für die

Unternehmung gewesen war. Und ich wollte dieses Mal sicher gehen, dass nicht wegen irgend einer Unstimmigkeit, wegen eines Kompetenzgerangels das Unternehmen *Seelift*, wie wir es getauft hatten, gefährdet war.

Mit diesem kleinen Boot überwanden wir in der Nacht vom 15. auf den 16. Oktober 1966 den Eisernen Vorhang. Es war ein großes Risiko – aber eine ebenso große Chance, die wir nutzten …

Auf dem Weg nach Ahrenshoop besprachen wir noch einmal den Ablauf. Ich hatte eine große Büchse mit Puder besorgt, damit wir leichter in die straff sitzenden Neoprenanzüge hineinkommen würden. Doch zuvor galt es, den Wagen nicht direkt auf unserem Grundstück abzustellen, damit meine Mutter nicht unmittelbar Schwierigkeiten durch die Staatssicherheit bekommen würde. Ich stellte den Wagen meiner Frau, einen blauen Kombi der Marke DKW-Meisterklasse vor einem Haus ab, das unweit von unserem, zwischen den Häusern des ehemaligen Bezirkstierarztes Klotz, dem des Opernkritikers Ernst Krause und dem unseres langjährigen Freundes Edmund Kesting gelegen war. Die hintere Gartenpforte hatte ich vor unserer Abfahrt aufgeschlossen, sodass wir, im

Schutze der Dunkelheit und des mit Bäumen und Büschen bewachsenen Streifens jenseits unseres Zaunes, ungehindert auf unser Grundstück gelangten und in dem Garagenhaus verschwanden. Das Fenster des Zimmers, in dem unsere Vorbereitungen stattfanden, hatte ich mit einem Teppich verhängt, sodass kein Lichtstrahl nach außen dringen konnte. Das war notwendig, weil dieses Fenster genau auf die Ostsee zeigte und ich sicher gehen wollte, dass uns dort niemand bemerkte, falls die Streife außerhalb der festgestellten Zeit dort entlang gehen würde.

Meine zweite Frau, Ulla-Ingelore, die nahezu 35 Jahre mein Leben mit mir teilte. Sie war, was man einen Glücksfall für einen Mann nennen konnte: Eine gute Haus-, und Ehefrau, hervorragende Mutter, gute Geliebte und zuverlässiger Kamerad.

Während sich meine Frau bereits in den Neoprenanzug zwängte, gingen Klaus und ich zur Garage. Ich hatte vorsorglich das Tor am Vortag so präpariert, dass sich Spuren eines kleinen Einbruchs feststellen ließen. Damit würde ich meine Mutter von der Mitwisserschaft entlasten, denn, niemand würde sonst glauben, dass sie nichts von unserem Fluchtplan gewusst hätte. Aber nun kann ich es ja sagen. Meine Mutter war immer gegen eine solch gefährliche Aktion und hat mich mehrfach - auch gewaltsam - von einer solchen abgehalten. Also zog ich das Ding durch, ohne dass sie auch nur den Schimmer einer Ahnung hatte.

Boot und Motor lagen in der Garage in der mit Holzbohlen abgedeckten Grube, die für die Bearbeitung des Unterwagens dort eingebaut war. Wir nahmen das Schlauchboot heraus und pumpten es auf, dann den Motor und deckten die Grube sorgsam wieder ab. Wir trugen den Motor, jede Deckung wieder sorgsam ausnutzend, am Zaun des Nachbarhauses entlang bis zu den quer zum Strand angepflanzten Bäumen. Dort deponierten wir ihn. Dann lauschten wir eine Zeit lang, versuchten jedes Geräusch zu filtern. Aber außer dem monotonen Auflaufen der kleinen Dünungswellen war nichts zu vernehmen. So leise wie möglich gingen wir zum Haus zurück. Ulla war bereits fertig in ihren Neoprenanzug eingestiegen und dabei, Spuren des Puders zu beseitigen.

„Es klappt bis jetzt wie ein israelisches Kommandounternehmen", sagte ich, „und dabei soll es auch bleiben! Also leise, leise, leise. Und kein unnützes Licht!"

Noch einmal schaute ich aus einem Fenster, das wir nach der Säuberung des Raumes und dem Löschen des Lichts von seiner Abdunkelung befreit hatten, über unser Grundstück. Rechts lag unser Haupthaus. Links das Haus von Ita Rost. An diesem Haus hatte ich, zusammen mit dem Bäckersohn Jürgen Saatmann, die Leiter ans Fenster gelegt und den Mädchen, die dort arbeiteten ein Ständchen gebracht. Leider waren wir damals nicht erhört worden und zogen unverrichteter Dinge wieder ab.

Unser Gartentor war ordnungsgemäß geschlossen. Ich nahm das Glas hoch und suchte die Umgebung ab, konnte aber keine Menschenseele erkennen. Dann dachte ich daran, wie schwer es doch war, das Haus zu verlassen, das mir über Jahre Sicherheit und Zuflucht war, in dem ich geliebt hatte und in dem ich enttäuscht wurde. Das Haus, das seit Jahren mehr als unser Sommersitz war, weckte in mir eine gewisse Ambivalenz, die ich schnell abschüttelte. Bliebe ich, so würde ich bestimmt wieder die Gefängnisse der Staatsmacht von innen sehen. Deshalb ließ ich auch keine Schwäche zu.

Wir verließen das Haus, schlossen es sorgfältig ab. Klaus und ich holten das Boot aus der Garage. Leise gingen wir, wieder sorgsam die Deckung nutzend, bis zu dem deponierten Bootsmotor. Wir legten das Boot ab und lauschten wieder in die Dunkelheit. Dann nahmen wir den Motor und trugen ihn schnell zum Ufer. Wir hatten uns eine Stelle gesucht, an der wir mit ein wenig Mühe das hohe Ufer überwinden konnten, ohne die offizielle Treppe zu nehmen. Die schien mir zu gefährlich zu sein. Dann robbten wir wieder hoch, das Boot warfen wir die wenigen Meter das hohe Ufer hinunter. Wir sprangen hinunter trugen das eigentlich für eine solche Unternehmung viel zu kleine Boot zum Wasser, warfen den Motor hinein. Ulla setzte sich hinein, während Klaus und ich das Boot einige Meter ins Wasser schoben. In dieser Nacht herrschte ein leicht ablandiger Wind. Das war von Vorteil für uns. Nur wenige Meter paddelten wir hinein in den Nebel. Als das Ufer im Dunst verschwand, montierte ich den Motor, der kurze Zeit mit einem monotonen Brummen seine Arbeit aufnahm.

Dass allerdings ausgerechnet der Zingster Albert Meyer das Schlauchboot erfunden hatte, das mich nun in die Freiheit bringen sollte, war erfuhr ich erst bei meinen Recherchen zu diesem Buch im Januar 2009.

Im Jahr 1913 ließ sich der Berliner Hermann Meyer *ein beidseitig benutzbares, aufblasbares Wasserfahrzeug konstruiert und gebaut zu haben* patentrechtlich schützen. Gemeinsam mit seinem Sohn Albert, der hauptsächlich in Zingst lebte, hatte er damit das erste Schlauchboot der Welt, den Floßsack, gebaut. Es war ausgestattet mit einem fest eingebauten Gummiboden, zwei Tragegriffen und einem Rückschlagventil. Dieses Boot hatte ein Schutznetz, damit der Druck von 0,2 bar das Gummi nicht überdehnte. Das Netz wurde erst 1919 durch Änderung der Bootshaut überflüssig.

Zwischenzeitlich erfand Meyer einen hölzernen Einlegeboden

und gewann die kaiserliche Marine als Kunden. Nach 4 Jahren vergeblicher Versuche baute Albert Meyer 1921 schließlich Schottkammer-Trennwände in die Schläuche ein. Es folgte die Konstruktion von Messingventilen. Sogenannte Schottkammerhähne sorgten für einen Druckausgleich zwischen den Luftkammern. Zehn Jahre nach der Patenterteilung präsentierte er das erste Schlauchboot mit Segel. 1932 entwickelte er ein Unterwasserteil, das V-förmig als Luftkiel ausgebildet war. Bis zur Liquidierung seiner Firma 1967 nahm Albert Meyer großen Einfluss auf die weitere Entwicklung des Schlauchbootes.

Auf dem Zingster Friedhof ist er begraben, der geniale Erfinder des Schlauchbootes, das mich nun in die Freiheit bringen sollte und auf seinem Grabstein hat er seine Erfindung symbolisch dargestellt: AM und darunter ein Schlauchboot.

Und auf einer Kupfertafel, die derzeit zur Restauration und deshalb nicht fotografierbar ist, steht sinngemäß folgende Annonce: „Durch seine Erfindung rettete er vielen Menschen das Leben."

Und das tat er im wahrsten Sinne des Wortes. Denken wir nur an die vielen Bergungen verunglückter Menschen in aller Welt mit den von ihm erfundenen Rettungsmitteln. Auch ich würde für meine Flucht ein solches Schlauchboot - seine Erfindung - verwenden.

Es würde einige Jahre dauern, bis ich das Fischland wieder betreten sollte und dann auch nur, um festzustellen, dass meine Familie alles verloren hatte. Aber so ist nun einmal das Leben.

Nachtrag: Das Haus wurde vom DDR-Außenhandel, Abteilung »Kommerzielle Koordinierung«, einer 100% Niederlassung des Ministerums für Staatssicherheit, unter psychischen Druck übernommen.

Stasi-Oberst Manfred Seidel, unmittelbarer Stellvertreter Schalck-Golodkowskis, war mit einem Geldkoffer nach Ahrenshoop gekommen, um das Geschäft abzuschließen. Alle Weigerung half nichts. Und der Rechtsanwalt Edgar Irmscher, der sowohl die »KoKo« vertrat, andererseits mit uns befreundet war, warnte mich mit den Worten: „Bitte sieh, dass die Annemarie keine Schwierigkeiten macht und es ruhig über die Bühne geht, denn »die« können ganz anders!" Dabei war jede Farbe aus seinem Gesicht gewichen.

Nach der Wende hatte sich dann der spätere Innenminister, zu der Zeit noch Landrat Kupfer aus Ribnitz-Damgarten bemüht, eine nachträgliche Eintragung der »KoKo« in das Grundbuch, durch die alte Garde zu verhindern. Er ließ durch die Kriminalpolizei die Akten sicherstellen, die bereits auf dem Weg nach Rostock waren. Kupfer war bereit, das Grundstück an die Eigentümerin zurückzuführen.

Nach seiner plötzlichen Abberufung wegen seiner laschen Stellungnahme zu folgenden Sachverhalt:

Im August 1992 attackieren hunderte Menschen, Anwohner gemeinsam mit Rechtsextremen aus der ganzen Bundesrepublik, das Sonnenblumenhaus in Rostock-Lichtenhagen. Die tagelangen Krawalle richten sich gegen die dort wohnenden Asylbewerber - das Haus brennt, die Eingeschlossenen erleiden panische Angst, und die Polizei greift zunächst nicht ein.

Kupfer war nicht nächstens unmittelbar an den Herd der Krawalle geeilt. Das wurde ihm zum Verhängnis. Er wurde als Landrat abgewählt, eine Katastrophe für diejenigen, die beinahe ihren Besitz wiederbekommen hätten. Denn nun machte sich tatsächlich die linientreue, alte Garde eifrig daran, das Grundstück zu »sichern«.

Einen Hinweis auf das Schicksal des Obristen Manfred Seidel fand ich in der Publikation **Sumpf, Privilegien, Amtsmissbrauch, Schiebergeschäfte** - im Kapitel Rettungsanker Außenhandel - von Hannes Bahrmann und Michael Fritsch, erschienen 1990 im LinksDruck Verlag, Berlin.

(Das gesamte Buch ist für diejenigen interessant, die immer schon einmal wissen wollten, mit welch illegalen Mitteln der Staat aufrechterhalten wurde. Zu bestellen beim LinksDruck Verlag oder bei Amazon ISBN 3-86153-008-2.)

Zitat über das Bürgerkomitee im Herbst 1989:

Ihre Abgesandten saßen bald in den Büroräumen und wälzten Akten, schrieben, kopierten und studierten. Niemand wusste genau, was sie eigentlich suchten. Doch mit der Zeit brachten die Bürgerkontrolleure schon allerhand in Erfahrung.

Eines Tages meldete sich ein unbekannter Anrufer mit einer interessanten Information. Es gäbe eine ungewöhnliche Dienstanweisung mit folgendem Wortlaut: „Am 4.12. sind nach Dienstschluss keine Kontrollen im und um das Objekt durchzuführen. Das Alarmsystem ist nicht einzuschalten."

Das Bürgerkomitee alarmierte das Volkspolizei-Präsidium in der Keibelstraße gleich um die Ecke und informierte außerdem den Staatsanwalt. Gegen 21.00 Uhr versammelten sich die Bürgerkon-trolleure in kleinen Gruppen vor dem Haus und postierten sich an den Eingängen vor und hinter dem Gebäude.

Kurz vor Mitternacht rückte eine Gruppe vor und zwang einen der leitenden Angestellten des Hauses, der sich als „Institutsdirektor“ vorstellte, Kriminalisten, Staatsanwalt und Abgesandte des „Neuen Forum" in einen der geschlossenen Sicherheitstrakte vorzulassen. Ein Wachhabender gewährte angesichts der zahlenmäßigen Übermacht den Zutritt. Als erstes erblickten die überraschenden Besucher riesige, gebündelte Aktenberge, die mit der Aufschrift „Verbrennen“ gekennzeichnet waren. Die Unterlagen, so stellten die Mitglieder der Bürgerbewegung fest, waren vom Ministerium für Staatssicherheit und stammten aus den achtziger Jahren.

Zur gleichen Zeit wurde an einem der Ausgänge ein Mann mit mehreren Koffern gestellt. Die Kontrolle der Koffer beförderte einen bemerkenswerten Inhalt zutage: 100.000 Mark der DDR, über eine halbe Million D-Mark, Akten, Schlüssel- und Schließpläne.

Auf die Frage, wohin er diesen brisanten Inhalt schaffen wollte, sagte der Unbekannte aus, die Gelder sollten einem schwedischen Kontaktmann übergeben werden. Auf Nachfragen ergänzte er, die Summen wären dann an eine Firma weiterzuleiten. Doch diese, so stellte sich heraus, war ein DDR-Unternehmen. Was sollte dieser Kreislauf?

Sechsunddreißig Stunden später fanden die Wärter den Mann im Gefängnis tot auf. Der Arzt konnte nur noch den **Tod durch Erhängen** feststellen. Eine nachträgliche Untersuchung erbrachte den Nachweis, dass der tote Kofferträger Oberst des Ministeriums für Staatssicherheit gewesen war.

Der Suizident war jener Manfred Seidel, dessen Chef, Alexander Schalck-Golodkowski, sich rechtzeitig in den Westen abgesetzt hatte.

Genugtuung empfinde ich bei dieser Erkenntnis nicht. Allzu gern hätte ich Seidel vor Gericht zur Übernahme des Hauses Schmidt-Kirstein aussagen lassen.

18

Usedom 62 Jahre später ...

„Nichts ist so beständig wie der Wandel" hatte schon Heraklit von Ephesus, der etwa 540 - 480 v. Chr. lebte, propagiert. Und ein chinesisches Sprichwort sagt: „Wenn der Wind des Wandels weht, bauen die einen Mauern und die anderen Windmühlen!"

Ich hatte bereits beides kennengelernt, die Windmühlen und die Mauern, und genau das habe ich auch hier beschrieben. Die schlimmste Erfahrung aber war, dass mir meine Frau, die fast 35 Jahre mit mir lebte, plötzlich verstarb. Wer das schon selbst erlebt hat, weiß wovon ich spreche. Der größtmögliche Gau innerhalb einer gut funktionierenden Ehe war eingetreten.

Nach ausgiebiger Suche hatte ich nach rund 30 Monaten der Trauer eine neue Lebensgefährtin gefunden.

Zweimal war ich mit Maria auf dem Fischland. Nicht in Ahrenshoop, weil ich die Zeit meiner Jugend, den schwierigen, aber gelungenen Aufbau unserer Häuser und die verschiedensten Bekanntschaften in guter Erinnerung behalten wollte. Unser Grundstück in Ahrenshoop war nach der politischen Wende in Deutschland verloren gegangen.

Aber das ist eine andere Geschichte.

Jetzt galt es erst einmal, sich der Zeiten zu erinnern, in denen die Region Ostsee für mich prägend war - an die Aufbauzeit nach dem II. Weltkrieg. Deshalb war es für mich als Journalisten und Romanautor selbstverständlich, dass ich das Thema aufgreifen würde. Vielleicht nicht so bierernst, wie andere Schriftsteller eine Autobiografie behandelten, doch auch nicht so locker, wie es einer reinen Satire entspräche. Dazu wären sicher auch die Einlassungen zur »Aktion Rose«, die vielen Menschen, die Existenz einer Vielzahl langer Haftstrafen, die einigen von ihnen das Leben gekostet hat, gänzlich ungeeignet. Aber darüber habe ich zum Teil im ersten

Buch geschrieben.

Wenn eine Frau nur ausdauernd opponierte, dann würde sie sicher eine Veränderung bewirken. So erging es mir mit Maria, die sich beharrlich weigerte, weiterhin mit mir aufs Fischland zu fahren.

„Ostsee ja. Aber nicht immer an den gleichen Ort. Was hältst du von Heringsdorf?"

„Usedom?"

„Ist auch eine Stunde Fahrzeit kürzer. Ich habe mal die Angebote studiert. Hier gibt es eine Pension Dorn, direkt hinter dem Deich gelegen." Maria gab mir den Katalog mit dem angezeichneten Objekt. Es waren neu erbaute ineinander gehende Häuser, die zehn Ferienwohnungen unterschiedlicher Größe beinhalteten. „Auf dem Darß mussten wir jeden Tag mit dem Auto fahren und rechtzeitig vor Ort sein, um auf dem Waldparkplatz auch einen Abstellplatz zu finden. Und dann der Weg durch den Wald bis zum Strand. Für mich war das sehr schön. Aber ich erinnere mich, wie sehr du dich gequält hast ..."

Es war eine gelungene Anspielung auf meine Behinderung durch die Wirbelsäulenoperation, die zwar die Lähmungserscheinungen im linken Bein, nicht aber die Dauerschmerzen im Rücken beseitigt hatten. Zwei Dinge fielen mir unendlich schwer - das Heben selbst leichter Gewichte wie beispielsweise ein Brot und das Laufen weiterer Strecken. Nun gut, ich hatte mir einen kleinen Rucksack gekauft, in dem ich leichtere Gewichte zu transportieren pflegte. Auf den Rücken geschnallt, ließ sich das ertragen, was in Vorhalte unmöglich war. Aber was machte das schon? War mein Arbeitsplatz doch dort, wo er für einen Autor zu sein hatte - am Schreibtisch. Und dort saß ich bis zu 70 Wochenstunden, um meine Bücher zu schreiben.

1981 hatte mir meine Frau Ulla einen kleinen Roman des amerikanischen Autors Robert Ruark mit dem neugierig machenden Titel »Der Honigsauger« in die Hand gedrückt und darauf geachtet, dass ich ihn auch wirklich las. Vollmundig erklärte ich nach der Studie: „Und jetzt schreibe ich ein Buch!"

Ich hatte mich meiner Zeit mit Johannes Tralow entsonnen, an den Wunsch hinter einer Tür mit Rundknauf zu schreiben, die allein ich mit einem Spezialschlüssel öffnen konnte. In Verbindung mit diesem Roman des Amerikaners Ruark gebracht, den *ich* übrigens für ebenso bemerkenswert halte wie Hemingway, da er gleichermaßen wirklich sehr interessante Bücher über Afrika und die Mau-Mau-Aufstände, die Kenia von 1951 bis 1955 beutelten, geschrieben hatte, wie beispielsweise UHURU oder DIE SCHWARZE HAUT, aktivierte ich meine Möglichkeiten zu fabulieren und legte beherzt los.

Im Vergleich Hemingway - Ruark geht es mir wie mit den Mann-Brüdern. Welcher der stärkere Schreiber von beiden war, wird sicher eine subjektive Entscheidung sein. Für mich war Heinrich mindestens gleichwertig zu Thomas.

Alle Welt lachte mich hinter vorgehaltener Hand aus und hoffte wahrscheinlich inständig, ich möge versagen. Aber Ulla war von mir überzeugt und hielt mir beherzt alle Fremdeinwirkungen auf meine kostbare Zeit fern, einschließlich der übermäßigen Beanspruchung eines schreibenden Vaters durch seinen Sohn.

Ich hatte sehr viel Glück, denn ich lernte eine Frau kennen, die, bevor sie nach Berlin gekommen war, um Zahnmedizin zu studieren, Lektorin beim Langen-Müller-Verlag in München gewesen war, zu dem auch der Verlag Herbig gehörte.

Meine Frau Ulla kurz vor ihrem allzu frühen Tod

Doina Lescu, so hieß meine neue Bekannte, half mir, das Manuskript so auf Vordermann zu bringen, dass es bereits nach 17 Monaten Arbeit im Jahr 1982 auf den Markt kam. In einer Wohnung unter ihr lebte der Autor Edgar Hilsenrath, den ich in diesem Zusammenhang kennen gelernt habe und den ich für einen sehr beachtlichen Autor unserer Zeit halte.

Mein nun entstandenes Buch »Der Wüstenwolf« beschrieb den ewigen Kampf der Juden um ihr Existenzrecht.

Im Sechstagekrieg zwischen Israel und den arabischen Staaten unterliegt auch der israelische Geheimdienst - der beste der Welt? - einer Zerreißprobe. Der von den israelischen Agenten mitunter blitzartig, systematisch geführte Geheimkrieg ist unerbittlich: »Zweitausend Jahre Talmud, in den Dienst der Elektronik gestellt«. Einer der Spitzenleute ist Ephraim Goldschmidt, der Wüstenwolf. Hinter den feindlichen Linien, unter der erbarmungslosen Sonne Jordaniens, funkt er, ständig vor den Verfolgern den Standort wechselnd, seine Daten zum Hauptquartier.

Ihn, der 13jährig im KZ Buchenwald gewesen war, holt die Vergangenheit ein, als er auf Mission in Ostberlin das Mädchen Nevena trifft, dessen Mutter er im Lager geliebt hatte.

Immer enger zieht sich das Netz der palästinensischen Agenten und des DDR-Sicherheits-Dienstes um den Wüstenwolf zusammen - immer enger verstrickt er sich in die Liebe zu Nevena, deren Ziehvater Agent des Ostblocks ist, und in die Erinnerungen, die Nevena in ihm auslöst.

Steuert er auf die unvermeidliche Katastrophe zu? Gibt es ein Entrinnen aus den ständig wachsenden Gefahren? Nach der Veröffentlichung des Buches aber war das Ministerium für Staatssicherheit hinter mir her, und ich verdanke es nur äußerst günstigen Umständen, einer langen Haftstrafe in der DDR entgangen zu sein.

Doch nun war ein neuer Lebensabschnitt für mich angebrochen, ohne MfS, ohne Verfolgung, aber auch ohne meine Frau Ulla, die mir in vielen Jahren treu zur Seite gestanden ist und die letztlich Schuld daran trägt, dass ich mich aller schriftstellerischen Bekanntschaften in meinem Leben besann und zu schreiben begann.

Maria war nun ihre legitime Nachfolgerin, denn mit der Entscheidung, mich nach Heringsdorf zu locken, setzte sie eine Initialzündung in Gang, die mich bis heute drei Usedombücher schreiben ließ. Den Beginn will ich mit wenigen Sätzen kurz schildern.

Da ich Frühaufsteher bin, saß ich an einem der Sommertage 2005 schon sehr früh auf der imposanten Seebrücke. Der Wind war nahezu ausgeblieben. Nur die Dünungswellen, die immer auf den Strand zulaufen, tauchten die fragilen Stämme der alten, hölzernen Seebrücke hin und wieder unter Wasser. Vögel saßen auf den Stämmen und mussten dem auflaufenden Wasser ausweichen. Sofort setzte mein Autorengehirn die Situation um. Ich mutierte zu einer alten Frau und begann sofort zu formulieren: »Morgendunst hing über der See. Es würde noch einige Zeit dauern, bis eines der weißen Schiffe der Adler-Reederei hier anlegte.

Seit ihre Enkelin vor zwei Jahren an dieser Stelle tot aufgefunden wurde, kam die Frau wie an jedem der vergangenen Tage zur Seebrücke, um ihrer zu gedenken. Irgendeine Bestie hatte das siebzehnjährige, schlanke, blonde Mädchen brutal umgebracht. Es war kein Sexualmord wie ursprünglich angenommen. Der Täter musste Handschuhe getragen haben; so sehr sich die Rechtsmediziner auch gemüht hatten, irgendeine Spur zu finden - weder ein Fingerabdruck noch eine DNA konnten sichergestellt werden.

Die Frau war groß, lief leicht nach vorn gebeugt und zog ein wenig das rechte Bein nach, ein Andenken an den Verlust des großen Zehs, der vor vielen Jahren im Gefängnis amputiert worden war. Sie setzte sich auf eine der Bänke.

Im Hintergrund lag die polnische Küste; eine Mole, vor der die großen Schiffe vor der Einfahrt in den Hafen nach Swinemünde oft warten mussten, bis die Lotsen an Bord waren, ließ sich nur schemenhaft erahnen. Die Arme der Kräne leuchteten gelb in der aufgehenden Sonne.

Das Restaurant, ziemlich am Ende der Brücke, war um diese Zeit noch geschlossen. Der Rundbau mit seinem metallenen Zeltdach gab eine interessante Kulisse vor dem nur mit leichten Kumuluswölkchen versehenen blauen Himmel ab.

Die Frau schaute nach Westen, sah in einiger Entfernung die Seebrücke Bansins liegen. Dicht vor ihr im Wasser beobachtete sie die Vögel, die auf den hölzernen Resten der alten Seebrücke saßen. Eine Vielzahl Möwen, ein großer, grauer Bursche, den sie für einen Graureiher hielt, und einige Rabenvögel.

Die Dünungswellen liefen auf das Land zu, tauchten die fragilen Hölzer mal mehr, mal weniger tief unter. Eine der Möwen wurde plötzlich vollständig überspült, schüttelte sich ärgerlich, als sie wieder aus dem Wasser hervorkam, flog einige Meter, um dann zurückzukehren und sich auf einem anderen, weiter aus dem Wasser ragenden Pfahl niederzulassen. Der Verfall der Hölzer faszinierte die Frau, erinnerte er sie doch jeden Tag, an dem sie herkam, an die Vergänglichkeit auch des eigenen Lebens. «

Schnell lief ich zur Ferienwohnung zurück und schrieb diese Zeilen in meinen Laptop. Das war der Anfang meines Interesses, die Kaiserbäder näher unter die Autorenlupe zu nehmen. Diese Örtlichkeit bot alles, was einem Roman den notwendigen Hintergrund lieferte, um ihn spannend und für die Menschen vor Ort wieder erkennbar zu machen. Wunderbar restaurierte Häuser und Villen - zum Teil aus der Kaiserzeit - regten meine Fantasie an, und ich war sicher, auch die Leser würden sich bei dieser Kulisse in einer heilen Welt wähnen. Dazu kamen die Fährlinien, die ab Świnoujście nach Ystad, Bornholm und Kopenhagen gingen. Weiße Schiffe, die schon in Filmen von Mankells Wallander erfolgreich zur Dekoration gehörten. Den letzten Ausschlag aber, hier einen Kriminalkommissar anzusiedeln gab die Tatsache, dass Heringsdorf über eine Außenstelle der Kriminalpolizeidirektion Anklam verfügte.

Aber in dieser Zeit, in der die Leser jährlich mit rund 90.000 neu erscheinenden Büchern bombardiert werden, wäre es eine leichtsinnige Zeitvergeudung, ohne die nötige Unterstützung durch die betreffenden Polizeidienststellen ein solches Unterfangen zu starten. So schrieb ich eine Mail an das Innenministerium Mecklenburg-Vorpommerns, schilderte meine Wünsche und erhielt kurz darauf den Kontakt zur Pressestelle der Polizeidirektion in Anklam.

Ein Termin war mit dem Hauptkommissar Axel Falkenberg schnell vereinbart. Wir trafen uns in der Polizeidienststelle in Heringsdorf, und ich konnte Herrn Falkenberg von meinem Vorhaben überzeugen. Seitdem bekomme ich große Unterstützung seitens der Polizei, und ich denke, dass diese Zuwendung zu einem großen Teil zum Erfolg der Lasse Larsson Romane beigetragen hat.

Bei einem Rundgang von Ahlbeck nach Bansin konnte ich die vielen blauen und grünen Tafeln bewundern, die für Musiker und Schriftsteller aus der Kaiserzeit an den verschiedensten Häusern und Hotels angebracht waren.

Langsam wurde mir klar, dass große Männer ihre Spuren hinterlassen und damit hohe Hürden gestellt hatten. Aber wer nichts wagt, der nichts gewinnt, dachte ich mir und machte mich an die Arbeit.

Ich fragte mich, was würde Heinrich Mann heute schreiben? Er würde mehr soziale Gerechtigkeit anmahnen. Vorbild waren für mich vor allem *seine* Bücher. Ich erinnere mich an den Roman ***Der Untertan***, der von Diederich Heßling als Beispiel für einen bestimmten Typ Mensch in der damaligen deutschen Gesellschaft erzählt. Heßling ist obrigkeitshörig, feige und ohne Zivilcourage. Er ist ein Mitläufer und Konformist. Heinrich Mann erzählt mit ironischer Distanz Heßlings Lebensgeschichte von dessen Kindheit bis hin zur Sicherung seiner Stellung in der wilhelminischen Gesellschaft. Er wird dargestellt als Stammtischagitator, Herr über einen Betrieb und damit Kämpfer gegen das Proletariat, Beherrscher der Familie und intriganter Kumpan des im Grunde verhassten Sozialdemokraten Napoleon Fischer. In einer Kette solcher Episoden, denen Zitate aus Kaiserreden als Leitfaden dienen, wird Heßling einerseits als Tyrann dargestellt, dem die Hierarchie der Gesellschaft des Kaiserreichs Macht verschafft, andererseits als Untertan, der von der „Zugehörigkeit zu einem unpersönlichen Ganzen, zu diesem unerbittlichen, menschenverachtenden, maschinellen Organismus“ geprägt ist und unter ihm leidet. Ich erinnere mich an die grandiose DEFA-Verfilmung des Stoffes mit dem unvergessenen, aber viel zu früh gestorbenen Werner Peters als Diederich Heßling.

In der heutigen Zeit gibt es viele Diederich Heßlings, zu viele, so wie zu Zeiten des DDR-Regimes. Leider. Vor allem in der Politik. Und es ist an mir, die Unbilden in einem Rahmen zu beleuchten, der möglichst viele Leser erreicht. Deshalb habe ich mir das Genre des Kriminalromans gewählt.

» *„Man zeige mir einen Mann oder eine Frau, die Kriminalromane nicht ausstehen können, dann will ich Ihnen einen Narren zeigen; einen klugen Narren vielleicht – aber nichtsdestoweniger einen Narren“,* sagte Raymond Chandler. «

Wer nun einwirft, dass es sich bei Chandler um einen Amerikaner handelt, dem kann ich nur sagen, kein geringerer als Friedrich Schiller hat mit seinem Theaterstück **Die Räuber** - 1781 - ein erstes deutsches Kriminalstück geschrieben und **Der Verbrecher aus verlorener Ehre** - eine wahre Geschichte ist ein Kriminalbericht Friedrich Schillers, der 1786 zunächst unter dem Titel „Verbrechen aus Infamie“ veröffentlicht wurde.

» *„ ... man hat Ruhe und frische Luft und diese beiden Dinge erfüllen Nerven, Herz und Lungen mit einer stillen Wonne. «“,* schrieb Theodor Fontane 1863 in einem Brief an seine Frau über die Insel Usedom. So wie Fontane lernten viele nationale und internationale Persönlichkeiten aus Kultur, Wirtschaft und Politik das wohltuende Klima der Insel schätzen.

Der „ungetümliche Wanderpoet“ Theodor Däubler, wie ihn Ernst Barlach nannte, verbrachte sein Leben auf Reisen zwischen Italien, Frankreich, Griechenland, Deutschland und Österreich. In Paris beschäftigte sich Däubler mit Bildhauerei, Malerei und Architektur. Während des ersten Weltkrieges arbeitete er als Kunstberichterstatter.
1927 wurde er zum Präsidenten der deutschen Sektion des PEN-Clubs gewählt und in die Sektion für Dichtkunst der Preußischen Akademie der Künste aufgenommen.

Heinrich und Thomas Mann, um 1900

Der in Lübeck geborene Schriftsteller Heinrich Mann wurde 1931 zum Präsidenten der Sektion Dichtkunst der Preußischen Akademie der Künste gewählt. Die Nationalsozialisten verboten 1933 seine Werke, er emigrierte nach Frankreich.

1936 floh Mann in die USA und arbeitete als Drehbuchautor für eine
Filmgesellschaft.

1949 wurde er zum Präsidenten der Deutschen Akademie der Künste in Ost-Berlin gewählt, starb jedoch 1950 noch vor der geplanten Rückkehr nach Deutschland in Santa Monica (in der Nähe, in Pacific Palisades, lebte sein Bruder Thomas mit seiner Familie); dort wurde er auch begraben. 1961 wurde seine Urne nach Deutschland überführt und auf dem Dorotheenstädtischen Friedhof in Berlin beigesetzt.

Auch Thomas Mann war ein gern gesehener Gast auf Usedom, ebenso wie Kurt Tucholsky und Victor Klemperer, die sich in den Zwanzigerjahren in Heringsdorf erholten. Robert Musil hingegen wohnte damals im noch dörflichen Koserow und beobachtete fasziniert die Fischer, wie sie ihre Netze flickten und am Strand Würmer auf Angeln zogen: » *„Es ist ein stilles, feines Tun, wobei die groben Fischerfinger leise wie auf Fußspitzen gehn. Man muss sehr auf die Sache achten. Bei schönem Wetter wölbt sich der dunkelblaue Himmel darüber, und die Möwen kreisen hoch über Land wie weiße Schwalben."* «

Heutzutage rechnet sich die Fischerei kaum noch, allenfalls als Familienbetrieb mit einer Räucherkate an einer belebten Strandpromenade. Die qualmenden Holzschuppen in den Dünen, aus denen der nach Buchenholzrauch und Fett duftende Morgenfang an die Badegäste verkauft wird, sind den Besitzern der teuren Strandhotels freilich ein Dorn im Auge. Für die Kinder der Badegäste aber, die das Märchen vom Fischer und seiner Frau kennen, ist es ein großartiges Schauspiel, wenn früh die Boote auf den flachen Strand gezogen werden und Fischerfrauen mit großen Schüsseln bewaffnet aus den Dünen laufen, um die zappelnde Beute zum Räuchern abzuholen.

Der Grafiker und Maler Feininger wurde als Sohn des deutschen Geigers Karl Feininger und der Sängerin Elizabeth Cecilia in New York geboren. 1887 siedelte er nach Deutschland über. In Berlin bestand Feininger die Aufnahmeprüfung an der Königlichen Akademie. Später arbeitete er als Karikaturist für verschiedene Zeitungen. Aufgrund der politischen Lage in Deutschland ging Feininger 1937 end-gültig nach New York zurück. Dort starb er 1956.

Und Theo Lingen, der eigentlich Theodor Franz Schmitz hieß, wurde in Hannover geboren, wo er als 18-Jähriger auch zum ersten Mal auf der Bühne stand. Er spielte sich – zusammen mit Hans Moser und Heinz Rühmann – in die Herzen der deutschen Cineasten.

Als Volkskomiker stand er 48 Jahre lang für mehr als 200 Filme vor oder hinter der Kamera. Später lebte Lingen in Wien und gehörte jahrelang dem Ensemble des Wiener Burgtheaters an.

Vergessen wir die Kaiser, die für den Begriff „Kaiserbäder" sorgten und die sich ebenfalls allzu gern die Insel Usedom als Sommerdomizil wählten, den Österreicher Franz Joseph I und vor allem den deutschen Kaiser Wilhelm II; die Vorliebe Wilhelms für militärischen Prunk, die sich beispielsweise in zahlreichen Paraden zu den unterschiedlichsten Anlässen ausdrückte, führte auch gesellschaftlich zu einer Überbetonung des Militärs und der militärischen Hierarchie bis hinein ins zivile

Leben der deutschen Gesellschaft, in der für eine berufliche Laufbahn - nicht nur im Verwaltungsapparat - die Ableistung des Militärdienstes und der militärische Rang eines Menschen von entscheidender Bedeutung waren (Militarismus): Einen Rang als Reserveoffizier innezuhaben, galt im wilhelminischen Bürgertum als Eintrittskarte in die gehobene bzw. privilegierte Gesellschaft, ebenso wie das Fehlen eines militärischen Ranges ein einschlägiges Karrierehindernis darstellte.

Friedrich Wilhelm Albert Viktor von Hohenzollern (1859-1941), in den 30 Jahren von 1888 bis 1918 als Wilhelm II. letzter Deutscher Kaiser und König von Preußen: Er ist den heutigen jungen Deutschen - wenn überhaupt - meist nur als polternder Militarist, großspuriger Redner und hohlköpfiger Denkmalfetischist bekannt. Zudem habe er einen autoritären Untertanenstaat regiert, der für die heutige Zeit ohne Bedeutung sei, und Deutschland und die Welt leichtsinnig in den Ersten Weltkrieg hineingesteuert. Kaum eine Persönlichkeit der neueren deutschen Geschichte ist so umstritten wie die Wilhelms II. Der Schatten seiner zweifellos überragenden Gestalt reicht tief bis in unsere Gegenwart hinein. Für viele weckt die Erinnerung an ihn und seine Epoche noch heute Ressentiments - dabei sollte mit zunehmendem zeitlichen Abstand ein vorurteilsfreies Bild des letzten Kaisers und der Ära, die wir mit seinem Namen verbinden, möglich sein. Der letzte Hohenzoller auf dem Thron

Wilhelm II.

hat – in seiner, wie man leicht vergisst, immerhin 30 Jahre währenden Regierungszeit – erheblich an der Entstehung des modernen Deutschland mitgewirkt. Als Schlüsselfigur, die das Schicksal der Deutschen in hohem Maße mitbestimmt hat, verdient er auch heute noch unser brennendes Interesse.

Und so fragt Frau Professor Ute Frevert von der Yale University in: DER SPIEGEL, 22.09.2008, S. 42

» *„Was ist so interessant am letzten deutschen Kaiser? Dass er der letzte war? Dass Deutschland unter seiner Herrschaft wirtschaftliche, technische, wissenschaftliche und kulturelle Höhenflüge erlebte? Dass diese Höhenflüge mit der Urkatastrophe des Ersten Weltkriegs endeten? Es mag diese Finalität sein, dieses Unter- und Abgründige in der Geschichte des wilhelminischen Kaiserreichs, das Forscher und Leser bis heute fasziniert."* «

Johann Strauss jun.

Aber auch Musiker erfuhren Ehrungen in den Kaiserbädern, die sie gern besuchten.

Der Schani, wie Johann Strauss jun. mit seinem Spitznamen von seiner Familie genannt wurde, komponierte bis zum Tod seines Vaters 1849 nur Tanzmusik, was seinen Ruf als Walzerkönig begründete. 1864 traf er mit Jacques Offenbach zusammen, der ihn zur Komposition von Operetten anregte, die Strauss aber selbst immer als Komische Oper bezeichnete. 1863 hatte er das Orchester seines Vaters übernommen und wurde zum k.k. Hofball-Musikdirektor ernannt. In dieser

Funktion leitete er alle Hofbälle. Er tat dieses bis 1871, als er selbst um die Enthebung von diesem Posten ansuchte. Dieses wurde auch genehmigt, gleichzeitig wurde ihm der Franz-Joseph-Orden verliehen.

Eines der geschichtsträchtigen Häuser ist die Villa Irmgard.
Das Gebäude der Bäderarchitektur wurde 1906 an der heutigen Maxim-Gorki-Straße, die parallel zur Strandpromenade verläuft, errichtet. Gebaut wurde die zweigeschossige Villa auf einer kleinen Anhöhe als Gästehaus im Stil des **Neoklassizismus**. Die Brüstungsgitter am durch Halbsäulen gegliederten Risalit und am halbrunden Balkon weisen Elemente des Jugendstils auf. Sie sind in Heringsdorf einzigartig.

Die Villa Irmgard beherbergt heute das Maxim Gorki-Museum

Wie nahezu alle Häuser war auch die Villa in den Zeiten der DDR in
ihrer Bausubstanz stark heruntergekommen. Nur dem Einsatz einzelner, der Kultur verpflichteter Menschen ist es zu danken, dass die Villa erhaltenswert bewahrt wurde. Eine der Frauen, die sich

seit vielen Jahren - also schon zu Zeiten der DDR - herausragend für den Erhalt der Villa und deren explizite Verwendung als Museum einsetzt, ist die für Kultur zuständige stellvertretende Kurdirektorin der Kaiserbäder, Dr. Karin Lehmann.

1948 wurde die Villa Irmgard als Gedenkstätte für Maxim Gorki eingerichtet und trug anschließend zeitweilig den Namen „Maxim-Gorki-Museum". Zu sehen sind seine Wohn- und Arbeitsräume, die im Stil der Zeit seines Aufenthalts ausgestattet sind und teilweise noch das ursprüngliche Mobiliar aufweisen. Die ständige Ausstellung erinnert an weitere prominente Gäste in der Villa und in Heringsdorf. Außerdem gibt das Museum einen Überblick über die Geschichte des Ortes. Gezeigt werden monatlich wechselnde Künstlerausstellungen. Zum Veranstaltungsprogramm gehören Konzerte in den Räumlichkeiten des Obergeschosses sowie kleinere Theateraufführungen.

Maxim Gorki, der 1922 mit seinem Sohn Maxim und seiner Schwiegertochter Alexejewa Peschkowa aus Berlin nach Usedom kam, um von seiner 1921 erneut ausgebrochenen Tuberkuloseerkrankung Genesung zu suchen, war prominentester Gast der Villa Irmgard, die zu
dieser Zeit einem Rechtsanwalt aus Berlin gehörte. Während seines Aufenthalts zwischen Mai und September 1922 arbeitete Gorki am dritten Teil seiner Autobiografie „Meine Universitäten", pflegte intensiven Briefwechsel etwa mit den französischen Schriftstellern Romain Rolland und Anatole France sowie mit seinen russischen Schriftstellerkollegen Konstantin Alexandrowitsch Fedin, Wsewolod Wjatscheslawowitsch Iwanow und anderen. Er erhielt Besuch von Alexei Nikolajewitsch Tolstoi, der von Misdroy anreiste, um seinen Freund Gorki zu treffen, außerdem von dem Opernsänger Fjodor Iwanowitsch Schaljapin, mit dem er eng befreundet war. Eine Tochter Schaljapins blieb für einige Zeit Gorkis Gast in der Villa. Im Gästebuch des Hauses verewigte sich Gorki mit dem Satz: » „Und dennoch und trotz alledem werden die Menschen eines Tages wie Brüder leben". «

Die Formulierung „und dennoch und trotz alledem" ist auf seine

Begegnung mit kranken und elend lebenden Kindern von Heringsdorfer Einwohnern, einem starken sozialen Kontrast zu dem Leben der Gäste des Luxusbades, zurückzuführen.
Schon bei der Vorstellung meines ersten Usedom-Romans lernte ich Menschen kennen, die auf der Insel zu Hause sind und die ganz besonderen Wert auf Authentizität der beschriebenen Lokalitäten legen. Es gelang mir, einige von ihnen zu einer Zusammenarbeit dahingehend zu bewegen, dass sie nun mein Manuskript auf die notwendige Stimmigkeit hin untersuchen und wenn nötig, mich aufklärend zu korrigieren.

Aus diesen Kontakten, die mit der Bevölkerung vor Ort zustande gekommen sind, haben sich Freundschaften oder zumindest ge-

Holzskulptur im Museum: Maxim Gorki

meinsame Interessen herausgebildet. Regelmäßig werden mir Situationen zugespielt, die auf der Insel stattgefunden haben. So erreichte mich zum Beispiel am 11. August 2007 diese Mail:

Guten Abend werter Herr Tenner,
na da habe ich wohl auf den falschen PC-Knopf gedrückt und Ihnen Informationen über mein Tagesgeschehen gesendet und das ist ja weniger spektakulär als Ihre Geschichten.

Zum Kaminker Mord.
Walter Fennert wurde am Palmsonntag 1927 erschlagen. Geboren wurde Herr Fennert 1906. Sein Wohnhaus ist vor einigen Jahren abgebrannt. Frau Werner, die ehemalige Nachbarin der Familie Fennert, jetzt ca. 90 Jahre alt, kann sich noch ein bißchen an den Vorgang erinnern. Im Dorf erzählen sich die Alten
- *der Fall wurde nie richtig aufgeklärt*
- *Fennerts waren drei Brüder Karl, Walter und?*
- *eine Tante von Walter wohnt noch in Wolgast.*

und dann gibt es noch einen Spruch, den ich nicht so richtig verstehe und zwar „Der Zweck des Lebens - ist das Leben selbst."
In meinem Seniorenverein bereiten wir einen Informationsabend mit dem Thema „Die Bilderberger" vor. Frau Runne will ein paar passende Bücher dazu auslegen, ob Ihr Buch auch dazu passt?
Mit freundlichen Grüßen
Ihr R. F.

Nun, den Grabstein habe ich mir inzwischen angesehen. Möglicherweise werde ich in einem der nächsten Lasse Larsson Fälle darauf zurückkommen. Wichtig ist, dass derartige Kontakte die Fantasie eines Autors immer bewegen.

Waren meine Erinnerungen zu meiner Zeit auf dem Fischland vielschichtig, so stelle ich immer wieder fest, dass die Aufbruchzeit gepaart mit der Gründerzeit der DDR in Verbindung mit der Mangelwirtschaft, den verzichtbaren aber brutal erfolgten Aktivitäten des Staatssicherheitsdienstes, dem Standort Ahrenshoop und der Entwicklung eines jungen Mannes, vielfältige Erlebnisse möglich gemacht haben. Begegnungen, die konträrer nicht haben sein können; Kommunisten, Spione, Schriftsteller und Tänzer, Kammersänger und Schlagersänger Künstler und Industrieelle, großzügige Personen und Spießer, junge Menschen und alte – das prägte mich und vieles davon finde ich heute bei mir wieder. Machmal die Großzügigkeit und hin und wieder erwische ich mich dabei, spießig zu sein – eine wahre Fundgrube waren.

All das trifft nun so für meine zweite Begegnung mit der Insel Usedom leider nicht mehr zu. Es fehlt die wesentlich kleinere Atmosphäre eines großen Dorfes, das anheimelnde Gefühl, jeden zu kennen oder zumindest von jedem Wichtigen zu erfahren. Usedom in der heutigen Zeit ist weitläufig, kein Dorf mehr, sondern Region. Allein in den Kaiserbädern können sich Menschen, der Größe wegen, unsichtbar machen. Und das zieht einem Autor, der auf derartige Begegnungen als Stofflieferanten angewiesen ist, den Boden unter den Füßen weg. So bin ich dankbar für jede Hilfe, die mir von den Einheimischen angeboten wird.

Manchmal frage ich mich, ob diese Hilfe noch intensiver sein könnte. Vor allem, weil sie für die Kriminalromane zwar besteht, für dieses Buch aber – nach anfänglicher Zusage – konsequent verweigert wurde. Man wolle, so sagte man mir, die noch lebenden „Pommern“ nicht in Verlegenheit bringen und sie mit ihrer Vergangenheit konfrontieren, denn sie würden das niemals verzeihen. Dabei hätte es so herrlich satirische Einlagen gegeben wie etwa die Kontroversen zwischen zwei Bürgermeistern, die gleichermaßen ein und derselben Frau verfallen waren. Erst das Einschreiten der Partei konnte damals dem Treiben ein Ende setzen. Das ist sehr schade, denn gerade diese kleinen menschlichen Schwächen geben der Suppe das Salz des verstehenden Lächelns.

Auch bei mir hat es lange gedauert, bis ich über ***mich*** lachen konnte. Doch dann habe ich festgestellt, dass das Leben sehr viel mehr Spaß macht, wenn man es nicht so verbissen sieht.

19

Spionage-U-Boote. Phantome oder Wirklichkeit?

Als ich nach der politischen Wende meine Stasi-Unterlagen bei der Gauck-Behörde einsah, musste ich mehrfach herzlich lachen. Zum Teil basierten die Berichte auf aus der Luft gegriffenen Halbwahrheiten, andere wiederum waren so überhöht wiedergegeben, dass es sich bei mir nicht nur um einen Staatsfeind Nr. 1 handeln musste, sondern überdies noch um einen ausgebufften Casanova. Nichts von beidem aber stimmte. Ich war kein Feind eines wirklich demokratischen Deutschlands mit einer Linksregierung. Aber ganz sicher war ich gegen jegliche Unterdrückung freiheitsliebender Menschen und ganz besonders dann, wenn sie unter pseudosozialistischem Vorzeichen rücksichtslos stattfand. Hier hatten die wichtigen und überaus gut bezahlten Mitarbeiter des Ministeriums für Staatssicherheit ihren Eigenschöpfungen freien Lauf gelassen, um ihren Vorgesetzten die heimlich erträumte Existenzberechtigung zu geben.

Eine dieser mich amüsierenden Behauptungen lief darauf hinaus, dass ich bei meiner Flucht mit meiner zweiten Frau und einem Freund mit dem Schlauchboot über die Ostsee aller Wahrscheinlichkeit nach von einem größeren Schiff außerhalb der 3sm-Zone aufgenommen worden sei. Tatsächlich sind wir aber selbst mit unserem Zwergenschlauchboot bis zum Feuerschiff Gedser, einem dänischen Seezeichen, gefahren. Einfach war es nicht, wenn plötzlich wie aus dem Nichts ein Riesenschiff im Nebel auftauchte und nur allerschnellste Reaktion ein Überlaufen unseres kleinen Bootes verhinderte. Stets wurde ein Wellenberg von diesen Kolossen weggeschoben und mehrere Male entkamen wir in aller- letzter Sekunde unserem eigenen Untergang, denn der Nebel hatte auch warnende Geräusche geschluckt.

Hatte ich damals noch laut losgelacht, bin ich heute doch nachdenklich deshalb geworden, weil die Ostsee-Zeitung in Ihrer Ausgabe vom 12. Januar 2009 einen Artikel mit dem Titel **Der Spion kam mit dem U-Boot** publizierte.

Ich bin dem Kriminalhauptkommissar Stephan Lack, der mich in meiner Arbeit berät, dankbar, mich darauf aufmerksam gemacht und mir den Artikel per Mail zugeschickt zu haben.

*

Der Spion kam mit dem U-Boot
In den 1960er Jahren schleusten Geheimdienste des Westens Spione und Flüchtlinge in kleinen Unterwasserfahrzeugen über die Seegrenze der DDR.
Ein Rostocker Hobbyforscher hat in akribischer Archivarbeit ein Agenten-Schicksal rekonstruiert.

Rostock (OZ) Das Urteil des Militärstrafsenats am Obersten Gericht der DDR vom 8. Februar 1969 war sehr hart. In der Urkunde heißt es: Der „Oberleutnant des US-Geheimdienstes NSA Bocho, Jörg, (...) wohnhaft in 703 Leipzig wird wegen Verbrechens der Spionage und Diversion im schweren Fall sowie wegen eines staatsgefährdenden Gewaltaktes, begangen in Tateinheit (...) zu einer Freiheitsstrafe von 15 – fünfzehn – Jahren verurteilt." DDR-Bürger Bocho hatte großes Glück – das Militärgericht hätte ihn viel drastischer verurteilen können. „In dieser Kombination wäre nach DDR-Strafrecht für Spionage in besonders schwerem Fall auch eine lebenslange Freiheitsstrafe oder sogar die Todesstrafe möglich gewesen", erklärt Joachim H. Rudek.

Der Rostocker Marinegeschichts-Forscher ist zufällig auf Bochos Schicksal gestoßen. „Ich habe nach Beweisen für den Einsatz von Klein-U-Booten während des Kalten Krieges in der Ostsee gesucht", berichtet er. Dabei sei er dem Top-Spion der National Security Agency (NSA) und des bundesdeutschen Militärischen Abschirmdienstes (MAD) auf die Spur gekommen. Dafür hat Rudek in den letzten Jahren viele Aktenbände studiert: in der Stasiunterlagen-Behörde und in Archiven, etwa dem des Obersten Militärgerichts der DDR, dazu Berichte Bochos sowie Dokumente zu den Klein-U-Booten und weiterer Tauchtechnik.

„Bocho hat mit speziellen U-Booten Personen aus der DDR und hineingeschleust – der Einsatz dieser Technik war bisher für die Ostsee unbekannt", erzählt Rudek. Auch US-Agenten gelangten so über Usedom nach Polen und zurück in die Bundesrepublik. Der Rostocker schreibt zurzeit über den deutsch- deutschen Spion ein Buch.

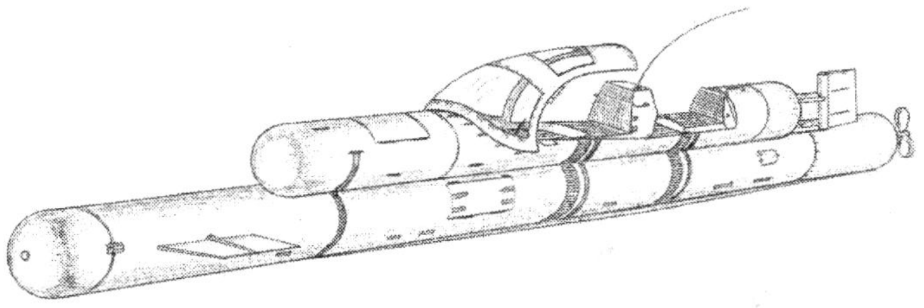

Skizze des Klein-U-Bootes GN 3 – wahrscheinlich von Bocho im Gefängnis für die Stasi angefertigt.

Agent schießt bei seiner Verhaftung

Tatsächlich scheint der „Fall Bocho" aus vielen Gründen einmalig zu sein. Etwa das „milde" Urteil. Bocho wusste offenbar so viel aus der Agentenszene, dass ihm die Staatssicherheit wohl ein Geschäft angeboten hat: ausführliche Aussage gegen annehmbare Haftbedingungen. „Im Urteil wurde etwa außer Acht gelassen, dass er bei seiner Verhaftung am 1. September 1966 in Wolgast mit einer Pistole auf Stasi-Leute geschossen hatte", sagt Rudek. Der Agent blieb nach seiner Verurteilung weiter im Stasi-Gefängnis Berlin-Hohenschönhausen – acht Jahre lang in Einzelhaft.

„Dort hat er jahrelang ausgepackt, aber auch nicht alles verraten", berichtet der Hobby-Forscher.

1976 schließlich ist Bocho nach Karl-Marx-Stadt (heute Chemnitz) entlassen worden. Später hat ihn die Bundesregierung freigekauft. Der Agent ist dann ganz offiziell mit einer Ausbürgerungs-Urkunde aus der DDR entlassen worden. Ebenso offiziell war Bocho 1961 in die DDR übergesiedelt - getarnt als Deserteur der Bundeswehr. Er zog zu seiner Oma nach Leipzig, wo er 1940 geboren wurde. In der Messestadt arbeitete er erst als Schlosser, ab Januar 1962 dann in einem Betrieb für Gummiartikel. Ein einfacher Arbeiter schien die perfekte Tarnung zu sein. Zumindest fünf Jahre lang hielt sie - trotz vieler Reisen von Leipzig an die Ostseeküste und zurück sowie mehrfacher Geheimtouren in die Bundesrepublik und die USA. „In der Zeit übernahm ein Double, sein US-Einzelausbilder Gilbert, die Rolle von Bocho", sagt Rudek.

Der musste bei der National Security Agency (NSA), der Dachorganisation aller US-Geheimdienste, Bericht erstatten. Bei diesen Gelegenheiten wurde er geschult, etwa an modernen Klein-U-Booten. Der Oberleutnant sollte Grenzsicherungsanlagen, Häfen und Werften aufklären sowie Kommandounternehmen und Agentenschleusungen vorbereiten. So wie im April 1962 in Wustrow auf dem Fischland. Bocho traf zwei Männer am Strand, wie er ausgebildete Kampfschwimmer aus dem Westen. Mit dabei: Transportbehälter für Schleusungen von Trägerschiffen. Beide trugen Zivilkleidung, hatten DDR-Ausweise. Die drei mischten sich in Wustrower Gaststätten unters Volk - um nicht aufzufallen. Nachts brachten sie zerlegbare, zwei Meter große Container vom Strand durch den Ort zum Saaler Bodden - mit einer Art Sackkarre. Keinem ist etwas aufgefallen.

Kampfschwimmer vor Wustrow

Nach dieser Methode hat Bocho im Mai 1962 die erste Person per Container ausgeschleust. Kampfschwimmer holten sie vom Strand in Höhe des Turms der Seefahrtschule ab. Mit dem Trägergerät GN 3 wurde sie in Richtung Warnemünde transportiert und von da in die offene See. Bis Juni 1963 sind 13 Schleusungen so von Wustrow gelaufen – zwei hinein und elf hinaus. Weil es so reibungslos gelang, wurde in Wustrow eine Station für Schleusungen von Menschen oder Gegenständen installiert. Fremde würden nicht auffallen, war sich Bocho sicher, schon durch die vielen Studenten der Hochschule für Seefahrt. Dazu kam die günstige Lage zwischen Ostsee und Saaler Bodden. Dieses Gewässer war gut geeignet für Unterwasserdepots. Schleusungen gab es auch von anderen Küstenorten: So wurde Anfang 1965 eine Person vor Koserow übernommen und nach Kolberg (Polen) gebracht. Vor Ahlbeck geschah Ähnliches.

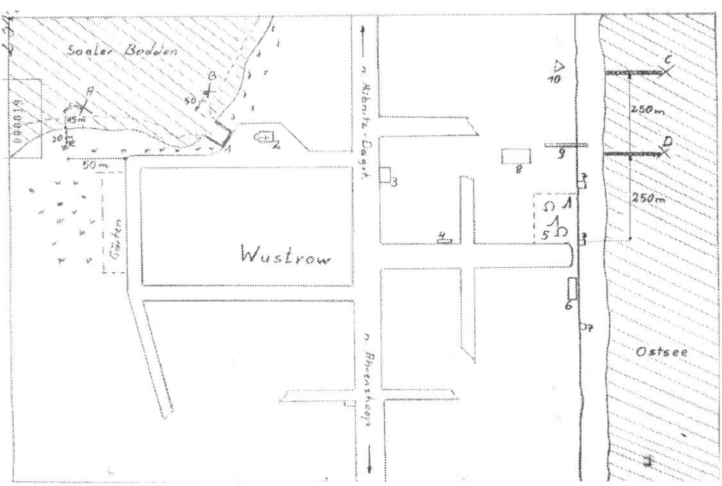

Skizze Wustrow mit Kirche am Hafen – wahrscheinlich von Bocho im Gefängnis für die Stasi angefertigt.

Auf diesem Weg sollen sogar Raketenbatterien transportiert worden sein, die bei Rerik, in der Peene vor Wolgast, vor dem Darß, vor Rügen sowie Peenemünde aufgestellt wurden. Geplant war dies auch in Havelseen, in der Warnow bei Rostock, im Ryk in Greifswald, in Müritz und Elbe. „Die westlichen Geheimdienste wollten sich damit bei Kriegsausbruch einen Überraschungsfaktor zu ihren Gunsten sichern", glaubt Rudek. Das war Teil des Programms „Alliierte Unterwasser-Waffen- Einrichtung": Vor der Ostseeküste und in Flussmündungen sollten Kabel verlegt, Steuergeräte versenkt und angeschlossen werden, die später Raketen im Zickzackkurs ins Ziel leiten. Außerdem sei geplant gewesen, Raketen zu installieren und Unterwasserfahrzeuge ins Ziel zu steuern.

Dazu habe Bocho im Gefängnis detaillierte Angaben gemacht; er zeichnete sogar Skizzen von Einsatzorten, etwa bei Wolgast. Ab Juni

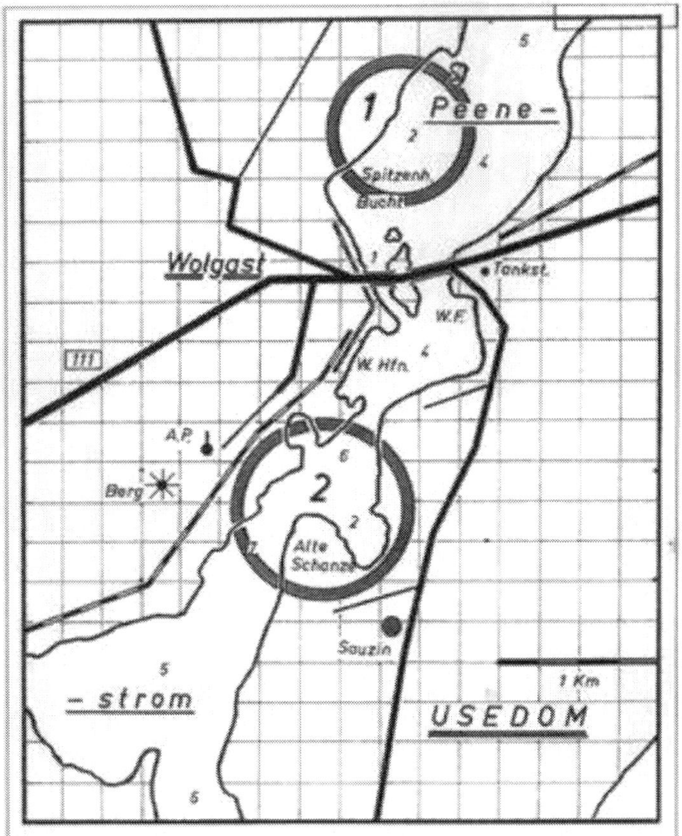

Skizze von Usedom mit Lageplan der exakten Einsatzorte
- wahrscheinlich von Bocho im Gefängnis für die Stasi angefertigt.

1966 arbeitete er dort als Saisonkellner – so konnte er leichter Achterwasser und Oderhaff auskundschaften und dort Steuergeräte für Raketen anbringen. Ob sich Bocho in der Stadt mit der Zeit zu sicher fühlte? In Wolgast endete jedenfalls seine aktive Spionagezeit. Gemeinsam mit dem Agenten Rudolf Schondelmeier flog er durch eine dumme Geschichte auf: Die beiden schlugen am 31. August 1966 vor einer Wolgaster Kneipe einen vermeintlichen Kumpel brutal zusammen. „Das Opfer Eckhard Hahn war Informeller Mitarbeiter der Staatssicherheit", sagt Rudek. Hahn meldete den Vorfall. Und der DDR-Geheimdienst griff zu - ohne anfangs zu wissen, wer ins Netz gegangen war. Als Bocho bei seiner Verhaftung aber eine Pistole zog und schoss, war den Stasi-Leuten klar: So wehrt sich nur ein „dicker Fisch".

Durch US-Geheimdienst ausgebildet

Tatsächlich: Jörg Bocho diente ab 1959 als Soldat auf Zeit in der Bundeswehr. „Als ehemaliger DDR- Bürger wurde er zur Zusammenarbeit mit dem MAD gezwungen", berichtet Rudek. Im Frühjahr 1960 begann seine Ausbildung zum Ranger durch US-Offiziere des Counter Intelligence Corps (CIC), eines Nachrichtendienstes der US-Armee. Dazu gehörten Fallschirmspringen, Überlebenstraining, Kampfschwimmen, Tauchen, Fahren mit Unterwasserfahrzeugen sowie Agententätigkeit. Ab Juni 1961 folgten dann Praxistests: Kampfschwimmer wie Bocho wurden von U-Booten vor Warnemünde, Rerik, dem Darß und dem Volksmarine-Hafen Dranske ausgesetzt.

Bekam die DDR-Küstenwache davon etwas mit?

„Bis zur zufälligen Verhaftung Bochos blieben alle Aktionen unentdeckt", meint Rudek. Diese Agenten-Geschichte hatte einschneidende Folgen für DDR-Bürger. „Sie durften sich seitdem nachts nicht mehr am Ostseestrand aufhalten", so Rudek.

*

Ex-Agent Jörg Bocho ist 1997 gestorben. Das Landgericht Berlin hat ihn mit Urteil vom 21. April 1995 für seine DDR-Haft rehabilitiert. Rudek nennt diese Rechtsprechung „schizophren": Der ehemalige DDR-Bürger Jörg Bocho, der für die BRD spionierte, wurde rehabilitiert. Ein anderes Gericht jedoch habe 1996 den BRD-Bürger Karl Wienand, der für die DDR spionierte, zu zweieinhalb Jahren Haft verurteilt.

*

Der Artikel faszinierte mich.

Ich war nun neugierig zu erfahren, ob es tatsächlich zu Zeiten des Kalten Krieges zu Bewegungen von Kampfschwimmern und Kleinst-U-Booten gekommen war. Und dass diese Boote auch Flüchtlinge aus dem großen Gefängnis DDR geschleust haben sollen. Ich war überaus skeptisch. Aber ich wollte es genau wissen. Deshalb suchte ich über das Internet die Adresse des Hobbyforschers. Ich telefonierte mit ihm, gab ihm in meiner Mail zum Ausdruck, dass ich mich für seine Arbeit sehr interessiere, und kann von Glück reden, denn Joachim H. Rudek war bereit, mich in seiner Rostocker Wohnung zu empfangen.

Joachim H. Rudek im Gespräch mit mir in seinem Arbeitszimmer

Die Grundlage meiner Erkenntnisse habe ich aus Akten der BSTU gewonnen", sagt Joachim H. Rudek und blättert tatsächlich in Kopien von Akten der Behörde. Ich bin beeindruckt. Wie, so frage ich mich, ist dieser Mann an die Unterlagen gekommen? Als ausgewiesener Journalist weiß ich, wie schwer es ist an die Unterlagen der Stasibehörde zu kommen. Und Rudek erklärt mir, wie er – natürlich zu Forschungszwecken – Einsicht in die Dokumentationen nehmen durfte, und diverse davon ko Die Grundlage meiner Erkenntnisse habe ich aus Akten der BSTU gewonnen", sagt Joachim H. Rudek und blättert tatsächlich in Kopien von Akten der Behörde. Ich bin beeindruckt. Wie, so frage ich mich, ist dieser Mann an die Unterlagen gekommen? Als ausgewiesener Journalist weiß ich, wie schwer es ist an die Unterlagen der Stasibehörde zu kommen. Und Rudek erklärt mir, wie er – natürlich zu Forschungszwecken – Einsicht in die Dokumentationen nehmen durfte, und diverse davon kopiert piert hat. Die Akten sehe ich, und daran gibt es überhaupt keinen Zweifel, sind echt. Der Spiegel hatte diese Darstellung schon angezweifelt und offizielle Stellen der Regierung haben eifrig dementiert. Tatsächlich aber stehen die Originalvernehmungsprotokolle der Staatssicherheit der DDR zur Verfügung, und die sagen einfach anderes aus. Dort steht zu lesen: „In der Messestadt arbeitete er zuerst als Schlosser und ab Januar 1962 dann in einem Betrieb für Gummiartikel. Ein einfacher Arbeiter war die perfekte Tarnung. Zumindest fünf Jahre lang hielt sie, obwohl er häufig Reisen von Leipzig an die Ostseeküste und zurück sowie mehrfacher Geheimtouren in die Bundesrepublik und die USA machte. In der Zeit übernahm sein Double, sein US-Einzelausbilder Gilbert, die Rolle von Bocho."

„Er hatte ein Double?" frage ich.

„Aber ja. Man hielt die Arbeit Bochos für so wichtig, dass er hin und wieder nach Amerika zu Unterweisungen fliegen musste. Schließlich arbeitete er für die NSA, die National Security Agency. Das ist die Dachorganisation der amerikanischen Geheimdienste. Und er bekleidete den Rang eines Oberleutnants.

Als ich von Joachim H. Rudek abfahre bin ich mir sicher, auf eine neue Erkenntnis im geheimen, kalten Krieg zwischen den Weltmächten gestoßen zu sein. Und das unmittelbar dort, wo ich zu der Zeit, in der das Ungeheuerliche passiert war, gelebt hatte - auf dem Fischland und jetzt auf Usedom. Und ich hätte damals genauso geleugnet, dass es seitens der Bundesrepublik so etwas gegeben hat, wie es heute die Regierungsstellen unseres Landes tun.

20

Der Tod war stets ein Mahner in meinem Leben …

Mit dem anonymen Tod, den ich im ersten Kapitel mit diesen Sätzen - *Edmund Kesting und mein Cousin Egon überlebten 1945 die erste Welle des Großangriffs auf Swinemünde, die mehr als 20.000 Menschen das Leben kostete. Sie mussten die Stadt innerhalb von 48 Stunden verlassen. Sie schlugen sich über Stettin nach Dresden durch.*
Die Fahrt über Wolgast war bereits nicht mehr möglich - angedeutet hatte, habe ich auf die Menschen hingewiesen, die dort zu Tode kamen und mit Pferden und Lastwagen zur Bestattung auf den Golm gebracht wurden, den mit 59 Metern höchsten Berg von Usedom. Hier wurden sie überwiegend anonym in Massengräbern beerdigt.

Von dem Charme des Seebades war nach dem Angriff kaum noch etwas übrig. Die Zahl der Toten wird zwar allgemein mit 23.000 angegeben, einige Historiker sprechen vorsichtiger von einer möglicherweise fünfstelligen Opferzahl.

Die Preußische Allgemeine Zeitung vom 12.März 2005 schreibt dazu, Zitat:

Am 12. März 1945 wurde die pommersche Hafenstadt Swinemünde - nordwestlich von Stettin gelegen - Ziel eines Angriffs der 8. US-Luftflotte. Bei diesem Tagesangriff, der mittags gegen 12 Uhr begann und nur rund 60 Minuten andauerte, setzten die Amerikaner 642 Bomber ein.

Zielpunkte für die Bombardierung Swinemündes waren der Hafen, der Bahnhof und die Kurparkanlagen. Das Ostseebad war an jenem Tag im März 1945 voller Flüchtlinge aus Ostpreußen, Danzig, Westpreußen und Hinterpommern. Die meisten kamen über See und hatten Schreckliches durchgemacht.

Mit dem Landgang in Swinemünde war zwar die Flucht noch nicht zu Ende, die Menschen meinten jedoch, das Schlimmste überstanden zu ha-

ben.

Der Bombenkrieg der Westalliierten gegen die Städte in West- und Mitteldeutschland war den Menschen des Ostens nur unzureichend bekannt. Diesbezügliche eigene Erfahrungen hatten die allermeisten nicht.

Die Amerikaner und Briten waren über die Infrastruktur der Halbinsel Usedom, an deren östlichem Ende Swinemünde liegt, bestens informiert. Peenemünde, ebenfalls auf Usedom gelegen, wegen der dortigen Raketenversuchsanstalt für die Alliierten ein wichtiges militärisches Ziel, wurde immer wieder durch Luftaufklärer ausgespäht. Diese Aufklärung erstreckte sich auf die ganze Halbinsel.

Die Amerikaner wussten um die Folgen der Bombardierung Swinemündes. Der Angriff war ein Verbrechen, bei dem rund 23.000 Menschen zu Tode kamen.

Erster Zielpunkt der Bomber war der Hafen. Sechs große Handelsschiffe, die seit Januar als Flüchtlingsschiffe im Pendelverkehr zwischen Pillau und Danzig nach Swinemünde oder Kiel eingesetzt waren, sanken. Einige der Schiffe hatten die Menschenfracht noch an Bord. Das Schiff „Andros" war am 5. März in Pillau mit 2.000 Menschen in Richtung Dänemark in See gestochen. Unplanmäßig legte die „Andros" am Morgen des 12. März in Swinemünde an.

Das Schiff kam in den Bombenhagel, brach auseinander und ging mit samt seiner Menschenfracht zu Grunde.

Im Kurpark von Swinemünde warteten Tausende auf ihren Weitertransport nach Westen. Die Markierer der Bomberverbände hatten den Park genau gekennzeichnet. „Der Bombenteppich fiel besonders eng, so dass es kein Entrinnen gab. Die Lage im Kurpark war den Amerikanern bekannt, weshalb sie reichlich Baumkrepierer geladen hatten, Bomben mit Berührungszündern, die detonierten, sobald sie mit Ästen in Berührung kamen", schreibt Jörg Friedrich in seinem Buch „Der Brand".

Die Flüchtlinge im Kurpark von Swinemünde waren am 12. März 1945 wehr- und schutzlos.

„Das Massaker von Swinemünde steht in den Annalen der 8. US-Flotte nicht als Massaker verzeichnet, auch nicht in den Annalen der Zeitgeschichte. Die US-Air-Force verbuchte ihn als Verkehrsangriff auf Rangierbahnhöfe." („Der Brand", Seite 176).

Für die Toten von Swinemünde wurde auf dem Golm – ein Höhenzug westlich von Swinemünde gelegen – eine würdige Gedenkstätte geschaffen. Das dort jährlich am 12. März stattfindende Totengedenken erzeugt bis heute bei vielen Unmut, weil die histo-rische Wahrheit – wie in diesem Bericht geschildert – unausgesprochen bleibt.

*

Später kam dann der personifizierte Tod auf mich zu.

Ich war 17 Jahre alt und es war mein Geburtstag, als meine Mutter einen Anruf aus Bielefeld, erhielt. Es war die Frau unseres Freundes, des Zahnarztes Dr. Heinrich Beer, die uns über den plötzlichen Herztod ihres gerade 40jährigen Mannes unterrichtete. Ich warf mich schockiert aufs Bett meiner Mutter und schluchzte los. Seither denke ich nahezu täglich an den Tod; er ist allzeit ein Mahner in meinem Leben.

Die Beers waren mit uns befreundet und ich erinnere mich noch an unsere erste Zusammenkunft in einer Villa in Leipzig etwa im Jahr 1947. Stolz zeigte Heini, wie Heinrich Beer von seinen Freunden genannt wurde, sein erstes Nachkriegsmotorrad, eine nagelneue englische Triumph mit Seitenwagen. Der Seitenwagen war auf der linken Seite, nicht wie in Deutschland üblicherweise auf der rechten. Wo er das nahezu neue Stück so kurz nach dem Krieg aufgetrieben hatte, war nicht zu erfahren. Aber er hatte es, und das war zu der Zeit etwas ganz Besonderes. In meinen weiteren Erinnerungen an ihn tauchte eine andere Villa in Leipzig auf, in die Beer umgezogen war. Diesmal war es ein angemietetes Objekt, und der emsige Zahnarzt hatte seine Triumph gegen einen Ford Taunus M17 eingetauscht; das für damalige Verhältnisse fortschrittliche, imposante Wägelchen verfügte über einen Reihenmotor mit 60 PS, wassergekühlt, hängende Ventile, dreifach gelagerte

Kurbelwelle und ein vollsynchronisiertes Dreiganggetriebe. Beer nannte den Wagen eine Blechbüchse, deren Schließgeräusch der Türen ihn wahnsinnig mache. Und tatsächlich hatte er kurze Zeit später nicht nur einen 180er Mercedes, dessen Türen mit einem satten Plop zugingen, er verfügte auch über eine von den Ostbehörden akzeptierte Einladung zu einem Ärztekongress in Westdeutschland.

Wir erhielten eine Einladung zu Beers nach Leipzig, und da wieder einmal Messe war, schliefen wir im Haus unserer Freunde.

In der Speisekammer gab es eine Ansammlung kleiner Mäuse, die die Kinder der Beer`schen Familie schier entzückten. Sie wurden nicht gefangen genommen oder gar vernichtet. Den Grund erfuhren wir sehr schnell. Heini Beer würde mit seiner jüngsten Tochter, die sich im Kleinkindalter befand, nach dem Westen fahren. Eine Woche später sollten seine Frau und die älteste Tochter zu uns nach Ost-Berlin kommen und wir sollten sie beim Wechsel nach West-Berlin unterstützen. Nun waren die Beers ja nicht die ersten DDR-Flüchtlinge, die unsere Wohnung an der Heinrich-Heine-Straße als Sprungbrett in die Freiheit nutzten. Lediglich die große Mäusepopulation wolle man in der DDR zurücklassen.

Der nächste, mir erinnerliche personifizierte Tod erreichte mich, als ich vom Tod des Bruders Gisela Schumanns und des mir sehr gut bekannten Sohn des Dr. Weiler aus Berlin hörte. Ich habe das im 12. Kapitel *Primadonnen, Musiker, Schriftsteller und Bobby Schumann ...* kurz beschrieben.

Und nun, wo ich dabei bin, diese autobiografische Betrachtung meines bisherigen Lebens an der Ostsee zu beenden, tritt der Schnitter abermals an mich heran. Er erinnert mich an einen Vortrag des großen August Everding, den Opernregisseur und Intendanten mehrerer Opernhäuser, der anlässlich eines Vortages zum 125. Bestehen der Eidgenössischen Technischen Hochschule Zürich im Jahr 1995, in dem er sagte: „Glück ist nicht nur leben können, sondern auch sterben dürfen. Der Tod ist schon bei der Geburt in uns angelegt und reift in uns wie ein Organ."

Aber wenn ich diesen Satz analysiere, dann schließt er einen gewaltsamen Tod ebenso wenig ein wie einen Freitod.

Stationen des Lebens, **Wandbilddruck** aus dem 19. Jahrhundert

Bei einem Telefonat mit Frau F., in dem ich um eine Zuarbeit an dem Manuskript nachsuche, wird dies, wie schon beschrieben, abgelehnt. Aber dann sprudelt es förmlich aus der Frau heraus: „Die Insel *ist* ein einziger Krimi!"

Hellhörig geworden frage ich: „Wieso?"

„Frau N. ist verschwunden. Nachdem man ihr die Kinder weggenommen hat, ist sie durchgedreht."

Während wir telefonieren, taucht in meinen Gedanken meine erste Lesung im Hans-Werner-Richter-Haus am 24. Juni 2007 auf. Vorn in der ersten Reihe, rechts von mir, Polizeihauptkommissar Finn und Gattin, die mich seither in Fragen beraten, die inselspezifisch sind. Hinter ihnen Herr und Frau F. sowie Frau N., die interessiert zuhörten.

Als die Sprache darauf kam, wo ich denn wohne, wenn ich auf der Insel sei, und ich zu erkennen gab, dass es durchaus nicht unmittelbar an der Ostsee sein müsse, sondern ebenso gern am Achterwasser sein könne, wo ich doch zum Arbeiten mehr Ruhe fände, hat mir Frau N. neben ihrer Adresse ein rotes Herz gemalt und geschrieben 

Willkommen!

Sie habe ein Gästehaus, in dem man auch gut kochen könne, da sie eine sehr funktionale Küchenzeile eingebaut habe. Ich merkte, dass sie bemüht war, mich als Gast zu akquirieren. Und so beschloss ich, mir das Gästehaus anzusehen.

Bei einem der nächsten Besuche fuhr ich dann bei Frau N. vorbei. Sie zeigte mir das kleine, neu eingerichtete Gästehaus und berichtete, dass sie relativ schlecht gebucht sei. Zu weit ab von der Ostsee.

„Wie sind Sie an die Informationen gekommen?" frage ich verunsichert Frau F.

„Sie hatte schon mehrfach Ärger wegen ihrer Kinder. Neulich hat sie ihre Kinder drei Tage allein gelassen."

Sonderbar, denke ich. Auf mich hat sie einen sehr besonnenen und sehr fürsorglichen Eindruck gemacht, wenn es um ihre Kinder ging.

„Das Amt hat ihr die Kinder weggenommen. Ich kenne die Bekannte von ihr, zu der man die Kinder von Frau N. in Obhut gegeben hat. Aber sie hat sie dort abgeholt und wollte mit dem Auto die Insel verlassen. Eines der Kinder sprang an einer Rotphase einer Ampel aus dem Auto."

„Und nun?"

„Das Kind ist bei seinem Vater. Wo das zweite Kind ist, weiß ich nicht. Frau N. hat sich mit dem Auto auf die Insel Bornholm abgesetzt. Dort hat sie ein Boot gemietet, das ohne sie wieder an Land getrieben ist. Geben Sie ihren Namen bei einer Suchmaschine ein. Im Netz steht etwas darüber."

Nach dem Gespräch bleibe ich noch eine kleine Weile wie gelähmt sitzen, dann gehe ich zu meinem Computer und rufe

N`s Namen in einer Suchmaschine auf.

Ich finde einige Notizen in dänischer Sprache:

Gudrun er sporløst forsvundet
Bornholms Politi har offentliggjort et fotografi af en tysk kvinde, som er savnet. Hun frygtes druknet i Salene Bugt, der ligger i kort afstand fra Gudhjem.
18. januar 2009, 15:44
Bornholms Politi har i dag udsendt et foto af den 40-årige tyske kvinde Gudrun N, der er forsvundet på Bornholm.
Kvinden har været eftersøgt, siden hendes kajak med en død hund samt kvindens personlige papirer i går blev fundet drivende i Salene Bugt ud for Gudhjem. Politiet formoder, at er tale om en drukneulykke.
Den tyske kvinde ankom til Bornholm omkring den 12.-13. januar, hvor hun indlogerede sig på et hotel. Kvinden formodes at være sejlet ud i kajakken enten den 16. eller 17. januar.
I en lomme i kajakken fandt politiet en lille hund, som formodes død af luftmangel eller kulde.

Der dänischen Sprache nicht mächtig, drücke ich auf die übersetzten Versionen der gesamten Publikationen:

Da die 40-jährige Deutsche Gudrun N. am Samstag als vermisst gemeldet wurde, der Polizei waren davon überzeugt, dass sie tot war.

Ihr Kajak mit einem kleinen Hund tot und die Frau die persönliche Papiere gefunden driften in der Bucht neben dem Zimmer Gudhjem, und sie davon ausgegangen, dass sie entweder fiel oder sprang über Bord.

Nun wird ein Mann aus Nexø jedoch an Bornholms Polizei und sagte, dass die fehlenden 40-jährige Gudrun N. gesehen Leben in Nexø am Sonntag.

So die Polizei gestern auf Bornholm der Zeuge in Frage gestellt und überprüft Überwachung Bänder aus dem Kaufhaus.

- Es ist schlimm, Video, aber wir haben gezeigt, dass sie einen Mitarbeiter aus dem Hotel, wo die fehlenden Frau lebte. Dieser Mann ist nicht der

Meinung, das ist die fehlende, Intelligenz, sagt Regisseur Peter Jorgensen von der Insel der Polizei. So stoppen die Polizei noch nicht die Untersuchung der Angelegenheit. Heute sind sie noch auf der Suche nach der Frau, die sich über die Videoüberwachung.

- Ich muss zugeben, dass wir nicht glauben, dass diese Frau ist das fehlende, aber natürlich wir, die unten, sagt Peter Jørgensen.

Glaube, sie ist tot

- Kann nicht eine große forsvindingsnummer, Gudrun N. haben vielleicht vor, ein neues Leben zu beginnen?

Man kann sich vorstellen, eine Menge, aber die Umstände, die wir gefunden haben, während des Kajaks, wir haben eine Vermutung, dass sie gestorben ist. Aber zu dieser Zeit des Jahres und mit den Temperaturen hier, so dass vielleicht auch eine lange Zeit dauern, bis wir sie finden, sagt Polizei-Kommissar Peter Jørgensen.

Sie ist angeblich segelte aus dem Kajak entweder am 16. oder 17. Januar. Der kleine Hund für tot Luftspalt oder kalt.

Ein wenig verwirrend ist diese Übersetzung schon. Als Journalist beschließe ich, bei der Polizei nachzufassen. Axel Falkenberg, der Pressechef der Polizeidirektion Anklam, ist nicht da und meine zweite Quelle schreibt mir:

„Wir glauben, dass N. psychisch labil war. Wahrscheinlich versucht sie, irgendwo im Osten ein neues Leben zu beginnen."

Ich schicke eine Mail an das tv2bornholm, einen Sender, der über den Fall berichtet hat:

Von: George Tenner
Datum: 16.02.2009 12:01:31
An: jama@tv2bornholm.dk
Betreff: N.

Sehr geehrte Damen und Herren,

bitte können Sie mir sagen, ob es etwas Neues von N. gibt? Lebt sie noch oder hat man sie gefunden?

Es wäre freundlich, wenn Sie mir antworten würden.

Mit den besten Grüßen nach Dänemark
George Tenner

Die Mail bleibt unbeantwortet.

Ich bin schockiert und formuliere am Nachmittag eine Mail an die Frau, die mich an die Endlichkeit des Lebens erinnert hat.

Von: George Tenner
Datum: 16.02.2009 16:14:34
An: F
Betreff: N

Liebe Frau F.,
Ihre Nachricht über die ganze Tragik, die sich mit dem Verschwinden und den sehr wahrscheinlichen Tod der Frau N. offenlegt, hat tiefe Bestürzung bei mir ausgelöst.
So bin ich nicht mehr fähig, heute zu arbeiten.
Vor etwa sechs Wochen rief sie bei mir an, sagte, Sie sei unterwegs in einer irgendeiner Weinbodega und müsse unbedingt mit jemandem reden.
Ich hörte ihr zu und wusste, dass sie äußerst unglücklich, und bedingt durch ihre labile Psyche, die mir ganz sicher nicht verborgen geblieben ist, höchst suizidgefährdet war.
Dennoch schwärmte sie von dem U-Boot-Mann aus Peenemünde, dessen Name mir entfallen ist.
Wie weit unten muss ein Mensch sein, dass er so gar keine Hoffnung mehr sieht, sich aus dieser Lage befreien zu können.
Ich bin sicher, es war kein Unfall, sondern die ausweglose Situation. Und auch Charlotte, die kleine, süße Hündin hat ihre Anhänglichkeit mit dem Leben bezahlt.
Ich bin mit Frau N. – auf ihren ausdrücklichen Wunsch – drei oder viermal zusammengetroffen. Beim ersten Mal wollte sie, dass ich ihren ehemaligen Mann namens Sch. als Stasi-General brüskiere, was ich nach kurzer Recherche ablehnen musste. Es gab keine Anzeichen dafür, dass Sch. auch nur im Entferntesten etwas mit dem MfS zu tun hatte.

Dann bat sie mich, Ihr Haus mit in einen Roman einzubauen. Das passte bei mir rein, und so ist sie selbst – natürlich unter einen anderen Namen – und ihr Haus in Krienke in meinem zweiten Usedom-Roman beschrieben.

Sie zeigte mir ihre Pferde, und ich warnte sie, dass sie die Tiere nicht so weit von ihrem Haus entfernt stehen lassen könne. Dann passierte der Unfall mit dem Auto, weil die Tiere ausgebrochen sind.

Dieses und andere Dinge mehr haben sie in finanzielle Schieflage gebracht, die sie mit ihrer Rente allein nicht auffangen konnte.

All diese Tatsachen und ihre Art mit den Einheimischen umzugehen, haben sie bei den Nachbarn diskreditiert und sie gegen sich aufgebracht. Leider. Aber das ist nun einmal der Fakt.

Sollten Sie, sehr geehrte Frau F., wieder in Berlin sein, würde ich mich gern noch einmal mit Ihnen darüber unterhalten. Vor allen Dingen interessiere ich mich, wie diese Nachricht bis zu Ihnen vorgedrungen ist.

Für heute danke ich für die Information und verbleibe

mit den besten Grüßen von Haus zu Haus …

George Tenner

Ein arabisches Sprichwort sagt: „Das Leben besteht aus zwei Teilen: der Vergangenheit - ein Traum; uns der Zukunft - ein Wunsch."

Ich kenne einen kleinen, sehr verworren erscheinenden Teil des Lebens der Frau N. Das Leben hatte sie durch die Rücksichtslosigkeit einzelner Männer tief verletzt.

Eine Zukunft, denke ich, wird es für sie nicht mehr geben. Ich will es genau wissen und finde die Telefonnummer der Bornholm Polizei 56 90 14 48 - den Namen des Kommissars Peter Jørgensen, der für den Fall zuständig ist, und rufe an. Schließlich werde ich mit einem deutschsprachigen Beamten verbunden, der mir bestätigt, dass Frau N. tot aufgefunden wurde.

Das Leben besteht nicht darin, gute Karten zu erhalten, denke ich, sondern mit den Karten gut zu spielen.

N. hatte keine besonders guten Karten bekommen, aber eben auch ganz sicher nicht souverän gespielt. Vielleicht hatte sie es sogar versucht, aber letztlich hat sie es nicht geschafft. Es ist hart, zu leben, aber härter ist es noch, zu sterben.

Mit dem Tod hatten meine Kontakte 1943 auf Usedom angefangen, und mit dem Tod auf dieser Insel endet die Arbeit an meinen autobiografischen Erinnerungen.

„Nicht das Leben ist von Bedeutung", sagte Sokrates, „sondern die richtige Lebensführung."

Und doch - ich vergesse nicht, dass auch ein hundertjähriges Leben nicht mehr als 36500 Tage zählt. Ich habe nicht vor, diese 36500 Tage auszuschöpfen, aber versuchen - verdammt noch einmal - versuchen will ich es!

In diesem Sinn werde ich auch in diesem Jahr wieder meinen Urlaub in Heringsdorf verbringen und hoffentlich Stoff für einen neuen Usedom-Roman zusammentragen.

Danksagung:

Wenn man als Autor im fortgeschrittenen Alter beginnt, eine autobiographische Erzählung zu schreiben und lebenslang kein Tagebuch geführt hat, stößt man schnell an die Grenzen der eigenen Erinnerungsmöglichkeit.

So ist es mir gegangen, als ich mich schon vor Jahren dazu entschloss, einen ganz besonderen Abschnitt meines Lebens zu beleuchten: die Zeiten, die ich an der mir sehr lieb gewordenen Ostsee in der Künstlerkolonie Ahrenshoop verbringen durfte. Doch immer wieder legte ich die angefangenen Seiten beiseite, fügte neue Namen und Abschnitte hinzu, gab Pseudonymnamen, fand alles nicht passend.

Nun, viele Jahre später, sind etliche der hier Genannten nicht mehr auf dieser Welt. Andere wiederum sind in einem Alter, in dem sie mit einem Lächeln über die kleinen Jugendsünden hinweggehen können. Pseudonyme halte ich nunmehr für unnötig. Und so mache ich einen neuen Versuch, meine lebenslange Wanderung zwischen der Halbinsel Fischland und der Insel Usedom mit einem satirischen Augenzwinkern zu beleuchten.

Ich fand Freunde und Mitmenschen aus den 50er Jahren, die bereit waren, meinem Gedächtnis auf die Sprünge zu helfen oder die mit Anekdoten und Histörchen zu einer würzigen Mischung beitrugen.

Mit Ihrem Wissen und mit Unterlagen zugearbeitet haben:

für **Ahrenshoop**:
Birgit Barth, Archiv Ahrenshoop
Astrid Beier,
das Ehepaar Renate & Friedemann Löber,
Jürgen Saatmann,
Dorrit Niemann-Saatmann,
Gisela Schumann †

für **Zingst**/Darß:
Paul & Heiner Graber,
Karl-Heinz Tandel,
Bürgermeister Andreas Kuhn

sowie
Rechtsanwalt Egon Orschulok, Dresden

Clemens Dittmeyer, Hamburg

Hannes Bahrmann und
Regina & Rudi Kochendörffer, Berlin

Günter Finhold, Dierhagen

Besonderer Dank gebührt Frau Dr. Anne Peters für die Bereitstellung der Texte zu Leben und Werk meines Vaters, Helmut Schmidt-Kirstein.

Ebenso Frau Hiltrud Häntzschel für die Überlassung des Textes zur zwiespältigen Verbindung Johannes Tralows mit seiner Ehefrau, der Schriftstellerin Irmgard Keun, zum Nationalsozialismus, sowie diverse Briefe Tralows und anderer Menschen als schriftlichen Beweis.

Besondere Hilfe bei der Untersuchung zur Ambivalenz Tralows erhielt ich auch von Dorotée Bores.

Die Lehrerin und Autorin Astrid Beier, die sich mit dem Leben speziell der einheimischen Bevölkerungsgruppe in Ahrenshoop befasst, war mir mit längst vergessenen Namen behilflich und half auch bei der Erinnerung der möglichen Jahreszahlen.

Die Chefredaktion der Ostsee Zeitung gewährte mir ein Abdruckrecht für ihre Publikation ***Der Spion kam mit dem U-Boot****. Auch dafür bedanke ich mich ausdrücklich.*

Der Hinstorff-Verlag unterstützte mich mit dem neuesten Cover zu Käthe Miethes Roman ***Das Fischland****.*

Dank gebührt auch meinen beiden Assistentinnen Gabriele Raetzer und Grit Weber für ihren unermüdlichen Einsatz bei der Erarbeitung des Buches.

George Tenner

Berlin/Ahrenshoop/Heringsdorf im April 2009

Bildnachweis:

Hannes Bahrmann: 137,138
Birgit Barth, Archiv Ahrenshoop: 109, 112, 188
Astrid Beier: 28, 63, 64, 105
Charlotte Dillwitz: 85, 93, 110
Clemens Dittmeyer: 119
Paul Graber: 184
Hiltrud Häntzschel: 172,
Hinstorff: 99
R. & R. Kochendörffer: 24, 120,122, 148, 154, 164, 196
Andreas Kuhn: 182,183
Joachim Lang: 157
Friedemann Löber: 37, 61
Privat: 112, 129, 135, 136, 138, 146, 152,
Joachim H. Rudek, 225, 227, 228,
Jürgen Saatmann: 35, 128,
Rainer Seidel: 95, (Coverbilder Rückseite 1,2,3 und 7 von oben links)
Gisela Strauß/Deutsches Rundfunkarchiv: 150
Karl-Heinz Tandel: 186, 204,
George Tenner: 11, 17, 40, 42, 44, 46, 50, 52, 53, 55, 107, 161, 200, 2001, 207, 208, 212, 215, 218, 220, 230,
Gerhard Vetter: 113,114,
Wikipedia: 68, 74, 116, 133, 134, 1662, 213, 216, 217, 236

*

42149018R00155

Printed in Poland
by Amazon Fulfillment
Poland Sp. z o.o., Wrocław